JN317405

火の起原の神話

J.G.フレイザー

青江舜二郎 訳

筑摩書房

目次

火の起原の神話

凡例

・本書はJ・G・フレーザー著／青江舜二郎訳『火の起原の神話』（角川文庫、一九七一年十月二十日初版／一九八九年十一月十五日再版）を底本とした。
・注は以下の原則で掲出した。
　・該当語右の（1）、（2）……は原注を、＊、＊＊……は訳注を示す。
　・原注・訳注ともに、章中の各節末にまとめた。
　・本文中の〔　〕による注は、ちくま学芸文庫に収録するにあたり編集部が補ったものである。
・ちくま学芸文庫に収録するにあたり、訳者の著作権継承者の許可を得て、編集部において以下の改定を行った。その際、J. G. Frazer, *Myths of the origin of fire: an essay* (The collected works of J. G. Frazer, v. 19, Tokyo 1994, Hon-no-Tomosha）を参照した。
　・本文中の地名・部族名・動物の呼称などを現在広く通用している呼び方に改めたところがある。

・底本の誤記・誤植・脱落を改め、明らかな誤訳はこれを訂正した。
・本文中で「黒人」とあるのは、black men や black fellows などの訳語である。
・本書中には、現在の人権意識に照らして不適切ととられかねない表現があるが、執筆・刊行時の時代背景と本書の歴史的な意義に鑑みて、一部を除きそのままとした。読者のご理解を願いたい。

（ちくま学芸文庫編集部）

まえがき

神話学はおそらく原始人の哲学と定義づけられていいだろう。それは世界に関する一般的諸問題に答えようとする最初の試みであり、その世界というのは、疑いもなく原始の時代からそれ自体を人間の心情に押しつけ、今日までそれを占有しつづけているのである。こうしてそれが探求者に課する作業は、後世において哲学によってとり上げられたものと一致し、さらに後世になると科学がそれに代わった。どこを向いても不可解なものに囲まれているわれわれは、それらを隠しているように思われる蔽《おお》いをとりのけたい強烈な本能に駆られ、ひとたびそれを巻き上げると、探求者たちが幾世代にわたって発見しようとつとめてむだであった大きな秘密がさらけ出されるかもしれないという期待に包まれる。それは際限のない探求であり、神話的、哲学的、科学的な体系の際限のない連続であり、永遠のために築造された要塞のように、堂々とかまえながらも厳重に防備され、時の間の虹《にじ》のように目もあやに輝きながらも、たちまち日光の中のクモの糸のように、川に浮かぶ水泡のように消えてしまう。――これまでもそうであったし、これからもそうであろう。その先祖である神話作者のガラスの家に石を投げつけるのは哲学者や博物学者のためではない。あのもっとも偉大な哲学者の一人であるプラトン自身でさえ、神話でつくられた橋を、彼の体系のいくらかの欠落に充分にはかけわたすことはできなかった。その橋はいかにも軽くふわふわしているようだが、結局はそれによって固定化するように意図されたその構築物を永久的なものになしうるのである。

だがこの神話の橋の至高の建設者——この最高祭司の長（ポンティフェクス・マクシムス）たるプラトンの『パイドロス』における天使の天翔《あまかけ》ける空想や、『国家』における洞《どう》窟《くつ》の崇高な直喩にわれわれは多くの恩恵を受けている。

それだから哲学史、さらには科学史さえも完璧なものにするためには、それは神話学の説明でもって始められなければならない。未発育時における人間思考の記録としての神話の重要性は、今やしだいに認められている。それらはもはや単なる怠惰な道楽のためでなく、われら種族の知的進化に光明をなげかけるために収集され、比較検討されているのだ。世界じゅうのすべての神話が分類整理され、〈神話館〉Corpus Mythorum の中に陳列されるその前に、こうした収集および比較という作業には、まだまだなすべき多くのことが残されている。この〈神話館〉では、博物館におけるのと同じように、これら精神の化石が展示され、低度の始まりからいまだ知られていない高みへと進む思考進歩の、初期段階の軌跡を描き出すことになる。私の他の著書とともに私はこの論文をいまだ書かれていいない人間精神の偉大な古生物学への贈与として捧げる。

J・G・フレイザー

（一九二九年十二月八日）

第一章　序論

およそ人類のあらゆる発明の中で、火をおこす方法の発見こそは、最も記念すべきものであり、その影響力も大きかった。それは、きわめて古い時代にさかのぼらねばならない。なぜならば、記録にあらわれているかぎりでは、火の使用法とか、それを生みだす方法を知らなかった未開民族はないからである(1)。たしかに、多くの未開民族や、いくつかの開化した民族の間に、祖先が火を使わなかった時代の物語が残されている。また、祖先が、いかにして火を使用するかを知り、木や石から火をおこす方法を知ったのかも、物語られている。しかし、どうみても、それらが物語っている事件には、現実にあったできごとが記録されているとは思えない。むしろそれらは、単なる推測にすぎないと考えた方が、妥当であろう。こういう推測は、〝考える〟ことを始めた初期の段階の人間が思いついたものであり、人間が、人間の生活とか社会とかの起原について考えはじめた時、こういう推測を用いないかぎり、当面する難問は解決できなかったのだ。要するに、こういった物語は、すべてとは言わないまでも、その大部分が神話なのである。しかしながら、たとえ神話であったにせよ、それは研究にあたいする。なぜならば、神話というものは、その神話自身が信じさせたいと思う事実の説明としては受けとれないにしても、その神話を考えだし、それを信じていた人々の精神状況を、思いがけないところで物語ってくれることがよくあるからである。しかも、人間の心というものは、自然界のさまざまな現象と同様、研究にあたいするものであるし、事実、この二つのものをはっきりと区別することは、とうてい不可能だ。

しかし、神話の、いわゆる心理学的価値はともかくとしても、火の起原に関するかなりな数の物語によって、人間がこの元素の使用や、それを作りだす方法を、いかにして知るようになったかを説明することはできる。この点に関する人類の伝説を数多く集め、比較することは価値あることだと思う。一つには、原始未開民族の状況が概略的に説明できるし、一つには、今とりあげているこの特殊な問題の解決に役立つと思えるからである。私の知るかぎり、神話は広く集められたとは言えない[2]。私がここに提出するものは、一つの予備的調査である。分野は広く、みのりは豊かである。私論は、(ベーコンならば)〝新酒[3]〟とよぶべきものであろう。私の後に続く他の人々は、おそらく、私の調査の不充分なところを、完成してくれるであろう。もう一度、ベーコン流の言い方をするならば、彼らは、ブドウ畑の中に隠れているか、または——私の手のとどかないところに残っているそれらを多く、つみとってくれるであろう。

これらの物語がどんな地域で語り伝えられていたかを知り、それらがどのような関係にあったかをできるだけ明らかにするために、順序として、私は、地理上の、または（おおざっぱに言うと同じことなのだが）民族学上の面からそれを取りあげてみたい。したがって、まずはじめに、われわれの知っている最も未開な民族、タスマニア族から始めることにしよう。

〈原注〉

1 E. B. Tylor, *Researches into the Early History of Mankind*（London 1878）p. 229-.

2 火の起原に関する物語は、Adalbert Kuhn の有名な論文 *Die Herabkunft des Feuers und des Göttertranks* second edition（Gütersloh 1886）があり、その博識と、独創性で知られている。だが、それは、アーリヤ神話――おもに、インドとギリシアに限られている。Andrew Lang の功績は、未開人たちの間に火を盗む話がひろく流布されていることに、おおかたの注意を喚起したことにあった。彼はその *La Mythologie*（p. 185-195）で、彼が行なったこの種の〝小さな収集〟について述べているが、私はまだそれを見ていない。なお彼の論文"Mythology"（"*Encyclopædia Britanica*" Ninth Edition, xix. 807-.）*Modern Mythology*（London 1897）p. 195- を参照のこと。他に、A. Bastian の *Zeitschrift für Ethnologie* i.（1869）p. 379-.; S. Reinach, *Cultes, Mythes et Religions* iii.（Paris 1908）"Aetos Prometheus" p. 83-.; E. E. Sikes, "The Fire-Bringer" Aeschylus の *Prometheus Vinctus*（London 1912）に関する著書の序文 p. ix-xv.; Walter Hough, *Fire as an Agent in Human Culture*（Washington 1926）p. 156-165（*Smithsonian Institution, United States National Museum, Bulletin 139*）参

照のこと。

3 *Novum Organum*（『ノヴム・オルガヌム』）ii. 20.

第二章　タスマニア

タスマニアのオイスターベイの部族の、火の伝来物語は次のとおりである。

〝父も、祖父もみんなも遠い昔、この地方のあらゆるところに住んでいた。火はなかった。二人の黒人がやってきて、丘のふもとで眠った。わしの地方のある丘だ。丘の頂上で、二人は父やこの土地の者たちにみつかった。二人がその丘の頂上に立っているのがみえたのだ。二人は星のような火を投げた。火は、黒人たち、わしの同族たちの間に落ちた。みな驚いた。――みな逃げた。しばらくして帰って来た。――彼らは急いで火をつくった。――木でおこした火だったがそれ以来、わしらの土地では、火が消えることはなくなった。この二人の黒人は、今は、高い空に住んでいる。晴れた夜には、二人が星のようにみえる。⑴この二人が、わしの先祖に火をもって来てくれたひとたちだ。

この二人の黒人は、しばらくの間、わしの祖先の土地に住んでいた。二人の女(Lowanna)が水浴びをしていた。岩の多い海岸の近くで、ムラサキイガイがとても多かった。二人は黙りこくっていた。悲しかった。この女の夫たちは、不実にも、ほかの二人の女と逃げて行ってしまった。女たちは寂しくて、海で泳いでいた。ザリガニを取ろうとして、水の中にもぐった。一匹のアカエイが、岩のくぼみに隠れていた。大きなやつだった。アカエイは大きくて、とても長い槍《やり》をもっていた。やつは穴から、女たちのようすをうかがい、水の中にもぐってくるのを見ると、アカエイは、その槍で、二人を突きさした。――アカエイは二人を殺した。どこかへ運んでいった。そのうち、みんな見えなくなった。アカエイが、ふたたび帰ってきた。海岸に近づき、砂浜に近い静かな水の中に、じっとした。二人の女もいっしょだった。二人はアカエイの槍に、ぐっさり刺されて、死んでいた。あの二人の黒人が、アカエイと戦い、槍でアカエイをさし殺した。女たちは死んでいた！そこで、二人の黒人は火をおこした。木からおこした火だ。火の両側に女を置いた。でも女たちは死んでいた！

二人の黒人は、アリを何匹かさがし出した。青アリ（puggany eptietta）だ。彼らはそれを、女の乳房（parugga poingta）の上に置いた。はげしく、強く、その乳房はかまれて、女たちは息をふきかえした。二人は生きかえった。まもなく、霧（maynentayana）がやって来た。深くて暗い霧だった。二人の黒人は行ってしまい、女たちの姿も見えなくなった。霧の中を、深くたちこめ、まっ暗になった霧の中を行ってしまった。彼らは今、雲の中にいる。二つの星が、澄みきった冷たい夜になると見えるだろう。二人の黒人はそこにいる。女たちもいっしょにいる。彼らはみな、空の星になったのだ〟(2)。

この物語では、火の起原は、二つの星、すなわち、カストールとポリュデイケス（双子座の二星）に結びつけられている。この二つの星が、かつて地上に、男の姿で現われ、火を知らないでいた人々の間に、〝星のような〟火を投げたのである。しかし、この二人の恩人が、その火を、はじめに天から地上に運んできたのか、それとも、彼らが永遠の居を天空に定めたさい、火をそこへ持っていったのであったかは、明らかでない。要するにタスマニア人が、火の起原を、天と地のいずれに帰しているのかは、はっきりしていないのである。

〈原注〉

1　双子座の二つの星カストールとポリュデイケスを指す。

2　Joseph Milligan, *Proceedings of the Royal Society of Tasmania* vol. iii. p. 274. これは James Bonwick の *Daily Life and Origin of the Tasmanians* (London 1870) p. 202 に引用されている。なお R. Brough Smyth, *The Aborigines of Victoria* (Melbourne and London 1878) i. p. 461-.; H. Ling Roth, *The Aborigines of Tasmania* (London 1890) p. 97- 参照。

第三章　オーストラリア

1

ヴィクトリアの原住民族のいくつかは、一つの伝承をもっている。——火はできるだけ用心して使われなければならないが、それはグランピアン山脈に住むカラスに独占されていた。そして、カラスは、火を非常に貴重なものに思っていたので、ほかの動物は、それを手に入れることが許されなかった。しかし、ユーロイン・キーアという一羽の小鳥——火の尾をもったミソサザイ——は、カラスがつけ木を振りまわして楽しんでいるのを見て、その一つをくちばしにくわえて逃げた。タラクックという一羽のタカが、ミソサザイからそのつけ木をとりあげ、国のあちこちに火をつけた。その時以来、火は常に、燃えつづけており、その火から、人間はあかりを得ている。(1)

ヴィクトリアの南西にあるグランピアン山脈の名前が出ているところをみると、この物語がそのあたりの原住民に広く伝わっていたらしい。しかし、ヴィクトリアの最南東部にあるギプスランドにも、似たような話が伝えられている。それによると原住民たちが火をもたぬ時期があった。彼らはまったく困りきっていた。食べ物を料理できないし、寒い時に、身体を暖めるたき火もできない。火は、黒人たちに少しも愛情をもっていなかった二人の女のものであった。彼女たちは、厳重に火の見張りをしていた。黒人たちと親しかった一人の男が、女たちから火を取りあげようと考え、そのために、女たちを愛しているようにみせかけ、二人をさそって旅行にでかけた。ある日、いい機会をみつけて、彼はつけ木を盗むと、背中に隠して、逃げた。黒人たちのところに戻ってくると、彼は盗んできた火を彼らにあたえた。黒人たちは、その後、彼のことを恩人とみなすようになった。(2) 彼は今、そのしっぽに赤いしるしをつけた小鳥になっている。それは、火のしるしである。

このギプスランドの物語で、しっぽに赤いしるしをもつこの小鳥は、その前の話の〝火の尾をもったミソサザイ〟と同じものであろう。しかし、この話では、その火どろぼうが人間であり、のちに鳥に姿を変えたことになっているため、より合理的である。同じような話で、もっと短縮されたものもある。〝ギプスランド人に伝わる話によると、火はその昔、彼らの祖先が、ビンバ・ムリット（火の尾をつけたスズメ）から、非常に変わった方法で手に入れた〟(3)。

ギプスランドから遠くはなれた、クイーンズランドの北部でも、同じように、最初の火は小鳥に結びついている。クイーンズランドの東海岸にあるケープ・グラフトンの原住民によると、大昔、地球上には、火のようなものはなにもなかった。そこで、ビンジール・ビンジール——赤い尾をもつミソサザイ（malurus sp.）——が、火を取りに、空に飛んでいった。彼は、火を手に入れたのだが、地上の友だちにその利益を与えまいとして、しっぽの下に隠した。帰ってきて、うまくいったかと聞かれると、彼は、火が手に入らなかったと言い、同時にまた、いろんな木で火を作ってみたらどうかと答えた。そこで、友だちは、木の枝をいくつかもってきて、火をおこそうとして、けんめいに二本の枝をこすりつけた。しかしうまくいかず、がっかりして、とうとうそれを投げだしてしまった。そしてふりむくと、突然大声で笑いだした。なにがおかしいのか聞かれて、彼は、ビンジール・ビンジールのしっぽの赤い点を指さして言った。〝なぜかって？ おまえのしっぽのはじに、火がくっついているじゃないか〟ビンジール・ビンジールは、仕方なく、火を持って来たことをみとめ、とうとう、どんな木から火をおこしたらよいかを教えた(4)。

このように、火をもたらした鳥は、この物語のうち二つでは、ミソサザイであり、もう一つはスズメになっている。オーストラリアには、ミソサザイがいないようであるから、問題のこの小鳥は、おそらく、ヤブトリ（scrub-bird アトリコーニス）であろう。それは小さなツグミほどの大きさで、オーストラリアの、最も奥深い密林に住んでいる。ヤブトリには二種類ある。つまり、オーストラリア・クラモーサとオーストラリア・ルフェセンスである。前者は、少し大きく、上部が茶色で、二枚の羽は、それよりもずっと目立って黒っぽい。のどと腹の部分は、赤味のある白色、胸に大きな斑点が一つある。脇腹は茶色で、しっぽの下部が赤い。またオーストラリア・ルフェセンスは、前部が黒と白のまだらであるが、だんだん茶色くなって、羽の上側の色ははっきりしている[5]。しっぽの下の赤色は、火を尾の下に隠したという話で、説明がつくであろう。明らかにこの話は、鳥の羽の色を説明しようとして考えられた神話である。

　オーストラリアのほかのいくつかの伝説では、最初に火をもたらしたものは、ミソサザイのような鳥でなく、タカになっている。それについて、次のような話がある。大昔、火をもっていたのは、ただひとり、フクロダヌキだけであった。彼は火をひどく警戒しながらたいせつに扱った。どこへ行くにも、火を持ち歩き、けっしてほかのものに貸したりもしない。そこで、動物たちは、寄り合いをひらき、是が非でもフクロダヌキから火をとりあげようと話し合った。タカとハトが、代表でそれを実行することになった。そこでほかの者にもそのありがたいものを使わせてくれとフクロダヌキを説得したが、全然だめ。そこでハトは、フクロダヌキのすきをねらって、すばやくその大事なものめがけて飛びかかった。もうだめだと思ったフクロダヌキは、いっそのこと永久に火を消してしまおうと火を川の中にほうり投げた。近くを飛んでいた目のするどいタカは、それを見ると、火が水にすっかり沈んでしまわないうちに、翼でさっと打ちあげて向こう岸の枯れ草にほうり投げた。草はパッと燃えあがり、その火は国じゅうに広がった。おかげで黒人は、はじめて火を知り、こりゃええもんだ、と言った(6)。

さらにまた、ニュー・サウス・ウェールズには次のような話が広く伝わっている（というより、昔伝わっていたらしい）。それによると、地球上にはもともと現在住んでいるよりもはるかに力の強い人種が住んでいて、特に魔法の術ですぐれていた。その人種の呼び名は種族によって違っている。ワティ・ワティ族はブクムーリと呼び、最後にその人間どもは、けものに変わったと言っている。火の起原の話は次のとおりだ。——むかしむかし、火は、二人のブクムーリだけのものであった。一人は、クーランバンといい、ドブネズミになり、もう一人は、パンダウィンダで、さかなのタラになった。二人は、マーレー川の葦《あし》の生えている空地に火を隠して、けっして誰にも教えなかった。ほかのブクムーリや、現在の人間たちが、あらゆる努力をしたが、火が手に入らず、やっとある日、カリガリというタカ——もちろんもとはブクムーリだったのだが——がドブネズミとタラが、川でとってきたムラサキイガイを焼いているのをみつけた。タカが非常に高く飛んでいたので、二人は気づかなかった。そこでタカは、枯れ葦の間につむじ風を起こし、あちこちに火をまき散らした。葦原はすっかり火につつまれた。火は森にまでもえうつって、広かった森林地帯を焼きつくした。それ以来そこには草木が一本も生えていないが、かつては森があったのである(7)。

タタチ族という、この地方の別の種族に、同じような話がある。それによると、グーランバンというドブネズミが、マーレー川に、大きな小屋を持っていて、そこに火を置き、川からとってきたムラサキイガイを料理した。彼は火を厳重に見張っていた。ある日、ムラサキイガイを取ろうと川にいるとき、火花が飛びちって、小さなタカ（Kiridka）がそれをつかまえた。もえやすいものを持っていたタカは、火をたいて、ドブネズミの小屋ばかりでなく、巨大な森林地帯をも焼きつくした。現在、そのあたりが荒野になっているのはこのためである。しかし、この時以来、黒人たちは、摩擦によって火をおこすことをおぼえたのであった。(8)

クイーンズランドの南東部のカビ族によると、昔、火は口のきけないヘビ（Mundulum）だけのものであった。ヘビはそれを体内にしっかりしまっておいた。鳥たちがなんとか火を手に入れようとしたが、うまくいかなかった。その時、小さなタカがやってきて、おかしな格好をしてみせたので、ヘビは、ついにこらえきれずに笑いだした。すると、火はヘビの身体から飛びだし、みんなのものになった。(9)

〈原注〉

1 James Dawson, *Australian Aborigines* (Melbourne, Sydney, and Adelaide 1881) p. 54.

2 R. Brough Smyth, op. cit., i. p. 458.

3 E. M. Curr, *The Australian Race* (Melbourne and London 1886-1887) iii. p. 548.

4 Walter E. Roth, "Superstition, Magic, and Medicine" *North Queensland Ethnography*, Bulletin No. 5 (Brisbane 1903) p. 11.

5 Alfred Newton and H. Gadow, *A Dictionary of Birds* (London 1893-1896) p. 822.

6 James Browne, in the *Canadian Journal*, vol. i. p. 509 quoted after Wilson by R. Brough Smyth, *The Aborigines of Victoria*, i. p. 460. この話に書かれている特殊の種族の名はまだ知られていない。

7 A. L. P. Cameron, "Notes on some Tribes of New South Wales" *Journal of the Anthropological Institute*, xiv. (1885) p. 368.

8 ibid., p. 368-.

9 John Mathew, *Two Representative Tribes of Queensland* (London 1910) p. 186.

2

中央オーストラリアのワラムンガ族の領地で、マーチソン山脈の南方の、水の枯れた小川のほとりに、立派なゴムの木が二本、立っているのが見られる。原住民によると、この木の立っているところは、昔、二羽のタカの先祖が、木をこすりつけてはじめて火をおこした場所であった。このタカの名前は、キルカランジとワラ＝プラ＝プラ。鳥ではあったが、彼らはこの地方で、はじめて火をおこしたものたちであった。彼らはいつもつけ木を持ち歩いていたが、ある日、キルカランジが火をもやしたところ、びっくりするほど大きく燃え上がり、彼自身が火につつまれて、焼け死んでしまった。ワラ＝プラ＝プラは、このできごとをたいへん悲しんで、今のクイーンズランドの方へ行ってしまい、二度と行くえがわからなかった。それから月が上ってきた。このころ、月は、地上を歩きまわっていた男であった。月は、キルカランジが火をもやしたあたりで、一匹のフクロダヌキの女に逢い、一緒に散歩をした。彼らは、火を背中にして土手に坐《すわ》った。長い間話し合っていたので、背中に火がつくまで気がつかなかった。フクロダヌキの女は、ひどいやけどをして気を失い、死んでしまった。しかし、月は普通の人間ではなかったので、彼女を生き返らせ、一緒に空にのぼっていった。ボルドウィン・スペンサー卿はこう言っている。〝面白いことは、どの種族もみな、常に、月を男に、太陽を女に描いていることである〟(1)。

カーペンタリア湾の南西に住むマラ族には次のような伝説がある。昔、大きな松の木が一本あって、まっすぐ空にまでとどいていた。毎日のように、男や女や子供たちが、大勢この木を使って、空に上ったり下りたりしていた。ある日、人々が空高くのぼっていた時、カカンという名の年老いたタカが、二本の木をこすりつけて、火をおこす方法を発見した。ところが、白いタカと口論をしている間に、火事が起こり、こともあろうに、松の木が燃えてしまった。上にいた人々は、ついに地上に下りることができず、今も空にいる。この人々は、頭や肘《ひじ》や膝《ひざ》や、ほかの関節にも水晶をはめこんでいたが、それが夜になると光をはなち、われわれはその水晶のきらめきを、〝星〟と呼んでいるのである(2)。

これらオーストラリアのいくつかの伝説で、難解なのは、火の創造者を鳥とするか、人間とするか、その考え方の違いを知ることである。人間ならば、鳥の名を名のっているにすぎないか、あるいは自分を鳥に同化させているかである。むずかしいのは、鳥と人間の間にあるそういう混乱状態だ。それは、トーテム信仰が創《つく》りあげたのではないとしても、少なくともそのおかげでその伝説が未開人の心の中に育成されたものだ。オーストラリアの原住民は、自分がトーテムとしている動物と自分を同一視するために、その区別をはっきりさせることができない。たとえば、カンガルーの冒険談を話すとき、カンガルーについて言っているのか、カンガルーをトーテムとする人間について言っているのかと聞かれても、おそらく、答えようもなく、その問いすらも理解しえない。

かつて、南オーストラリアの最南東部にいたブーアンディック族は、はっきりした根拠はないが、最初に火をもたらしたものは、バタンインコであると言う。ある話では、火は、ブーアンディック族がマルと名づけたバタンインコの赤い冠羽にできたそうである。そのバタンインコは、ただ自分だけのために火を同族のものたちからひたかくしにしていたので、仲間たちは、そのわがままをひどく怒った。りこうなバタンインコたちは、集まって、マルからその秘密をさぐりだす、ある計画をたてた。カンガルーを一頭殺し、マルを誘って肉を一緒に分けあい、マルが自分の分を持ち帰って、火でこっそり料理しはじめたら、どうやって火をおこすのか、みんなで見ようではないかというのである。計画は実行にうつされた。マルがやってきて、自分の分け前に、カンガルーの頭と、両方の肩と皮をもらい、巣へ持って帰って焼く準備をはじめた。皆が彼を見守った。彼は木の皮や草を集めて、火をつけるために地面に置いた。それからマルが爪で頭をかくと、火が赤い冠羽から出てきた。それで火をおこす方法がわかったが、それでもやはり火をうばいとらなければならない。ちいさなバタンインコは自分が行ってマルから火を盗もうと言いだした。彼は草の間を用心深く進んで、とうとう念願の火に近づいた。そこでグラストリーの枝を火にさしこみ、マルに気づかれないよう火をつけると、仲間のところににげもどった。とうとう火を手に入れる方法がわかって、仲間たちは大よろこびしたが、マルはひどく怒って、草に火をつけ、シャンク山から、グイチェン湾までをすっかり焼きつくした。カモ（croom）は、その土地を焼かれたことに立腹して、強く羽をはばたかせると、水が出てきて、湖沼地帯をいっぱいにした(3)。

この話では火の創造者はバタンインコであると、全く純粋素朴に考えられている。だがこれは冠羽の毛の赤色を説明しようとして作られた神話にすぎない。同じブーアンディック族の別の話では、火の創造者は、一人の男であり、彼があとになって、バタンインコになったとされている。それによると、昔、黒人たちには食べ物を料理する火がなかった。彼らが火について知っていることは、東方のはるか遠くに住んでいるマル（cockatoo）という男だけの持ちもので、金色の羽帽子の下に隠している、ということだけであった。彼はたいへん強いやつで、まっこうから力で火を取り上げようと立ちむかっても、とてもかなわないと思った黒人たちは、わるだくみを用いることにした。彼らは、全部落の集会、つまりお祭りを開くことに決め、その日を知らせる使いがだされた。マルも皆と一緒にやって来た。祭りのご馳走《ちそう》に、カンガルーを殺すと、皆はマルに肉のうまいところをやろうとした。しかし、マルは皮の方がいいんだと言って、少し離れたところに作っておいたテントに持ち帰った。皆は、皮をいったいどうするつもりだろうといぶかった。〝だって、あいつの持ってる火で料理でもしなくちゃ、とても食えるもんじゃないぜ〟。——プリテーという元気な若者が、彼のあとをつけ、見つからないように草の中をこそこそはって行って見てやろうと思いついた。行ってみるとマルはあくびをしてから頭に手をやって、そこをかくようなことをした。すると、隠していたところから火が落ちてきた。秘密を知ってプリテーは、帰って来て集まっていたみなに伝えた。今度は、タトカンナという別の男が、もう少しくわしく知りたいものだと言って、やっと火の近くまで行き、火が熱いことを知った。彼は帰ってきて、まっ赤に焼けただれた胸を皆に見せた。また別の者が、グラストリーの枝を持って火の近くに行った。マルがカンガルーの皮を焼いて、毛をむしっているのを見て、そっと枝を火の中に突っこんだ。ところが、枝を引きだすとき、うっかりして、草を燃やしてしまった。火は、たちまち丈高く繁った草や乾いたやぶに燃え広がった。マルはカンカンに怒って、棍棒《こんぼう》（waddies）を取ると、ほかの者のたむろしているところに突っ込んできた。彼は、皆が彼の火にいたずらしたに違いないと思ったのである。赤くなっているタトカンナの胸を見て、ますますそう思った。彼自身が、そんなふうに手や胸をやけどしたことがあったからである。若いタトカンナは泣きだした。そこで、クアルタングが、あばれ者のマルに、タトカンナよりおれが相手になろうじゃないかと言って立ち上がった。黒人たちもただ見ているわけにはいかず、乱闘が始まった。なぐり合っているうち、クアルタングは靴ぬぎ棒で思いきりなぐられて、死んでしまった。彼は地面から木の枝に飛びうつって、〝笑いロバ〟という名の鳥になった。今も翼の下に、マルからうけた傷あとが残っている。タトカンナは胸の赤いコマドリになった。元気なプリテーも鳥になって、今も海岸のやぶの中にいる。カウンターブルという、ふとった大男は、首に槍《やり》で深傷《ふかで》を負い、苦しさのあまり、海にとびこんだが、その傷から、潮を吹くようになった。クジラである。マルも傷ついて、木の枝に飛びついたが、いつまでもブツブツ言っていて、バタンインコになった。冠羽の下の赤い点は、昔、彼が火を隠していたなごりである。その日以来、黒人たちは、火が消えたりすると、すぐに、グラストリーから火花を得ることができるようになった。彼らはまず、グラストリーの枝を二本持ってきて、一本に傷をつけると、地面に横にして置き、もう一本の先をその傷にさし込んで、両方の手で上の方をもっていきおいよくまわすのである。しばらくすると火がおきて、マルの時のように、グラストリーはやぶに火をつけるのである。(4)

この話は、原住民が、グラストリーの枝をこすりつけて火を作るようになったことを説明していると言われる。それだけでなく、これは一羽の鳥どころか多くの鳥やクジラにいたるまでのさまざまの特徴を説明している。この説話の原形は、かなり広範囲の鳥獣類を抱き合わせていたようだ。女性宣教師であるジェイムズ・スミス夫人――われわれは彼女のブーアンディック族に関する貴重な説明に恩恵を受けている――が彼女は彼らと、三十余年もいっしょに生活しながらも、火に関する戦いに登場してくる動物の名前を、ほとんど忘れてしまったと言っている。〝ほんとに残念です。この話を充分理解するには、動物の名前が必要なのですから〟(5)と彼女はつけ加えているが動物たちに関するかぎり、この説話は、明らかに、オーストラリア産の動物の特徴を伝えている動物学神話である。その中で、興味ある役割を演じている胸の赤いコマドリは、わが国でいうコマドリではありえない。なぜならば、わが国のコマドリは、オーストラリアでは見られないからである。オーストラリア原産の鳥で、胸の赤いものを、おそらく、初期の開拓者たちは、自分たちの国でよく見なれた鳥と同種のものと混同したのであった。

〈原注〉

1　Sir Baldwin Spencer, *Wanderings in Wild Australia* (London 1928) ii. p. 470-. なお (Sir) Baldwin Spencer and F. J. Gillen, *Across Australia* (London 1912) ii. p. 410 参照。

2 Baldwin Spencer and F. J. Gillen, *The Northern Tribes of Central Australia* (London 1904) p. 628-.
3 Mrs. James Smith, *The Booandik Tribe of South Australian Aborigines* (Adelaide 1880) p. 21-.
4 ibid., p. 19-21.
5 ibid., p. 20. 彼女はその二一ページで、彼女がこの話を最後に聞いてからもう十年以上もたっており、それを彼女に話してくれた黒人たちはとっくに死んでしまったと言っている。

3

この物語は、南オーストラリアの最南東部、ガンビア山からマクドネル湾にのみ伝わっていたことをスミス夫人が明らかにした。リボリ湾や、グイチエン湾より北には伝わっていないが、もう少し北のマーレー川河口、エンカウンター湾には、かなり似た話がある。(1)このエンカウンター湾物語は、他の観察者によって記録されている。それは次のとおりだ。――昔、ある時、祖先がムータバリンガーで祭りを開いて、踊り興じた。火がなかったので、夜は踊れず、やむなく昼間踊っていた。昼の暑さのため汗が流れて、それは大きな湖になった。今もそこに残っている。踊る足の踏みたたきは、地面をいろいろな形に変えた。丘や谷がそれである。しかし、人々は東方に住んでいる強い大男コンドールが、火をもっていることを知っていた。そこで、クラッチとカンマリの二人を使いにやって、彼を祭りに誘った。彼はやってきたが、火を隠していたので、皆が怒って、力ずくで火を取ることにした。最初は、誰も彼に近づかなかったが、ついにリバールが勇気をふるいおこして、槍《やり》で彼を殺して火を取ろうとした。彼はコンドールの首めがけて、槍を投げ、傷を負わせた。突然、皆がワァッと叫んだ。すると、人間という人間はみな、動物に変わった。コンドールは海に入って、クジラになり、首にうけた傷から、いつも潮をふくようになった。クラッチとカンマリの二人の使者は、小さな魚になった。たまたまその時、カンマリはカンガルーの皮を着ていたので油っこい魚になり、クラッチは海草のほか何も着ていなかったので、やせて、カサカサしたものになった。ほかの人々はフクロネズミになって、木に登った。おしゃれな若者たちは、頭に羽かざりをつけていたが、バタンインコになり、その羽かざりは冠羽になって残った。リバールといえば、彼はコンドールの火を盗んで、グラストリーの中に入れたので、今でも火はそこに残っていて、こすると出てくるのである。エンカウンター湾の原住民は、次のようにしてグラストリーから火をおこした。まず、花のついている枝を割って、平らな方を上にして地面に置き、もう少し細い枝の先を、地面に置いた枝に押しつける。そして手のひらで上の方を持ち、火がおきるまで、前後左右に手を動かして、ぐるぐるまわすのである。(2)

この話は、スミス夫人が紹介した前のブーアンディック族の物語を、ある点で補足したものと考えられる。すなわち、火の発見後、人間が動物化した話が、よりくわしく述べられているのだ。しかし、ブーアンディック族の物語との違いでちょっと変わっているのは、本来の火の持ち主が、バタンインコでなく、クジラとして描かれていることであろう。

ほかに、オーストラリアの物語で、火の発見者がカラスとなっているものがいくつかある。ヤラ川の流れは、現在のメルボルン市のフィリップ港にまで注いでいるが、このヤラ川の上流の谷間に住んでいた原住民は、次のような物語をする。その昔、カラカルックという女だけが、火のおこし方を知っており、ヤムイモの杖の尖端《はし》にしまっておいた。その杖は、昔、オーストラリアのアボリジニの女たち(3)と同様彼女が、食事用の根野菜や昆虫やトカゲなどを掘りおこす道具の一つであった。彼女は誰にも火をわけてやらなかった。ワウングという男——この名前は、カラスという意味である——が、火を盗む計画をたてた。彼女は、アリの卵を好んで食べたので、ワウングはアリ塚の下にヘビを隠し、彼女を呼んで、卵を掘るように言った。少し掘りおこすと、ヘビたちが出てきた。ワウングは彼女にヤムイモの杖でそれを殺せと言い、彼女が言われたとおりにそうすると、その杖から隠しておいた火が飛びだした。ワウングは、すばやく火を取ると、逃げてしまった。彼女はというと、人間を作る造物主パンジェルによって空に送られ、いまでもプレイアデスあるいは七つ星としてかがやいている。ところが、ワウングは火を手に入れると、彼女と同じく、利己的になり誰にもそれを与えようとしなかった。人間の造物主パンジェルはたいへん怒って、黒人たちを集め、彼に厳重に申し入れをさせた。こわくなったワウングは、黒人たちを焼き殺して助かろうと、彼らに向かって火を投げた。しかし、皆はその火を拾って逃げた。チェルト・チェルトとトラールは、火を取ると、ワウングの近くの枯れ草に火をつけて、彼を焼き殺した。パンジェルはワウングに言った。〝おまえはカラスになるんだ、もう二度と人間にはしないぞ〟。チェルト・チェルトとトラールも、火に焼かれて死んでしまった。二人は二つの大きな石となり、今もダンデノン山のふもとにいる(4)。

メルボルン市南東の地に住んでいるブナウロン族も、似たような話をする。しかし、その物語中、カラス(ワウング)は後にカラスに変わった人間ではなく、カラスそのものである。同じもののくり返しになるが、次のような話である——二人の女が、木を切ってアリの卵をさがしていた時、ヘビにおそわれた。女たちはヘビを殺そうとけんめいにたたかった。そのうち、一人が、持っていた棒(kan-nan)を折ってしまった。すると、その棒から火が出てきた。ところがそれを、ワウングが口にくわえて逃げてしまった。トゥールドトとトラルの二人の若者が、カラスを追いかけて、つかまえたが、カラスはびっくりして、火を落としてしまい、大火事になった。黒人たちは、火を見て驚いたが、トゥールドトとトラルもいなくなった。パンジェルが空から下りて来て、黒人たちに言った。〝それが火というものだ、大切にしろ〟。彼は黒人たちに、トゥールドトとトラルの姿をしばらく見せてから、二人を空につれていった。二人は星になって今もかがやいている。やがて、黒人たちは火をなくし、冬になった。非常に寒くて、食べ物を料理するところがなくなった。彼らは犬のように、冷たい生《なま》ものを食べなければならなくなった。ヘビがまた出てきた。そこで、水から女を作りだしたパルヤングが、空からカラカルックを地上に送り、女たちをヘビから守った。カラカルックはパルヤングの姉妹であるが、現在も黒人の女たちから敬われている。このカラカルックは、美しい大きな女だった。たいへん長い棒を持ち、国じゅうを歩きまわって、ヘビを殺したので、ヘビはたまにしかいなくなった。たまたまあるヘビを打った時、棒が折れて、火が出てきた。またカラスが火を取ってにげてしまい、黒人たちはまたとても困るようになった。しかし、ある晩、トゥールドトとトラルが空から黒人たちのところへ下りてきて、カラスがヌン・ネル・ウーン山に火を隠したと教えてきた。それは昔、祖先が旅に出て、火種を絶やさず持ち歩く時に用いたやり方である。トゥールドトは、空にある自分の家に戻り、二度と黒人たちのところにはもどらなかった。黒人たちは、彼がムンニオ山で火をおこし、それをそっくり持ち帰ろうとして焼け死んだのだと言っている。しかし魔法使いたちは、彼が山で死んだことを否定し、パンジェルが、彼の行ないをよろこんで、火の星にしたのだと主張している。それは白人たちが、〝火星〟と呼んでいるものだ。――さて、親切なカラカルックは、女たちに、折れてしまった棒をよく調べるように言った。するとそこから火と煙が出てきた。女たちは、そのありがたい贈り物をもはやなくしはしなかった。――これで物語が終わったのではない。愛すべきトラルは、黒人たちを山につれていき、ジェル・ウックという特殊な木があって、つけ木をそれから取ることを教え、つけ木の作り方と使用法を教えた。黒人たちは、それ以来、火をおこそうと思えばいつでも簡単にできるようになった。それからトラルは空に飛んでいって、二度と帰らなかった[5]。

ウランジェリ族〔ウォイウォロン〕も、火の起原について、似た話をする。メルボルン市ができた時、この町の北から北東部、ヤラ川の上流とヤラ平原、それにデンドロン山脈の北面を含む地域に住んでいた一族である[6]。カラト・グルックという若い女たちは、前の二つの物語中のカラカルックに匹敵するものであるが、ヤムイモの杖でアリの卵をさがしていた。すると、杖の先に炭ができた。ところが、カラス（waang）が女たちをだまして、火を取ってしまった。ジャコウカラス（bellin-bellin）が、パンジェルの命令の下に、袋からつむじ風を吹きだすと、女たちはその風に吹かれて、空に舞い上がり、星になった。プレイアデス星と言われて、今もヤムイモの杖の先に火をつけているのである[7]。

これと同じ物語を、メルボルンのロバート・ハミルトン牧師は、少し違うふうに書いている。もう少し古い時代の物語として。牧師がそう言っているわけではないが、彼がこの伝説を聞きだした原住民は、おそらく、メルボルン市の近くに住んでいたのであろう。彼の報告によると、この伝説は次のとおりである。

名前をムン・ムン・ディクという一人の娘がどうしたことかただ一人の火の持ち主になり、それをヤムイモの杖の先に隠した(このヤムイモの杖というのは、五フィートほどの長さで尖端が火でかたくなっていて、木の根を掘りおこすのにちょうどよかったのである)。娘は、火を自分のためだけに使っていて、どんなに説得しても他の者にその利益を分けることを承知せず、人々がその宝物を手に入れるため腕力でおどしたり、だまそうとしたがすべて無駄に終わった。そこでブンドージルが息子のタラングをやって人々を助けさせた。彼は火の娘に、譲歩するように説得したがだめで、やむなく娘をだますことにした。大きなアリ塚に毒ヘビを埋めておき、アリの卵を掘るよう、彼女に言った――それはとても珍味とされていたのだ。だから彼女がすぐ掘るとヘビが出てきた。タラングは叫んだ。〝打つんだよ! 打つんだ。ヘビを!〟。彼女がヤムイモの杖でヘビを打つと、火が飛びだした。タラングはそれを取って、人々に与えた。タラングは、娘が二度と火を一人占めにしないようにと、彼女を空へ送り、娘は〝七つの星〟になった。それは、今もそこでかがやいている(8)。

この話にはカラスは出てこない。しかしカラスはブンドージルの息子であるかしこいタラングという人柄の中にひそんでいると推測することができる。ブンドージルの息子は、この種の物語の最初のものに出て来るカラスが、同じ目的で用いたのと同じ詐術で、女から火をだまし取ったのだ。ハミルトン牧師のヤムイモの杖の説明のおかげで、われわれは女の火がなぜこういう道具の中に隠されていたかがわかる。杖の先は、それをかたくするために、火の中に突っこまれた。その間に杖の中に火が入りこんだにちがいないし、だからこそ、杖をちょっと強くたたきさえすれば、火を杖から取りだすのに充分だったのである。これ以上明白なことがあろうか。原始的な自然哲学の原則上、その理論づけは完全無欠である。

われわれが〝メルボルン伝説〟と名づけるこの説話はこの都市の近くに流布していたものであるが、火の起原がプレイアデス星座に結びついているのが興味深い。地上でヤムイモの杖に入れて持っていた同じ火を、プレイアデス星座はいまでも空でもっていると考えられているのだ。これは単なる暗合かもしれないが、オーストラリアの最南東部のこの原住民からそれほど遠くない、海の向こうのタスマニア島の未開人が、同じように、地上と天上の火を結びつけている。この二つの未開民族は、天上の火は、まずこの地上でともされたと考えているのだ。

これと同じ伝説の、ヴィクトリア化したものが、メルボルン市南方の入江にあるウェスタンポートから報告されている。それによれば――天地創造の時多くの若者が、まだ完成されない状態のまま、大地の暗闇の中に坐っていた。年老いたプンディルが、かわいい娘のカラカロックにせがまれて、太陽（gerer）にむかって手をさしのべた。そこで太陽は地球を暖め、ドアのように開くようにした。光がさしてきた。プンディルは、地球にヘビがたくさんいるのを見て、かわいいカラカロックに長い杖を持たせると、カラカロックは方々へ出かけていってヘビを殺した。しかし、不幸にも、ヘビをみな殺しきらないうちに、その杖が折れてしまった。だが杖が二つに折れた時そこから火がとび出した。このようにして大いなる善が虚妄の悪から引き出されたのである。人々は、よろこんで食べ物を料理したが、ワングという、カラスの姿をした怪物が火を取って逃げてしまい、人々を不幸におとし入れた。だが、カラカロックがそれをとり戻し、火はもう二度と消えることがなくなった。プンディル、または、ボンジルについては、マラブール川のララルの滝に住んでいたと言われるが、今は空にいる。ユピテル（ジュピター）星はその火であり、それはまた、プンディルとも呼ばれている。[9]

このウェスタンポートの物語には、カラスがまた登場してくるが、プレイアデスの名はみえない。しかしながら、プレイアデスの存在は、カラカロックの中に潜在していると言えるだろう。カラカロックとは、この星座に与えられたこの地方の名前なのである。前の説明からすると、これらの未開人は、ユピテル星をプレイアデスの父とみなしているようだ。

この原住民から遠く離れたブーロン族は、北西ヴィクトリアのティレル湖周辺の荒涼としたユーカリ叢林《そうりん》に住んでいたが、火はカラスによって初めて原住民に与えられたという伝説をもっていて、カラスをアルゴ座の星と同一視している。[10]

時によると、（もっともきわめてまれだが）オーストラリアの原住民は地上の火の起原を星よりもはるかに明白なもの、すなわち、太陽にみいだしていることがある。南西ヴィクトリアのカンダー湖近くには、次のような話がある。昔ある時、一人の男が雲に向かって槍を投げた。その槍には綱が結んであった。男はその綱をよじのぼり、太陽から地球に火を持ってきた[11]。クイーンズランドのメアリーバラ近くのある原住民は、昔人間が太陽から火を手に入れた話を、別のかたちで語っている。太初、ビラルは、でき上がったばかりで大きな砂袋のようだった地球に、黒人たちを置いた。黒人たちはビラルに、昼間はどこで暖をとり、夜はどこで火を得たらよいかをたずねた。ビラルは、ある所に行けば、太陽が見つかるだろう。その太陽の切れっぱしを打てば、火が手に入るだろうとおしえた。黒人たちは言われた所に行き、太陽が朝、一つの穴からのぼり、夕方別の穴に沈むことを知った。そこで彼らは太陽を追いかけて、その円盤の一片を打って、火を手に入れた[12]。

クイーンズランド北西部のクルカドーン（カルカドゥーン）地方につたわる火の起原の出所はいくぶんもっともらしい。大昔、ある黒人種族が、広い丘陵地帯に集まっていた。その日は狩りで多くの獲物があり、殺したカンガルーの死体が、キャンプのまわりにたくさん置かれている。すると、ものすごい雷が鳴りわたり、電光が、丘の乾いた草に火をつけた。火はいきおいよく燃え上がって、カンガルーの肉を少し焼いた。黒人たちは生焼けになった肉を食べたが、これまでいつも食べていた生の肉よりずっとうまいではないか。

そこで、一人の老婆が、丘でまだ燃えているように見える火を追いかけ、それを持って来るようにと、使いに出された。しばらくして、女は燃えている棒を持って帰ってきた。以後、老婆は、その火の永久の保管者に任命され、部落の長老たちから、火をなくしたり、消したりすることのないようにと厳重に言いわたされた。何年もの間、この女は、自分の任務を忠実に守ってきたが、雨季のある晩、キャンプが水浸しになって、警戒がゆるんだすきに、火が消えてしまった。警戒を怠った罰で、老婆は、やぶの間を一人でさまよって、なくした火を見つけなければならなかった。彼女は、人が通ったことのない荒野を、長い間一人でむなしく歩きまわったが、ついにある日深いしげみのなかを歩いているうち、たまらなくなって、腹立ちまぎれに二本の枝を切り取ると、それをはげしくこすりつけた。なんとまあこすった木から火ができた。女は、この貴重な発見に有頂天になって人々のところへもどってきた。それはもう、二度と失われることはなかった。(13)

中央オーストラリアのアランダ族には、次のような伝説がある。——アルチェリンガと呼ばれている遠い昔のある時代に、アルンガ族すなわちエウロ・トーテム族の一人の男が巨大なエウロを殺そうと、東に向かった。その動物は身体の中に火を持っていた。男は二つの大きなチュリンガ、つまり神聖な枝と石を持っていて、それで火をおこそうとしたが、うまくいかなかった。彼はエウロが西の方に行ったのを追いかけ、どうにかして殺そうとした。男もエウロもいつでも、少し離れたところで野宿した。ある晩、男が目をさまし、エウロの近くで火が燃えているのをみつけた。男はすぐさまそこに近よって火をとり、持っていたエウロの肉を料理して食べた。エウロは逃げて、東のもとの道の方に引き返した。男はまた火をおこそうとしたができないので、その動物を追いかけ、とうとうどちらも、はじめの出発点に戻ってしまった。やっとそこで男は、チュリンガで、巨大なエウロを殺すことができた。男はエウロの身体をよく調べて、どうやって火を作ったのか、またどこからそれが出てきたのか知ろうとした。男は、エウロの性器をとりだした。それは非常に長かったが、切り開いてみると、そこにまっかな火があった。男は火をとりだして、持っていたエウロを料理した。長い間、男は巨大なエウロを食べて暮らしていたが、その身体からひきだした火が消えた時は、いつでも、つぎの歌を歌いながら火を起こすとうまくいった。

ウルプマララ　カイティ
アルクナ　ムンガ
イルパウ　ウィタ　ウィタ(14)

ワンカグル族は、ディヤリ族などとともに中央オーストラリアにいたが、火の発見を、ペリグンディ湖の東方にある砂山にむすびつけている。大昔、この国に白人がやってくる前、ムーラス、またはムーラ・ムーラスと呼ばれていた神話的先祖の一人の男が、南方からやってきて、大きな砂山のうしろに野宿した。太陽の沈むころ、彼はあるパラララナ人に逢いに行った。彼もまたムーラ族だった。彼は、パラララナが生の魚を食べているのをみて、なぜそんなにしているかとたずねた。〝魚はこれでいいのさ。おまえはどうして食べるんだ〟。パラララナが言い、彼は答えた。〝おれは料理した方が好きだ。ずっとうまい〟。そしてパラララナを野宿しているところにさそい、どうして料理するか見せてやろうと言った。そこで彼は火をおこし、魚を火の上に置いた。魚が焼けると、パラララナにそれを食べさせた。食べ終わるとパラララナは、今、魚を料理するのに使ったものが何であるかをたずねた。それは火というものだと彼は言い、どうしておこすかをして見せた。パラララナはその秘伝を知ると、その師匠を殺し、火を自分の砂山にもち帰った。そこに彼は腰をすえ、この貴重な道具を使って、他の黒人たちから貢物《みつぎもの》を取りあげた。彼らは、食べ物や若い女たちを彼にさしだした。やがて、彼は二人の若い黒人女を手に入れたが、女たちは彼と一緒にいることを好まず、彼がぐっすり眠るのを待って、急いで逃げ去った。女たちはつけ木を持ってきて、人々に火をもやし続ける方法を教えた(15)。

ワンカグル族には、ほかに、ムーラの女がナルドウチパニという老婆から火を盗んだ話がある。老婆を殺すとムーラ女はハクチョウに姿を変え、くちばしにつけ木をくわえて飛び去った。黒ハクチョウの口ばしの内側が赤くふちどられているのはこのためであり、この話は、ムーラ女が火を持って逃げたときに、口にやけどをしたことを示している。(16)先行諸説話と照合すると、ワンカグル族の古い神話では、ハクチョウが人類にはじめて火をもたらし、その時、くちばしの内側にやけどしたことが推測できる。

北オーストラリアのガガジュ族には、二人の兄弟の伝説がある。彼らは異母兄弟で、どちらも、ニンビアマイイアノゴといった。二人は二人の女、すなわち母親たちと狩りにでかけた。兄弟が、アヒルと羽にとげのあるチドリをとっている間、母親たちは池でユリ根や種をさがしていた。そのころ、兄弟は火も知らず、火のおこし方も知らなかったが、二人の女はそれを知っていた。兄弟が狩りをして森の奥にいる間、女たちは食べ物を料理して、自分たちだけで食べてしまった。食事が終わるころ、遠くに兄弟が帰ってくるのが見えた。女たちは彼らにそれを見せまいといそいで灰を集めると、まだ火のついているものを、自分たちの陰部につっこんでしまった。兄弟は帰ってくると、〝火はどこだ〟と言った。女たちは答えた。〝火なんかありませんよ〟。そこではげしい言い合いが始まり、たいへんな騒ぎになった。とうとう女たちは兄弟に、方々から集めて料理してあったユリの根を食べさせた、そして皆は、肉やユリの根で腹いっぱいになると、長い間ねむった。目をさますと、兄弟はまた狩りに出かけ、女たちはまた食事を料理した。ひどく暑い時だったので、兄弟がとってきた鳥で残ったものは、全部腐ってしまった。そこで二人は新しい食べ物をとりに出かけたが、遠くでまた、女たちの野営地が明るく燃えているのがみえた。

羽にとげのあるチドリは、飛んでいって、女たちに二人が帰ってくることを知らせた。前と同じようにして、女たちは火と灰を隠した。兄弟が火はどこにあるのかとたずねても、火などはないと言い張るので二人は言った。〝おれたちは火を見たんだ〟。しかし女たちは答えた。〝あるもんか。からかうのはおよし。火なんかないよ〟。兄弟はまた言った。〝大きな火だったぞ。火がなけりゃ、どうやって料理したのだ。太陽が料理したとでもいうのか。太陽がユリを焼いたというなら、なんでおれたちのアヒルも料理して、腐らないようにしてくれないんだ〟。返事はなかった。それからまた皆ねむった。目をさますと、兄弟は女たちから離れて、アイアン・ウッドの根を掘りおこし、樹脂をとった。それから、二本の棒を手にとってたがいにこすり合わせると火がおきることを知った。兄弟は女たちがうそを言ったことを怒って、ワニに姿を変えて女たちをこらしめようとした。そこで、アイアン・ウッドの樹脂をこねて、二つのワニの頭をこしらえ、自分たちの頭にそれをのせると、池に飛び込んだ。女たちが池に魚をとりにやって来ると、ワニの頭をつけた兄弟は、女たちを池に引きずりこんで、殺してしまった。二人が死ぬと、ワニ男たちは女の死体を土手に運び、〝起きろ。なんでおまえたちは火のことでうそをついたんだ〟と言った。死んだ女は何も答えなかった。兄弟は、ワニの頭をかぶってはいたが、しばらくの間はまだ手足は人間の形をしていた。しかし、そのうち、彼らはほんとうのワニになってしまった。二人はこの動物の最初である。その時まで、こんな動物はまだいなかった。(17)

〈原注〉

1 Mrs. James Smith, op. cit., p. 18-.

2 H. E. A. Meyer, "Manners and Customs of the Aborigines of the Encounter Bay Tribe" in J. D. Woods, *The Native Tribes of South Australia* (Adelaide 1879) p. 203-.

3 Baldwin Spencer and E. J. Gillen, Native Tribes of Central Australia (London 1899) p. 26-.

4 R. Brough Smyth, op. cit. (1878) i. p. 459.

5 ibid., p. 459-.

6 A. W. Howitt, *The Native Tribes of South-East Australia* (London 1904) p. 71-.

7 ibid., p. 430. この説話にホーウィット博士は短縮した形を与えようとしたらしい。博士はその娘のメアリー嬢の手記（*Legends and Folklore of some Victorian Tribes*）を参照している。この価値ある著作がまだ刊行されないのはほんとうに遺憾である。ずっと前私はさいわいにもそれを見せてもらうことができ、そのいくつかを抜粋させてもらった。しかしそれには残念ながら火の起原に関する説話は含まれていない。

8 Robert Hamilton, Melbourne, "Australian Traditions" *The Scottish Geographical Magazine*, i. (Edinburgh 1885) p. 284-.

9 William Ridley, "Report on Australian Languages and Traditions" *Journal of the Anthropological Institute*, ii. (1873) p. 278.

なお次を参照せよ。*Kamilaroi and other Australian Languages* (Sydney 1875) p. 137. この伝承は

Ridley 氏によって *Remarks on the Probable Origin and Antiquity of the Aboriginal Natives of New South Wales*（メルボルンの植民地行政長官の書いたもので、これを私はまだ見ていない）に引用されているようである。なおこの行政長官の記事はヴィクトリアがニュー・サウス・ウェールズから分離（一八五一年）する以前に書かれたものらしい。

10 W. Stanbridge, "Some Particulars of the General Characteristics, Astronomy, and Mythology of the Tribes in the Central Part of Victoria, Southern Australia" *Transactions of the Ethnological Society of London*, New Series, i. (1861) p. 303.

11 R. Brough Smyth, op. cit., i. 462.

12 A. W. Howitt, op. cit., p. 432.

13 F. C. Urquhart, "Legends of the Australian Aborigines" *Journal of the Anthropological Institute*, xiv. (1885) p. 87-.

14 Baldwin Spencer and E. J. Gillen, op. cit. (1899) p. 446-.

15 G. Horne and G. Aiston, *Savage Life in Central Australia* (London 1924) p. 139-.

16 ibid., p. 140-141.

17 (Sir) Baldwin Spencer, *Native Tribes of the Northern Territory of Australia* (London 1914) p. 305-308.

第四章　トレス海峡諸島とニューギニア

1

オーストラリアとニューギニアの間にあるトレス海峡諸島の東部には、次のような火の起原の物語が記録されている。

ナギールに住んでいたセルカールという名の年老いた女は、両手に指が六本あった。親指と人差指の間にもう一本あった。昔の人間はみなそうだった。その女が火をおこすとき、二本のつけ木を重ねておいて、その下に火の入っている指をおくと、火は少しずつおきるのだった。モアに住む動物たちはよくセルカールのおこす煙を見て、彼女が火を持っているのがわかり、自分たちにはそれがないので、手に入れようと思った。そこである日、動物たちは集まって相談した。ヘビやカエルや、いろんな種類のトカゲが集まった。たとえば、オナガトカゲ（zirar）、小トカゲ（monan）、イエトカゲ（waipem）、それにシ（si）という大トカゲとカロム（karom）という大きな長首トカゲなどであった。動物たちは、火を手に入れるために、ナギールまで泳いでいかねばならないことに意見が一致した。まずヘビが泳いだが、海が荒れていて戻ってきてしまった。次にカエルが泳いだが、波にもまれてしまった。それから、小トカゲ、オナガトカゲ、イエトカゲ、大トカゲ（si）がつづいて水に飛びこんだが、皆同じように戻ってきてしまった。最後に、大きな長首トカゲ（karom）がやってみた。彼は首の長いのを利用して、波の上に頭をだしたまま泳いだので、ナギールの浜辺につくことができた。浜辺に着くと、彼はまっすぐセルカールの家に行った。セルカールは椅子《いす》に坐ってかごを編んでいたが、椅子をすすめてよろこんで彼を迎え、ごちそうするために庭に出ていった。長首トカゲは、セルカールが外に出ているのをいいことに家じゅう火をさがしたが、みつからなかった。彼は考えた。〝やれやればかをみた。あの女は火なんかもっていなかった〟。やがて、セルカールが庭からたくさん食料や火つけ木をもって帰ってきた。それから、二本の枝を重ねておいた。長首トカゲはじっと見守った。彼女が指を木のところにおくと、たちまち火がおきてもえあがった。そして食事を料理し、それが終わると、火の中から木を全部とりだして、砂の中にうずめてしまった。彼女はケチだったので、つけ木をむだにしたくなかったのだ。火はすっかり消えて火花一つも残らなくなった。それなのに、老女の指の中にはいつもそれがある。長首トカゲはどうしても火をモアに持って帰りたかった。食事が終わると彼は言った。〝そろそろ帰ろうか、モアまではずいぶん泳がなくちゃならん〟。セルカールは一緒に浜辺にきて彼を見送った。水に入ると、長首トカゲは彼女に手を出した。セルカールが左手を出して握手しようとしたので、彼はその手をはらい、〝ちゃんと右手を出しな〟と言った。彼があまりしつこく言うので、ついセルカールは右手を出した。そこに火があるのだ。トカゲは、その指をかみ切り、火を口に入れモアに泳ぎもどった。人間も動物たちも、みな海岸で彼の帰りを待っていた。彼らはトカゲが持ってきた火をみてよろこんで、それをメル(マーレー諸島の一つ)にもっていった。そして森に入り、めいめい気に入った木から枝を一本取り、それらに火つけ木になってくれとたのんだ。あるものは竹(marep)を、あるものはハイビスカス・ティリアセウス(sem)を、あるものはユーゲニア(sobe)を選んだ。こうしてこれらの木は火をもつことになって今日に至っているし、人々はこれらの木からつけ木を得ているのだ。つけ木(goi-goi)は二本あって、縦と横の木である。縦の木を横にした木の上でこすりつづけると火がおきる。この仕事は、〝母親が火をおこす〟と言われている。だから横にした木が〝母親〟、縦の木が〝子供〟と呼ばれているのだ。老女セルカールは、六本目の指をなくし、それ以来、人間は昔は六本あったのに指が五本になった。親指と人差指の間が離れているのはそのためで、昔はそこに六本目の指があった。

他の説話によれば、長首トカゲが、女の指をかみ切ったのではなく、貝のようなもの(cyrena)で切り取ったとされ、ニューギニアではその方が一般に広がっている。(1)

同じ話が、少し変わった形でマーレー諸島にあり、別の観察者によって次のように記録されている。

ニューギニア本土（Daudai）の近くのある島の一つに、セルカールという女がいた。彼女は右手の親指と人差指の間に火をもっていた。ある日、釣りをしていた男たちがセルカールのいる島から煙が立ちのぼっているのを見て、ひとつ探険に行って、できれば、この不思議な力の秘密をみつけることにきめた。彼らの望む知識を手に入れるのにどうしたらいちばんよいかを討議した結果、彼らは動物に姿を変えることにした。そこで彼らは、それぞれ、ネズミや、小トカゲ（mona）や、ヘビや、イグアナや、長首トカゲ（karom）などの姿になった。しかし、海がたいへん荒れていたので、ネズミや、小トカゲ（mona）や、ヘビや、イグアナや、他の動物たちは飛びこむのをあきらめてしまい、ただ一人、長首トカゲだけは、ようやくがんばってとうとうセルカールの家の近くに上陸した。もとの男の姿に戻って、セルカールのところに行くと彼はたずねた。〝火をもってますか〟。〝いいえ〟、セルカールは答えた。自分の神通力を秘密にしておきたかったからである。しかしセルカールは彼に食事を出した。彼は食べ終わると横になってねむったが、片目をあけたままにして、セルカールが手から火を打ち出して、枯れ葉や、枯れ枝を燃すのを見た。

翌朝、彼は帰ることにきめ、セルカールに言った。〝帰る。握手しておくれ〟。セルカールは左手を出したが、彼はいやだと言い右手をとろうとした。セルカールはやむなく、右手を出した。すると彼は竹のナイフをだして、彼女の手を切りとり、その獲物をもって海に飛びこんだ。島に帰ると、彼はうまく火をおこすことができた。それを多くの木がみていた。そのうちの何本か、すなわち、竹(marep)、ケイゾウ、セニ、ゼブ、アルゲルギなどが火をもち、その時からこれらの木は、火をつくる力をもつようになった。原住民たちは、こういう木を切りとって、摩擦によって火をおこした。[2]

この話では、主人公は男たちであり、老女の火を盗むために動物に姿を変えたのである。しかしもっと原始的な説話では、彼らは単純に動物そのものであったに違いない。

同じ話が、要約された形で、ダウダイのモワット(マワッタ)、英領ニューギニアのフライ川南方地域で、報告されている。それによると、大コウモリだと言われるエグオンがモワットに火を伝えたのであった。それによれば、昔、ダブル・アイランド(Nalgi)(ナギールの近く)に住んでいたある部族の男が、左手の親指と人差指の間から火をとりだしてみせた。それをとろうとしてけんかが起こり、人々はみな動物や鳥や爬虫類《はちゅうるい》や魚に変えられてしまった(人魚やカメもいた)。エグオンはモワットに向かい、他のものはトレス海峡やニューギニアの別のところに向かった。[3]この話で、火をもって来たのは、長首トカゲのかわりに大コウモリであるが、それ以外は、前の話と本質的には次の点で同じである。つまり、火は、最初人間の親指と人差指の間からひきだされたこと、つぎにその火の盗みを、手伝ったりそそのかしたりした人間は、みな動物に変わったということ——。

マワッタの人は、最初、火はトレス海峡にあるマブイアグ島から、次のような方法でもたらされたと語っている。その当時、トレス海峡でも、ニューギニアと同じく、人々は火を知らなかった。ある日、人々はワニが口にくわえた火で食べ物を料理するのを見た。彼らは言った。〝おいワニ、火をくれよ〟。しかし、ワニはことわった。彼らは、病気でねている酋長のところに行った。酋長は病気が治ると、食料をもってダウアンに泳いでいった。そこで休んでいると、海の向こうのニューギニアの浜辺に煙が立ちのぼっているのが見えた。泳ぎ渡ってみると、草に火をつけている女に逢った。そこで、彼は女から火を盗み、マブイアグに持ち帰った。マブイアグから、火はトトに渡り、トトの人が、それをマワッタに伝えたのである。(4)

英領ニューギニアの海岸から遠く離れたフライ川の河口にあるキワイ島にも多くの物語が伝わっている。それを最初にとりあげたのは、初期の開拓者である故ジェイムズ・チャマーズ宣教師であった。彼はニューギニア原住民の改良のために尽力し、その生命を犠牲にしてしまった。彼の話は次のとおりである。

〝火は最初、ディビリ近くの本土で、二人の男が作りだした。彼らの名はわからない。動物たちはみな、その火をキワイに盗んでこようとしたが失敗した。鳥たちがみなやってみたが、やはりだめだった。その時、黒いバタンインコがとび上がり、自分がやってみようと言った。彼はうまく下り、燃えている枝をとると、それをもって飛び去った。河口を渡っていく途中、火をいろいろな島に落としたが、そのたびにそれを拾い上げた。イアサにやってきた時にはすっかり口が焦げ、くちばしの両方が赤くなってしまった。イアサで火を落とし、人々は火を手に入れ、それ以来、火をもっている〟(5)。この話に出ているバタンインコは、あきらかにミクログロッサ種であり、〝その黒い羽全体は、赤いむきだしの頬のために引きたってみえるのである〟(6)。

同じ話が、もっと新しい研究者によってキワイからよりくわしく報告されている。〝もちろん、昔は、人々は火を知らず、食べ物も料理せずに食べなければならなかった。しかし、火はディビリ(バミュ川河口)で発見され、それを知って、動物たちは、なんとかして盗もうとした。ワニは失敗し、ヒクイドリも失敗し、犬でさえも、どうすることもできなかった。それから鳥がやってみたが、黒いバタンインコが、火を口にくわえると、西の方に飛んでいった。イアサまで来ると、口にやけどをしてつけ木を落としてしまった。おかげでキワイ人は火を手に入れたが、黒いバタンインコは今でもくちばしに赤いやけあとがある〟。

英領ニューギニアの他の地方の、火の話の大多数は、犬が、最初に人間に火をもたらしたことになっている。犬がネズミから盗んだというのもある。実際には、キワイ人が火をおこす時、ごくふつうのたきぎを足でおさえ、割り竹をその上で、早く上下させるのだ。この交互作用が〝耕火〟法(7)である。〝火をたがやす〟という言葉で、著者が言おうとしているものは、また〝棒とみぞ〟法と呼ばれている。つまり、地面においた木片の自然にで

きている割れ目に先を丸くした棒をこすりこんで火をつくるものだ。(8)

近年キワイで、フィンランドの人類学者、グナー・ラントマン博士が、火の起原の説話を多く収集した。そのなかには、黒バタンインコが、いかにしてキワイに火をもたらしたかを語るものがある。それは次のとおり。

マナヴェーテ（ニューギニアの本土にある）に住んでいた一人の少年が昔、ワニに殺された。彼の父はダヴェといったが、どこかで息子の精霊でも見つけ出せないかと、カヌーをこいで海に出た。こいでいるうち、キワイ島のドロパにやってきた。当時キワイ島は大きな砂山で、木は一本も生えていなかった。その夜はそこで過ごし、翌日彼は島内のサノバに着いた。そこにはメウリという男が住んでいた。このメウリは土地も火も持たず、ただ、とった魚を日干しにして暮らしていた。メウリがダヴェに火がないと話したので、ダヴェは、いつかもってきてやろうと約束した。たまたま、ダヴェはめずらしい鳥を手に入れた。この鳥は、何でも知っていて、人間のように話すことができた。この不思議な鳥は、黒バタンインコ（kapia）であった。ダヴェは火をもって来させるためにこの鳥をマナヴェーテにやった。鳥は飛んでいき、しばらくして、燃えているつけ木をくちばしにくわえて帰ってきた。このようにして火を持ってきたので、この鳥は今でもくちばしに赤いしまがある。メウリは、バタンインコがもってきたこの火をいつまでも大事にしていた。(9)

ラントマン博士が、キワイで記録した話に、トレス海峡の島々では、人々がどのようにして火を手に入れたかを物語るものがある。その話は、これらの島に伝わる伝説から変化したものである。(10) それによれば――

トレス海峡のバドゥ島のはずれに、ハウィアという男が母親と住んでいた。火はなかった。ところが、この島のもう一方のはずれにはワニが住んでいて、火を持っていた。ある日、ハウィアとワニが一緒に魚釣りをしたが、ワニは家に帰ると火をおこして、獲物を料理しはじめた。ハウィアは自分も魚を料理したいと思い、ワニに火をかしてくれとたのんだが、そっけなく断わられてしまった。男は家に帰り、母親と一緒に魚をひらいて日干しにはしたが、それを生《なま》のまま食べなければならなかった。その後何回となく彼はワニに火をたのんだがむだであった。

ある日、ハウィアはよそに火をさがしに出かける仕度をした。白い羽根かざりのついた帽子をかぶり、顔を黒く塗り、いろいろなかざりを身につけた。こうして着かざって、海に飛びこみ、歌を歌いながら、ブジに向かって泳いでいった。〝あそこに煙がたっているぞ。やぶを燃やしているんだ。泳ぎ着いて火を取ってこよう〟。とうとう彼はブジに着いた。そこには女が一人いて、林を焼き、畑をつくっていた。彼女の右手の親指と人差指の間に火がいつももえていた。女はハウィアに気がつくと、よそものに火を持っていることを知られたくなかったので、やぶの火をみな消してしまった。女は彼にどこから来たのか何がほしいのかとたずねた。ハウィアはそれを話すと女は答えた。〝いいとも。まあおやすみ。あした少し火をあげよう〟。あくる日、女はまたやぶを焼きはじめた。ハウィアは手を出して言った。〝さあ、握手しよう。もう帰りたい〟。女が左手をさし出したので、ハウィアは、右手をといい、突然、彼女の手から火をむしりとってしまった。火を手に入れると、彼は海に飛びこみ、前と同じ歌を歌いながら、ボイグまで泳いでいった。ボイグに着くと、彼は火をおこした。煙がたちのぼったので、バドゥにいた母親は言った。〝あそこに煙が見える。息子が帰ってきた。火を持って来た〟。それから彼はマブイアグ島にやってきて、同じように煙をあげた。母親は言った。〝あの子はマブイアグにいる。煙が近くなってきた〟。やがて彼はバドゥに上陸し、母親に知らせた。〝火をとってきたぞ。魚をとって火で料理しよう〟。ワニは、ハウィアと母親が火を持っているのを見て、ずうずうしくもやってきて、親切そうに自分のもっている火をわけてやろうと言いだした。〝いらん。おまえの火なんか。ほかのところから持ってきた〟。ハウィアは言った。〝もう陸にあがるのはやめろ。おまえはワニだ。水にいろ。おれのように陸にいられる人間じゃない〟。ワニはがっかりして水に入ると言った。〝おれの名前はアリゲーター。どこにでもいって人間を食ってやるぞ[11]〟。

この話では、男は火をとってくるために、海を泳ぐ時頭に白い羽根かざりをつけ、顔を黒く塗っていたが、それは原始的合理主義のみごとな結実としていい。すなわち、他のキワイ説話の中の火のもたらし手としての黒バタンインコは、ここではこのように変装した

人間に置きかえられているのだから。(12)
同じように変わったやり方で火を獲得する話、つまり、親指と人差指の間に火をもっている者から、その火をもぎとったという話は他にもあり、ラントマン博士が報告している。トレス海峡諸島の中のムリ島には、イクという名の男がいて、右手の親指と人差指の間に火をもっていた。このあたりの島にはこれしか火はなかった。現在このあたりの島にある火は、すべてイクの右手の親指と人差指の間にあった火から出たのである。いまわれわれの親指と人差指の間が広くあいているのも、昔、そこにイクがつけ木を持っていたからだ。

また、トレス海峡のナギール島には、ナガという男がいて、魚をとり日干しにして食べていた。さらにマブイアグ島では、ワイアティという男が、妻と娘と三人で暮らしていた。この二つの島には火がなくて、彼らはいつも冷たい食事をしていた。ある日、ナガがマブイアグのワイアティに会いに来て言った。〝一緒に火をさがしに行こうじゃないか。ムリ島にはイクというやつがいて、火を持っている。おれたちは太陽で料理するっていうのにさ〟。そこでタカが二人をのせ、海を渡ってムリに飛んでいき、大きな木の枝にとまった。二人の男は地面に下りると、タカにそこで待っているよう言いつけた。イクは木の幹からカヌーを作っていた。彼らはやぶの中から、イクが手に火を持っているのを見た。イクは石斧《いしおの》を下におくと、木に火をつけた。それを見ていた彼らは言った。〝木に火をつけてるぞ。手で火をおこしているんだ、そうか、そうか〞。彼らがやぶから出ていくと、イクはふりむいて言った。〝おまえら、どこから来たんだ。ここには人間がいなかったのに。何しに来た〞。彼らは言った。〝おれたちは火をさがしに来たんだ。火がないので、おれたちはいつも魚を日干しにしている〞。すると、イクはすぐさま火を手の中に入れて、見えないようにしてしまった。〝火なんかないぜ。誰がおれが持ってると言った〞。だが二人はたしかに持っていることを知っていると言い張った。ナガは、以前、タカにつれられてムリにやってきて、火を見たことがあったので、イクに言った。〝おれはわしの友だちに話すまえに一度来て見たことがある〞。イクは怒って叫んだ。〝おまえたちは人間じゃねえ、悪魔だ。だから火もないし、冷たいものを食べている。おれは人間だ。だから火もある。見せてやろう〞。そう言って彼は手を開き、〝見ろや。火が出てくるぞ〞。ナガは走りよってその火を取った。〝火をとるな。おれのものだ〞と言ってナガをとめようとしたがおそかった。イクはナガを追いかけて叫んだ。〝おれの火をかえせ〞。ナガとワイアティは、いそいでタカのところへ戻り、タカは二人をのせて飛び去ってしまった。イクは二人を追いかけるのをあきらめ、この大損失にがっかりして家にもどった。さっきまで燃えていた火を燃しつづけようとしたが火種がもうなくなっている。そこで木をたくさん集めた。彼の手の火があったところは、もうふさがってしまっていた。

ナガとワイアティはナガの島のナギールに帰り、そこで火をつけた。ワイアティは、それからイクの火を持って、自分の島のマブイアグに帰った。妻と娘は魚を日干しにしていた。ワイアティが火をおこすと、妻が叫んだ。〝何、それ？〟。彼は答えた。〝料理するための火だ。さあ、これでやってくれ〟。焔がパッともえ上がった。二人はおどろいて叫んだ。〝それはいったい何なの？〟。ワイアティは皆をおさえて言った。〝ちょっと待て、魚を焼くからな〟。魚が焼けると、二人に食べさせた。二人は食べ、おどろいて叫んだ。〝お父さん、うまい。今まで魚は日干しにしてたけど、時間がかかって、かかって〟。

またある時、ナガとワイアティはタカにつれられてヤム島に行った。ワイアティはまもなくマブイアグに戻ったが、ナガは家族を呼んでヤムに残り、この島に住みついた最初の人間になった。イクはダヴァネに行ってコゲアに火をあたえ、ニューギニアのダウダイの海岸から遠く離れたサイバイ島でメレバにもそれをあたえた。火の知識はサイバイ島からニューギニア全体に広まった。イクはやがて自分の島のムリに戻った[13]。

また、こういう話もある。火をはじめてつくったのは、クイアモという少年で、右手の人差指の先にいつも火を持っていた。少年はトレス海峡のマブイアグ島の原住民だったが、ある日バドゥ島の人々に会いに行った。そこの人々は火を使うことを知らず、食べ物は日光で焼いていた。人々がクイアモに生《なま》ものをくれたので、クイアモは彼らに料理の仕方をおしえた。彼が木片に指をつけると、それが燃えだした。はじめて見たのだからみんなおどろいてしまった。また料理したものを食べたことがなかったので、はじめて食べた時は気持が悪くなったが、まもなくそれを好むようになった。同じことは、クイアモが火の使い方をおしえて歩いたモア島や他の場所でも起こった。(14)

〈原注〉

1 *Reports of the Cambridge Anthropological Expedition to Torres Straits*, vi. (Cambridge 1908) p. 29-.

2 A. E. Hunt, "Ethnographical Notes on the Murray Islands, Torres Straits" *Journal of the Anthropological Institute*, xxviii. (1899) p. 18. それはまた *Reports of the Cambridge Anthropological Expedition to Torres Straits*, vi. p. 30 にも引用されている。私は A. C. Haddon 博士のリポート（llcc）によってハント氏が翻訳されなかった獣や樹木の原名のいくつかを訳しておいた。

3 E. Beardmore, "The Natives of Mowat, Daudai, New Guinea" *Journal of the Anthropological Institute*, xix. (1890) p. 462. この伝説は *Reports of the Cambridge Anthropological Expedition to Torres Straits* v. (1904) p. 17 にも引用されている。

4 W. N. Beaver, *Unexplored New Guinea* (London 1920) p. 69.

5 James Chalmers, "Note on the Natives of Kiwai Island, Fly River, British New Guinea" *Journal of the Anthropological Institute*, xxxiii. (1903) p. 118. *Reports of the Cambridge Anthropological Expedition of Tarres Straits*, v. p. 17 を参照せよ。それには黒バタンインコが〝そのくちばしのまわりにいまも赤い傷あとがあるのはその時の事故のしるし〟としるされている。

6 Alfred Newton and Hans Gadow, op. cit., p. 93.

7 W. N. Beaver, op. cit., p. 175.

8 (Sir) E. B. Tylor, op. cit., p. 237-.

9 Gunnar Landtman, *The Folktales of the Kiwai Popuans* (Helsingfors 1917) p. 331-. (*Acta Societatis Scientiarum Fennicæ*, vol. xivii.) ; id., *The Kiwai Popuans of British New Guinea* (London 1927) p. 36. ラントマン博士は同じこの本の中に少しずつ変わったいくつかの説話を記録している (p. 64, 68-, 332)。

10 本書四九ページ以降参照。

11 Gunnar Landtman, op. cit. (1917) p. 333-. この話はあるマワタ人がラントマン博士に話し、他のマワタ人は同じ話でもっと短く少しちがっているのを話した (p. 334)。

12 本書五四—五五ページ参照。

13 G. Landtman, op. cit. (1917) p. 134.

14 ibid., p. 157.

2

英領ニューギニアのフライ川の南に住むマシンガラ族の物語は、トレス海峡諸島のそれとかなり似かよっている(1)。昔、人々は火を知らず、食べ物といえば、熟したバナナや日干しの魚だけであった。この食事に飽きてしまって、人々は動物たちに火を取りに行かせた。

彼らは、この仕事にまずネズミをえらんだ。まずカワ酒（gamoda）を一杯飲ませ、火をさがして来いと言いつけた。ネズミはカワ酒を飲むと、やぶの中にかけこんだが、そこで火のことを忘れてしまった。同じことはイグアナにもヘビにも起こった。みな次々にカワ酒を飲んでやぶの中に入って行ったが、そこでやめてしまった。最後に人々はイングアを呼んだ。これはイグアナの一種で、マワッタ島ではイクといわれているものである。イングアはカワ酒を飲むと、海に飛びこみ、テュド島に泳いでいった。そこで彼は火をみつけ、口にくわえて戻ってきた。頭を波の上に出したまま泳いだので、火は消えなかった。こうして叢林地帯の人々は火をもった。彼らは、二本のワラカラ木、あるいは竹に、まず蜜臘《みつろう》を少しぬりつけ、それをこすり合わせてあるいはもみこんで火をおこしたのである[2]。

また、こういう話もある。キワイ島のギブに住んでいたトゥルマという男は、火を知らなかったので、魚をとると日干しにしていた。ギブノゲーレという奇妙な動物が地中に住んでいて、火がなくて魚を日干しにしているトゥルマを気の毒に思い、ある日、トゥルマが魚をとりに出かけている間に、地面に穴を掘ってそこに入り、トゥルマにみつからないよう、身体に土をかぶせて彼を待った。トゥルマは帰って来てギブノゲーレの足あとをみて、あやしんだ。〝誰が歩いたんだ、ここにはおれきりいないのに〟。突然ギブノゲーレが地中から起き上がって言った。〝おまえは誰だ。何をしゃべってる〟。トゥルマはびっくり仰天して叫んだ。〝あれ、父っつぁん、どこから来た〟。彼がギブノゲーレを父っつぁんと呼んだのは、彼の機嫌《きげん》をとるつもりだったのだ。ギブノゲーレは答えた。〝おれは地面の下にいるものだ。そこがおれのすみかでなかなかいいところさ。火があるぞ。おまえは火を知らんだろう。一緒に来たらどうだ〟。トゥルマはまだこわがっていたが、ギブノゲーレは、火をやるからと、むりに彼を誘った。そこで二人はギブノゲーレのすみかに行った。トゥルマは火の近くに坐ると、気を失ってしまった。ギブノゲーレはトゥルマを介抱し、水を与え、身体を洗ってやった。やっとトゥルマは元気をとり戻し、ギブノゲーレの娘と結婚した。トゥルマは娘をもらったお礼に、石斧《いしおの》や、犬の歯でつくった首かざりなどをたくさん養父にさし出した。しかし、気の毒なことに、花嫁が婚礼の夜に死んでしまい、夜が明けないうちに、トゥルマは男やもめになってしまった(3)。

もっと単調で、劇的な結末のない話もある。昔、キワイ島がまだ砂山で、マングローブ以外には一本の木も生えていなかったころ、イアサに二人の男が、近所に住んでいた。一人はナベアムロといい、もう一人はケアブロといった。ケアブロは火を知らず、魚をただ日干しにしただけで生《なま》で食べていた。一方ナベアムロは、一本の木をもう一本の木の穴にさし込んでぐるぐるまわすと、火がおこることを知っていた。だがケアブロにはそれをおしえなかった。ある日、ケアブロは、ナベアムロが火をおこしているところにやって来て、その火を盗み、逃げてしまった。ナベアムロは年とっていたので、そのどろぼうをつかまえることができなかった(4)。

火の最初の発見についてラントマン博士がキワイで書いた話には、もう少し教育的なのもある。

昔、人々はみな何でも生のままで食べていた。ある時、一人のグルル人（Gururu もしくは Glulu）が夢をみた。夢の中で精霊が現われて彼に言った。〝おまえの弓の中には火が入っている〟。男は目をさますと考えた。〝火、それはいったい何だろう〟。それから彼はまた眠った。するとまた精霊が現われて言った。〝明日おまえの弓でやってみろ。弓を木にあてて、木が切れるまでこするのだ〟。あくる朝、彼は木の枝をもってくると、弓をのこぎりの歯のように使って、木をひきはじめた。こすっていると木が熱くなり、もっとこすると、煙がたちはじめ、とうとう、火がおきた。彼はココナッツの繊維を火口《ほくち》に使って、火をつけることができた。彼はこの発見に大よろこびした。その火で身体を暖め、食べ物を料理できたからである。まず彼は、タロイモの根をやき、二つに切って、注意深くそのにおいをかいだ。彼はためらった。〝もしかしたら、これを食ったら死ぬんでないか〟。しかし食べてみて、彼は叫んだ。〝うまい！〟。そこで彼は家の中にいる人々に火を持っていった。皆驚いて逃げようとしたが、彼は皆に火の使い方を説明し、料理をしてみせた。最初人々は料理した物を食べたがらなかったが、そのうち、この新しい料理法を使うようになった。(5)

まだある。ジャバギという名のカンガルーの息子が、昔、竹の綱で木を引いて二つに切った。その時、木に火がおきた。少年は最初ひどく驚いたが、夜になって母親か養母か、ともかくカンガルーがやってきて彼に言った。〝おまえの火はよいものだ。こわいことはない。その火で料理するのだ〟。——今でも山奥にいる者たちは、こういう方法、つまり竹の綱で木をこすって火をおこしているという。(6)

英領ニューギニアのパプア湾の原住民(ペルアのことらしい)からジェイムズ・チャマーズ氏が聞いた話では、火は最初、地中から出てきた。だが時代がたつにつれて、消えてしまったという。地上で火が消えてしまってから、ある日、一人の女が子供を生み、身体がたいへん冷えたので、暖まりたいと願った。ちょうどその時、天から火が下りてきた。そこで女の父親が、その火に枯れ葉をあてると、パッともえ上がって、女はその火で身体を暖めることができた。人々は赤ん坊に贈り物をもって来てそのお返しに燃えている棒をもらって帰った。それ以来、それは消えることがない。(7)

英領ニューギニアのモトゥモトゥでは、火ははじめ山でできたという。それまでは生ものを食べていたが、ある日イリアラという山の住人が妻と坐って一本の杖をもう一本の杖に力いっぱいこすりつけると火がとび出した。(8)

英領ニューギニアのモトゥ族は次のように言っている。大昔彼らの祖先は生ものや日干しのものを食べていた。ある日、人々は〝海域〟という意味を持つタウルに煙があがっているのを見た。犬やヘビやフクロダヌキや鳥やカンガルーが、みな叫んだ。〝タウルに煙だ！　煙がたっているぞう！　タウルには火がある。誰か取りにいって火をもって来んかなア〟。そこでヘビが出かけた。だが海が荒れていたのですぐ引き返した。フクロダヌキも行ったが同じこと。鳥も出かけたが、風が強くて飛び続けることができずにもどって来た。カンガルーもやはりだめだった。そこで犬が言った。〝おれが取ってこよう〟。彼は島に泳ぎつくと、女たちが料理しているのをみつけた。女たちは言った。〝変な犬がいる。殺そう〟。しかし犬は火のついた木片を一本取ると、海に飛びこんで帰ってきた。人々は浜で、燃えている木片をもった犬が近づいてくるのをみていたが、上陸すると、女たちは火をもらって大よろこびした。他の村からも女たちが火を買いに来た。しかし他の動物たちはやきもちをやいて犬に悪態をついた。犬はヘビを追いかけ、ヘビは逃げて地面の穴の中に引っこんでしまった。フクロダヌキも同じように穴にもぐった。カンガルーは山に登った。こうして、犬とほかの動物たちの仲が悪くなった。(9)

このモトゥ族の物語の少し変わったものをジェイムズ・チャマーズ氏が報告している。すなわち火を持ってくることのできなかった動物たちは、ヤマキジ、ヘビ、イグアナ、ウズラ、小カンガルー、それにブタであるが、その計画をやりとげたのは、前の話と同じく犬なのである。(10)

北東パプア（英領ニューギニア）のマンバレー川の近くに住んでいるオロカイヴァ族も、昔火をはじめてもってきた動物は犬であると言っている。昔、海辺の村に人間たちがいて、寒さになやみ、まずい食べ物に飽きていた。人々は海の向こう岸に煙がたつのをみて、いったい何だろうといぶかり、その煙を出すものをほしがった。彼らの飼い犬が突然言いだした。〝わしがおまえたちのためにもってこよう〟。そして海を渡ってその村に行き、思いどおりに火を手に入れると、口にくわえて泳ぎはじめた。ずいぶんでかくて強い犬だったが、波の上に火を持ち上げたままにはできず、とうとう火は水にぬれて消えてしまった。彼が持ってきたのは、火の消えたただの棒きれだった。この犬につづいて他の犬たちも出かけたが、はじめと同じくうまく運べなかった。最後にきたない小犬が言い出した。赤くただれて、背中にはほとんど毛がなくなったやつだ。〝わしがとって来てやる〟。人々はばかにして笑ったが、犬は向こう岸まで泳ぎついて、火を手に入れると、他の犬がやったように口にくわえないで、しっぽに結んで皆のところに帰ってきた。泳いでいる間しっぽを振りつづけたので、炎から火花が飛び散り、まるで女たちが海礁に夜釣りに行く時持つココナッツの葉の束のようであった。だんだん近くなる火が暗闇にきらめくのを見ると、浜辺の人々は踊りだし、胸をたたいてよろこんだ。〝早く早く〟。このようにして、小犬は火をその岸に運んで来たのだ。

しかし犬はその火を人々に与える前に、まず地面においた。するとフクロダヌキが、それを盗んで自分のねぐらにもっていこうとした。だが犬はなかなかすばしこく、その火をフクロダヌキからもぎとって彼自身の〝父ちゃん、母ちゃん〟に渡した。すなわち彼の世話をしてくれた男と女にである。二人は厚く犬をもてなし、その火をすべての人々に与えた。今でも彼らは、火は犬のものであると言う。だから、火が消えてしまった灰の上に、犬は横になるのが好きだし、そこからどけようとすると、うなり声を立てたり、くんくん鼻をならしたりするのだと信じているのである。(11)

オロカイヴァ族だけでなく、パプアの他の民族も、火は最初犬がもってきたと言っている。バニアラ近くのムカワに伝わる話では、犬はまっすぐグッディナフ島まで行って、そこから火を持ってきた。しかし、非常に遠くて、二十マイルもあったので、おぼれてはいけないと考え、彼は泳ぐのをやめ、一人でカヌーにのり、火を安全にもち帰った。彼は浜辺にカヌーをこぎ入れて、ムカワ近くの丘をのぼっていった。そこで彼は、草に火をつけた。というより、持っていた棒から、偶然に草に火がついたのであった。いずれにしても、近くの村の人々は、みなその煙を見て、火をもらいにやってきた。現在、この丘は〝犬の丘〟と呼ばれている。犬が上陸したところだからである。この丘に白人が、暗夜に通る船のため、灯台を作った。だから今では、毎夜、丘にきらめく明りを見ることができるのである。しかし白人が何を言おうと、黒人は、火を最初にそこにおいたのは犬であると信じきっている。(12)

この、犬と火に関する二つの物語を書いた著者はさらに言う。〝パプアの人々は、昔火を知らなかった。彼らは南東の風にふるえ、ヤムイモやタロイモをかたいまま生で食べていた。しかし、今は火がある。夜には、村々では火が明るく燃え、女たちは、かめや竹や、地面においた焼けた石で料理をする。彼らはどこで火を手に入れたのだろうか。誰がもってきたのだろうか。火は空からやってきたという者、年老いた女がラミという草の下に隠していたという者、またバタンインコがくちばしにもっていたという者、小トカゲが腋《わき》の下に入れておいたという者、いろいろある〟(13)。

英領ニューギニアのパプアでプラリ・デルタに住む原住民のもつ物語。アウア・マクという火をおこす者が西の方からやってきた。彼が遠くからやってきたという者もあるが、ピエ川に住んでいた者で、カイマリの近くに生まれ、そこで人類にはじめて火を与えたのだという者もいる。いずれにしても、彼ははじめピエ川の流れに住んでいたと言われており、母親ケアが、彼を生む時、ワニに食べられないようにと、丘に上った。アウア・マクは、さまざまの手柄をたてた後、弟のビアイをつれて、空に上ってそこに住んだ。どのようにしてのぼったかというと、まず二人は、長いエイン・トリーを村にもってきて、大きな柱のように立てた。それから家財道具や建築材料をあつめて背負うと、この柱をのぼって空に行き、そこでもって行った材木で家を建てたのである。それ以来、カイマリの人は地上に残ったが、アウア・マクとビアイの兄弟は、自分たちの名をけっして忘れないようにと言い残して、高い空にとどまった。そのころまだ、カイマリには火がなくて食物を料理する方法といえば、しばらくの間それを日光に干しただけで、つまり生のまま食べるのであった。

アウア・マクには、カウウという名の娘がいて、やはり空に住んでいた。空には結婚できるような男がいなかったので、彼女は処女のまま終わってしまうことを嘆いていたが、ある日、ものほしそうに地上を見下ろしているとマイクという名の若いすてきな男が、日の当たっている家の前に仲間といっしょに静かに坐っているのをみつけ、彼と結婚しようと決心した。そこで彼女は雷の音にのって地上に下り、妻になりたいと彼に言った。それからの部分は長いのでかいつまんで言うと、彼らは結婚し、娘の父親アウア・マクは、娘の結婚式のために空から下りて来、式が終わると、花嫁の代金として支払われた金をもって空に帰った。

翌日、若い妻は他の女たちとカヌーにのって、魚やカニをとりに出かけた。かごをいっぱいにして夫のもとに戻ると彼女は言った。〝火がほしい。カニを料理したいけど、火はどこにあるの〟。しかし夫マイクはこの村には火が全然ないと言ったので、彼女は、カニをしばらく日に干して、夫と一緒に食べようと思った。そこでそれを日のあたるところに置き、ちょうど食べごろになっても、その見た目に我慢できず、食べてはみたが吐き出してしまった。そのうち、吐き気と食べられるものがないのとで、カウウは病気になってしまい、村の者たちがみな川で魚とりをしている間、暑い陽のあたる家の中にいて、熱病になってしまった。

父親のアウア・マクは、空から、娘が家の前の階段のところでたおれているのをみた。彼は娘のところへ行き、病気になった原因を知り、娘が、生のものを食べるより死んだ方がいいと言うのを聞いて、火をもってくることを約束した。一説によると、彼は空から、くすぶっているナペラという木の枝を下ろし、カウウはそれで火をおこしたのだという。人々は、一日の仕事を終えて帰ってきて、煙が立っているのを見ると、こわがって近寄ろうとしなかった。それは、彼らにとっては見たこともないものだったからである。しかしカウウが皆を呼んだので、勇気を出して、近寄り、火をみて、それぞれが燃えている枝を手にした。カウウは火のおこし方と、料理の仕方を彼らに教えた。それ以来、彼らは、カニを生で食べる必要がなくなった。

だがべつの言いつたえでは、アウア・マクがこのようにして天から火を送ると、火はまず、カラという名の木に燃えうつり、その煙を見たカウウが、いそいでその木に近づいて、枝を切りとったというのである。いずれにしても、カウウとその父アウア・マクを通して、プラリの人々は火の秘密を知ったのであり、それをはじめて知った場所は、カイマリであったことはたしかだ[14]。

このプラリ・デルタに住んでいる人々の話によると、〝火は必要に応じて、〝棒とみぞ〟法でつくられる。使われる木はナペラ。この長い木の一方の端を（膝《ひざ》や足で）しっかりおさえ、もう一方の端を、助手がおさえつける。そしてこの木に、ナイフや貝殻で細いきざみをつくり、先のとがった短い棒（もちろん、ナペラの木であるが）を手に持って、前後にこすりはじめる。親指を身体の方にむけた形で、両手でその棒の下の方をしっかり持つのである。まもなく、煙が出はじめる。さらに早くこすり続け、それからだんだんにおそくしていって、最後に、棒の先をきざみにおさえつける。炎が出はじめ、しだいにおがくずに燃え広がっていく。手もとに木炭があれば、それをふりかけてもよい。

この火のおこし方は一般によく知られた方法であるが、女にはとてもできない。たいへんな作業だからである。男にとっても、かなりの重労働だ。というのは、やってみても、なかなかうまくいかないことが多いからである。実際には、火は、必要な時に、近くの家からもらってくる。カヌーには、火のついた棒きれを少しはのせているし、森で野宿して夜をすごす時は、いつも火をたいている。以前は、ナペラの木を、水にぬらさぬよう注意して、カヌーにのせていたのであろうが、今では、この木を使うことはめったにない[15]〟。

このことから、この神話で語られ、そのように用いられた同じ種類の木が、今でも火を燃しつけるのに使われていることは、明らかだ。

英領ニューギニアの最南東に近い、ミルネ湾のワガワガでは、次のような話をする。昔、人々がまだ火を知らなかったころ、ミルネ湾の先端のマイヴァラに一人の老女がいて、少年や若者たちからゴガ[16]と呼ばれていた。その当時はヤムイモやタロイモをうすく切って日干しにしていたので、老女は、十人の若者の食事をこのやり方でつくっていた。ところが、彼らが森で野生のブタをとっている間に、彼女は自分の食事を料理する時には、自分の身体から火をとりだして使っていたのである。そして若者たちが帰ってくるまでに、灰やたきぎをすっかり始末してしまい、タロイモやヤムイモをどうやって料理するかわからないようにした。

しかしある日、ふと若者たちの食事に、煮たタロイモがまじってしまった。夕食の時、いちばん年下の少年がそのタロイモをつまんで食べてみると、とてもうまいので、仲間にもそれをすすめ、皆もうまがった。そのタロイモはかたくてからからに乾いたものではなく、やわらかかったからだ。彼らは、タロイモがどうしてこんなにうまいのかわからなかった。そこで、翌日彼らが森に入って狩りをしている間、いちばん年下の少年が家に残って隠れていた。老女は少年たちの食事を日干しにした。しかし、自分の食事を料理する前に、足の間から火を出した。夜、皆が狩りから帰ってきて食事をしている間に、少年は皆にその話をした。彼らは火が便利なものなのだと思い、老女からそれを盗むことにした。

朝になると、彼らは斧《おの》をといで、家ほどもある大きな木をたおし、皆でそれを飛びこえてみた。いちばん年下の少年だけがうまくできたので、老女から火を盗む役は彼にきまった。そのあくる朝いつものように若者たちは狩りに出かけた。だが少し行っただけで、皆戻ってきて、その内の九人は隠れ、いちばん年下の少年だけが老女の家にいそいで行って、老女がタロイモを料理しはじめると、うしろからすべりこんで、その棒を取った。少年はできるかぎり早く走って、切りたおした木のところに来ると、それを飛びこえた。しかし飛び上がった時、少年は手にやけどをして、棒を落としてしまった。火は草に燃えうつり、それから、タコの木（imo）に燃えうつった。

この木にはガルブイエというヘビがいたが、しっぽに火がついて、たいまつのように燃え上がった。老女は大雨を降らせて火を消そうとした。しかし、ヘビはタコの木の穴の中にはいったので、しっぽの火は消えなかった。

雨がやむと、若者たちは火をさがしに出かけたが、なかなか見つからず、やっとタコの木の穴を探しあてて、ヘビを引き出し、まだ燃えていたしっぽを切り取った。それから彼らは、木を高く積みあげ、ヘビのしっぽから火をつけた枝で、それに火をつけた。方々の村から、人々がやってきて、火を持ち帰った。村ごとに人々は違ったつけ木を取り、彼らが持ち帰った木が、彼らのトーテムになった。ガルブイエというヘビは、ワガワガのガルボイ族のトーテムになっている(17)。

ニューギニアの東端に位置するダントル・カストー諸島の中のドブ島にも、似たような話がある。昔、彼らの祖先は（野生の）ブタをとってきてその肉を生で食べていた。ある日、みんな狩りに出かけたが、老女が一人村に残った。老女は狩りに出ている人たちに食べさせるヤムイモはそのまま皿にのせておき、それから身体から火を出すと、壺《つぼ》に入れた自分のヤムイモを火にかけて煮た。料理が終わると、火を消し、皿をかたづけた。みなが帰ってくると、老女は彼らに生の肉を食べさせた。ところが、うっかりして焼いた肉を一枚彼らの肉の中に入れてしまった。彼らはそれを食べるとたいへんうまいので、老女を見張ることにした。翌日、彼らの内の一人が、村に帰ってきて火をみつけた。そこで彼は木の葉を集めてたいまつを作り、それに火をつけた。さらにそれを草につけた。老女は、〝わしの火だ。わしの火だ、かえしてくれ！〟と叫んで、そのまま死んでしまった。火は草ややぶに燃えひろがった。だがその時大雨が降って、火はすっかり消えてしまった。火は人々は火をさがしたが、みつからず、やっと、ヘビが火の上にとぐろを巻いているのをみつけた。今でも、ヘビの下側が火で焦げたようになっているのはそのためである。その火で彼らは料理をし、老女を火葬にした。彼らは言った。〝ああ、なんてしあわせなことだ！〟。彼らはできるだけ長いこと、火を燃やし続けた。そのうち、彼らは、堅い木の先を少し柔らかい木にこすりつけると火がおきることを知ったのである。(18)

オランダ領ニューギニアの南海岸に住むマリンドーアニム族は、次のような話をする。火を知らない時代があった。ある日、最初の男ウアバ、またの名オベーは、妻のウアリュ－アムブをあまり強く抱きしめたので、どんなにもがいても妻の身体から離れることができなくなってしまった。とうとう、神秘的な魂をもったもの（dema）がやってきて、二人の身体を離すために二人を動かして、ぐるぐるまわした。すると、二人の身体をこすったところから、煙と炎が立ちはじめ、これが火の起原となり、また、二本の木を摩擦することで火をおこす火おこし錐《きり》の起原となった。妻のウアリューアムブは、その時、ヒクイドリと巨大なコウノトリ（Xenorhynchus asiaticus）を生んだ。この二種の鳥の先祖は、この煙と吹き出した火の中に生まれ、そのために羽が黒くなったのである。さらにまた、コウノトリは足にやけどをし、ヒクイドリは頭の毛を焼いた。今日、その足とその頭の毛が赤くなっているのはそのためである。村では、いったい何がおきたのか誰も知らなかった。ただ、突然、〝火だ、火だ！〟という叫びが聞こえたのでとび出して行ったが火がどこからおきたかわからずにいるうちに、ウアバの小屋が燃えあがるのが見えた。ちょうど乾季で、あらゆるものが乾ききっていたので、たちまち火はひろがった。火のついたものが人々の頭の上に落ち、髪の毛を焦がした。それで、現在、その子孫たちの頭がはげているのによく出会うのである。東からの季節風は火を海岸にはこんだ。だから木が一本も生えていない砂浜が今でも海岸に長くつづいている。海岸にいた動物たちはみな火でやけどをし赤くなった。だから、今でもカニを取って焼くと、赤くなるのである。(19)

火の起原を物語っているこのマリンド－アニム族の神話の基礎にあるものは、他の未開民族の多くにみられるように、火おこし錐で火をおこすやり方と、男女の性行為との間に、同じものをみようとしていることである。それは、縦に使うつけ木を男とみなし、その縦の木に押しつけて横に使う木を、女とみなしていることでわかる。(20)それゆえ、マリンド－アニム族は、火をおこすのに通常、火おこし錐（rapa）を使っている。もちろん彼らはまた、火おこしのこぎりも使いなれている。これは、地面にななめにおいた竹のやじりの先に、割った竹をあてて、前後にこするのである。[21] 事実、マリンド-アニム族のある秘密結社では、ごく最近まで、火の起原に対するその神秘的な考え方にもとづいて、性的儀式をもって、おごそかに火をつけていたらしい。その儀式は、火を大事に保存するのに欠くことのできない要素と考えられ、毎年一回行なわれていた。[22]

オランダ領ニューギニアの北海岸にあるヌヴェフール、またはヌーフール島では、原住民ははじめ魔法使いから火のおこし方を教えられたという。ヌヴェフールというこの島の名は〝We (have) fire, われわれは火をもつ〟という意味だがそれはここから出たものだ。[23]

〈原注〉

1 本書四九ページ以降参照。
2 G. Landtman, op. cit.（1917）p. 335.
3 ibid., p. 333.
4 ibid., p. 147.
5 ibid., p. 334-; G. Landtman, op. cit.（1927）p. 37 を参照せよ。
6 G. Landtman, op. cit.（1917）p. 82-; G. Landtman, op. cit.（1927）p. 37, 109. このジャバギはエリクトニウスと同じく地中から生まれ出た。カンガルーの父親をもっていたが母親はない。雌のカンガルーが彼に火の価値を教えたが、それは彼の実母でなくて養母であった。

7 James Chalmers, *Pioneering in New Guinea* (London 1887) p. 76 -.

8 ibid., p. 174-.

9 W. G. Lawes, "Ethnological Notes on the Motu, Koitapu and Koiari Tribes of New Guinea" *Journal of the Anthropological Institute*, viii. (1879) p. 369.

10 James Chalmers, op. cit. (1887) p. 174-.

11 "The Fire and the Dog" *The Papuan Villager*, vol. i. No. 1. (Port Moresby 15th February 1929) p. 2.

12 ibid., p. 2. このムカワ説話の出所は宣教師トムリンソン氏である。

13 ibid., p. 2.

14 F. E. Williams, *The Natives of the Purar Delta* (Port Moresby 1924) p. 255-259 (*Territory of Papua. Anthropology, Report No. 5*)

15 ibid., p. 25-.

16 この名は語られる人間が年長の男か女で語り手、もしくはその父親の一族に属していない時、いつも用いられるものだ。

17 C. G. Seligmann, *The Melanesians of British New Guinea* (Cambridge 1910) p. 379-.

18 W. E. Bromilow, "Dobuan (Papuan) Beliefs and Folk-lore" *Report of the Thirteenth Meeting of the Australasian Association for the Advancement of Science, held at Sydney, 1911* (Sydney 1912) p. 425-.

19 P. Wirz, *Die Marind-Anim von Holländisch-Süd-Neu-Guinea* (Hamburg 1922-25) vol. i. Part ii. p. 80-83.

20　このような命名の例については *The Golden Bough,* Part i. *The Magic Art and the Origin of Kings,* vol. ii. p. 208- とオヴィディウスの *Fasti,* vol. iv. p. 208- の注を見よ。

21　P. Wirz, op. cit., vol. i. Part i. p. 85.

22　ibid., vol. i. Part ii. p. 83-., vol. ii. Part iii. p. 3, 31-33.

23　J. B. van Hasselt, "Die Nverforezen" *Zeitschrift für Ethnologie,* viii. (1876) p. 134-.

第五章　メラネシア

ニューギニアの北方、アドミラルティ諸島の原住民は〝最初、地球上には火はなかった〟と言っている。一人の女が、天から火をとってくるために、オオワシとムクドリを空へ送った。〝おまえら二羽で天へ行け。火をとってここへ戻ってくるのだ〟。二羽の鳥は空へ舞いあがった。オオワシが火をとり、地球に向かった。途中で、ムクドリが火をもつことになり、それを彼の首のうしろにせおった。その時、風が吹きつけて、ムクドリの毛を焼き焦がしてしまった。今日、ムクドリが小さく、オオワシが大きいのはこのためである。もしムクドリがオオワシより大きかったら、火はムクドリを焼き焦がすこともなかっただろう。このようにして、二羽の鳥は火を運んできてくれた。われわれは食べ物を火で調理して食べている。もしもこの二羽の鳥がいなかったら、火で調理した食べ物は食べられず、太陽で食べ物を乾かさなくてはならなかったであろう(1)。

ニューギニアの東、トロブリアンド諸島の原住民は〝火が最初に見つけられたのはモリギラギ村である〟と言っている。ルクワシシガ族の女は、最初に太陽を、次に月を、そしてココナッツを生んだ。月は言った――〝わたしを空へ投げあげてください。そうしたら、わたしは誰にでも見えるのだからあなたの地に光を与えましょう〟。しかし、母親はきこうとしなかった。すると、太陽が説きふせるように、〝それでは、わたしが最初に空へ行きましょう。日光をあなたの庭にふりそそぎましょう。あなたが灌木林をきって庭をきれいにすれば、わたしの熱でそれを乾かしてあげましょう。あなたはその木を焼いて、ヤムイモをお植えなさい〟と言うと、雲の中に入って行った。それからまもなく、月が空へ投げあげられた。月は怒っていたので、魔法を使って庭に果物ができる邪魔をした。

太陽と月の母親であるこの女が火の生みの親である。火の誕生はかなり早かったのだが、姿をあらわすのは遅かった。彼女には妹がいて、二人は一緒に暮らしていた。彼女たちは一種の野生のヤムイモを食べて生きていた。ある日、姉は村に残り、妹は茂みの中を、食べ物――野生のヤムイモを求めて歩きまわった。彼女が家にそれを持ち帰ると、姉は料理したが、妹は生《なま》のまま食べた。夜、妹はせきをして苦しんだが、姉はぐっすりと眠った。姉は野生のヤムイモを焼いて調理して食べたからだった。

ある日、妹が茂みの中に入った時、彼女は振り向いて隠れた。そして彼女は見た――姉が自分の足の間から火を引き出し、その火で野生のヤムイモを焼いているのを。姉は、見られたと知って、こう言った。〝黙っているのよ。この秘密をもらしちゃだめ。誰にも知られてはいけないわ。みんなは、それを知っても、わたしたちに火の代価を払ってはくれませんよ。だから、ふれまわらないで。食べ物を火で調理することはわたしたちの大事な財産にしておきましょう〟。しかし、妹は、〝わたしは反対よ、焚きつけをもっていって、みんなにあげるわ。それが燃えあがって、めいめいが、火をもてるように〟と言った。彼女は火をとり、たき木につけた。また、ダメクイの木に、そのほか、たくさんの木に火をつけた。火は燃えひろがり、すべて妹の言うとおりになった。妹は、姉に向かって言った。〝もうこれからは自分だけ食べ物を調理して、ほかの人たちは生のまま食べるというわけにはいかないのよ[2]〟。

トロブリアンド諸島の南にダントル・カストー・アルチペラゴという島々がある。その原住民の話では、火は最初にワギファ――グッディナフ（ダントル・カストー諸島に二つの大きな島があり、その一つ）のはずれの小さな島――にもたらされたことになっている。ワギファの東部で、何匹もの犬が魚釣りをした。彼らは釣った魚を焼いて食べたかったが、つけ木で火を作る方法を知らなかった。ガルアルアという犬が、日光浴をしようと、岩の頂上に登った。するとククヤ海峡の向こうに煙の雲が見えた。犬は、自分は向こうへ行って火をとってくるから、皆はそのまま釣りをしているように言った。ククヤに着くと、火の上に鍋《なべ》がかかっており、小屋のそばで、女が掃除をしていた。彼が首を振ると、女は振りかえって彼をみた。彼は言った。〝火を少し分けてください。向こうで釣りをしている仲間に火を持って帰ってやりたいんです〟。女は彼の尾に火のついた棒切れを結びつけた。

しかし、泳いで戻った時には、尾は水に沈んで、火は消えていた。犬はまた、女のところへ戻って、もう一つ燃え木をもらった。彼女は、今度は、それを彼の背中に結びつけた。しかし、背中も水につかり、また、戻らねばならなかった。彼女はきいた。〝今度はどこに結びつけよう〟――〝頭に〟。このようにして、彼は無事にワギファに火を持ち帰った。仲間はどうしてそんなに遅くなったかときくとガルアルアは〝二度も火をダメにしてしまって、またもらいに戻らなくてはいけなかったからさ〟と答えた。彼らは魚を料理して食べた。しかしその後、その火は石となった。犬たちは洞穴《ほらあな》に入り、今でもそのまま洞穴の中にいる。しかし、夕方には時々外へ出てほえるのだ。その時以来、今日まで、ワギファには火がたえることがない(3)。

ソロモン諸島の一つ、ブインの原住民は、昔、この島には火はなかったと言う。だから、昔、人々は料理することも、夜、火をともすこともできず、食べ物を生のまま食べた。しかし、アル島の人々は火を知っていた。そこでブイン島民はアル島の人々に火をくれるように頼んだ。しかし、アル島の人々はこの頼みをきいてくれなかった。そこで、ブイン島民は、どのようにして火をとってくるか、また、誰がそれをとりに行くかを相談した。その時、小さな鳥(テゲレム・テゲリカ)が、わたしに火をとりに行かせて、と言った。しかし、人々は小鳥の言うことが信じられず、〝おまえが行けば、塩水で死んでしまう。もう遠くへ飛べなくなるぞ〟と言った。すると、小鳥は〝大丈夫、やってみます〟と言って、島の人々が見守る中を、飛び立っていった。小鳥はたちまちみえなくなった。アル島に着くと、森の中に姿を隠し、時を待った。そして、小鳥は見た――人々が二本の木をこすり合わせて火をつくっているのを。その方法はブインに今なお続いている。小鳥はブインに舞い戻ると、人々にアル島の人々の火のつくり方を教えた。(4)

サン・クリストバル島――南ソロモン諸島の一つ――の原住民はこう伝える。アグヌアという、ヘビに化身した創造主に、双子の弟(彼は人間であった)があった。彼はその弟に野生のヤムイモや果物の栽培法を教えた。やがて、庭いっぱいに、いろいろな種類のヤムイモが成長した――大きいのや、小さいの、赤いのや白いの、また、葉がなめらかなのとかとげが多いの、野生とか栽培された種とか。そこにはまた、バナナ、ココナッツ、アーモンド、その他の果物の木もあり、すべて、それぞれ、実を結んだ。しかし、弟は言った。〝ここにあるものは、みな、かたすぎて食べられない。どうしたら柔らかくできるだろう〟。造物主であるヘビ(figona)は弟に棒を与えて言った。〝これをこすってみろ〟。これが火の起原であり、料理法でもあった。(5)

ニューヘブリデス諸島の一つ、マレクラでは火の起原を次のように説明している。一人の女とその子が茂みの中に入っていった。少年は泣きはじめ、生の食べ物を食べるのをいやがった。そこで、母親は子供の機嫌をとるために、乾いた木片の上を棒でこすった。すると、棒は煙を出し、いぶりはじめ、炎になったので彼女はびっくりした。そこで、彼女

は食べ物をその火の上においてみると、ずっとおいしくなることを発見した。それ以来、人々は火を使っているのである。(6)

ニューギニアの北方の大きな島、ニューブリテンの原住民の間では、むかしは火を燃やす方法は、女に洩れぬよう男たちによって厳重にまもられている秘儀であった。だがとうとう一匹の犬によってそれが暴露された。その次第はこうである。――

秘儀組織（iniet）のメンバーたちは会を開いた。犬は空腹になったので、彼らからはなれ、植え込みの方へ入っていった。彼は女たちやメンバーでない人たちのいるところへやってきた。彼の背には組織のマークが塗られていたので、彼らのそばに坐ると〝おれたちに近づかないでおくれ〟と言われた。犬が理由をきくと〝だっておまえはメンバーじゃないか〟と彼らは答えた。犬は〝腹ペコだ。でも今まで何にも食べていないんだ。タロイモでもあればなあ〟と言うと女たちは、〝タロイモタロイモが食べたいといっても、火はどこにあるのさ。ここにないよ〟と言った。犬は〝待て、秘儀処の庭で見たことをやってみよう〟と言った。女たちが、〝あぶないから、やめて〟と言うと、犬は〝大丈夫。とにかく腹がすいているんだ〟。〝やめて〟。〝いや、やる〟。〝いけない。近よらないで〟。〝どうしてさ〟犬がたずねると〝おまえはメンバーだからさ〟と一人の女は答えた。犬は〝あそこのクア（kua）の木を二つに切って、ここへ持ってきなよ〟と言い、そこで一人の女が木を二つに切ってきて彼にさし出した。〝これをどうするのさ〟。〝ま、みてろ〟。犬は、その木を歯で引きさき、女に言った〝この木の上に坐りな〟。〝いや。だっておまえは組織のメンバーだもの〟。〝いいから坐るんだ〟。そこで女はその上に腰をおろした。犬は、木をこすりあわせて、火を作りはじめた。犬がいっしょうけんめいこすっているうちに煙が出てきた。女の目からは涙が出てきた。泣きながら彼女は、おまえと結婚してあげると言い、犬はたいへん喜んだ。こうしてメンバーでない農民たちがメンバーの見ているところで、木をこすり合わせて火を作った。メンバーは彼らに〝誰があなたらにそれを教えたんだ〟ときくと女たちは〝犬だよ〟と答えた。〝うわア。秘密をもらしたのはやつだ〟とメンバーたちは言った。組織のかしらは激怒した。〝おまえたちが、おしゃべりの犬どもを連れてきたからだ！　彼らはわれわれの秘密をもらして裏切りやがった〟。メンバーたちは犬に魔法をかけ、もうしゃべることができないようにした。だから犬は今でもしゃべれない。(7)

オングトング・ジャワは、ソロモン諸島の北西の大きなサンゴ礁である。それは、ロード・ハウ、または誤ってレウアニウアという名で知られている。このサンゴ礁の諸島に住む人々はポリネシア人と多くの類似点を持っている。しかし、言語では、ポリネシア地方の方言であるが、文化においては、はっきりした相違点がある。そこには社会的階級はみられず、その伝説の中には、偉大な英雄マウイの痕跡はまるで見られない。マウイはやがてわかるが、火の起原に関するポリネシア神話では、重要な役割を演じているのだ。オングトング・ジャワに伝わる火の起原の神話は、ポリネシアのそれとは全くことなり、かえって、ギルバート諸島に伝わるミクロネシアの神話と、実際には、同一である。(8) だから、神話に関するかぎり、オングトング・ジャワのそれはメラネシアよりもむしろ、ミクロネシアとの密接な親縁関係を暗示している。前述の、オングトング・ジャワの記録や、神話の知識に関して、私はその島に十一か月いて、原住民のことを研究し、その言語を学んだH・イアン・ホグビン氏のご好意に負うところが多いのだが、その神話はつぎのとおりである。——

パ・エバは海の神である。昔、彼には火であるケ・アヒという息子がいた。彼らは一緒に海底で暮らしていたが、ある日パ・エバは、理由もないのに息子を怒りつけたので、ケ・アヒは、家出する決心をした。彼は、陸にあがって、オングトング・ジャワのいちばん大きな村に向かった。ここでは、彼がさわるものすべて、火になってしまうので、歓迎されなかった。めんどうがあまり多いので、人々は彼を追い払ったために、彼は、カパ・エアという女の所有する小さい島に逃げた。ここでも、彼はたいへんな被害を与えたのでカパ・エアは財産を守るため棒で彼を打ち殺した。

そのうちに、パ・エバは自分の怒りを後悔して、息子を探しにやってきた。灰のあとをたどりながら父親は女の家をつきとめた。彼は、何度も大声で、息子の名前を呼んだが答えはなかったので、息子が死んだということを悟った。そのしかえしをするために、彼はこの島をたたいて海に沈めはじめた。彼がすっかり沈めてしまう前に、息子を殺した女、カパ・エアは、出て来てこの騒ぎのすべてをみてとり、残された財産を守るために、彼女は、パ・エバに、結婚の申し出をした。彼女は美しい女だったので、神は、この申し出に同意し、彼の復讐《ふくしゅう》を見合わせることを承諾した。

結婚すると、パ・エバは妻に息子の死を詳しく語るように言った。彼女は、死ぬまで、棒で彼を打ったありさまを話した。父親は息子を本当に愛していたので、息子を死においやった棒を悲しみのあまりに抱きしめた。すると突然、死んだケ・アヒが生き返った。父親は狂喜して、息子をひきよせ、背おって深海に帰った。これが、ケ・アヒにはぐあいがわるかった。彼らが水の中に突入するとすぐ、彼は、ふたたび、死んでしまった。そこで父親は、息子の死体を浜辺に戻した。たちまち、ケ・アヒは、ふたたび、よみがえった。そしてケ・アヒは、もうけっして、海に帰らないし、どんなに、そうさせようとしても、それはむだになるであろうと説明した。こういうわけで、今日、水の中では、火はつくれないのである。

〈原注〉

1 Josef Meyer, "Mythen und Sagen der Admiralitätsinsulaner" *Anthropos*, ii. (1907) p. 659-.

2 火の起原に関するこのトロブリアンド説話は私の友人B・マリノフスキー教授のご好意によるものだ。氏は原住民の習慣、信仰、言語などを調査するため、トロブリアンド諸島に数年間滞在した。なお B. Malinowski, *The Sexual Life of Savages* (New York and London 1929) ii. 427 を参照。この説話は本質的にはワガワガとドブ島から報告されたものと一致している。なお、本書七四―七七ページを見られたし。

3 D. Jenness and A. Ballantyne, *The Northern D'Entrecasteaux* (Oxford 1920) p. 156-.

4 R. Thurnwald, *Forschungen auf den Salomo-Inseln und dem Bismarck Archipel* (Berlin 1912) i. 394.

5 C. E. Fox, *The Threshold of the Pacific* (London 1924) p. 83-.

6 T. Watt Leggatt, "Malekula, New Hebrides" *Report of the Fourth Meeting of the Australasian Association for the Advancement of Science*, held at Hobart, Tasmania, in January (1892) p. 708.

7 A. Kleintitschen, *Mythen und Erzählungen eines Melanesierstammes* (St. Gabriel, Mödling bei Wien 1924) p. 502-504.

8 本書一三九ページを見られたし。

第六章　ポリネシアとミクロネシア

1

ニュージーランドのマオリ族は、昔、原始時代の偉大な英雄マウイが女祖先のマフーイカの火をなくしてしまおうと思い、夜中に起きて、村じゅうの炊事場に燃え残っていた火を消してしまったと言っている。つぎの朝うんと早く、マウイは大声で召使を呼んだ。〝腹がへった。腹がへった。いそいで飯をつくれ〟。召使の一人が急いで走って行き、火をおこして食べ物をつくろうとしたが、火は消えてしまっていた。そこで、彼は灯りをもらおうと村じゅうをかけめぐったが、どこの灯りも消えていて手に入れることができなかった。

マウイの母がこれを聞いて召使たちに言った。〝誰か大祖先のマフーイカさまのところへ行って、地上には火がなくなってしまいました。もう一度この世界に火をくださいとお願いしておくれ〟。しかし、召使たちはおどろき怖れ、彼女の命令に従おうとはしなかった。そこで、マウイは母に言った。〝ではわしがもらってきましょう。そこへ行く道を教えてください〟。両親は言った。〝おまえの前にある広い道を行くのだ。そうすれば、大祖先マフーイカさまのお住居に着く。もしおまえは誰かと聞かれたら、名前を言いなさい。そうすれば、おまえがあのお方の子孫であることがわかるだろう。くれぐれも、気をつけてインチキなどをせんように。世間の評判ではおまえのすることはケタはずれで、人をだましたり、ひどい目に合わせたりするのが大好きだということだ。たぶん、今だって、ご先祖さまをどうしてだまそうかとあれこれ考えているのだろうから。だがどうかそれだけは気をつけてくれ〟。マウイは答えた。〝わしはただ皆のために火をもらってきたいだけだ。もらったらすぐに戻ってくる〟。

彼は出発し火の女神の所へ着いた。目にはいるものはみななんとも珍《めず》らしく、彼はしばらく口がきけなかった。ようやく彼は言った。〝お方さま。もう起きておられますか。火はどこにあるのでしょう。火をいただきに来たのですが〟。老婦人は立ち上がって言った。〝まアいったいおまえは何という人間なの〟。〝わたしです〟、彼は答えた。〝どこから来たの〟。〝この土地の者です〟。〝おまえは土地の者ではないね。ようすがまるでちがうもの。北東から来たのかい〟。〝いいえ〟。〝では南東から〟。〝いいえ〟。〝では南から〟。〝いいえ〟。〝それじゃ西から〟。〝いいえ〟。〝すると、おまえは風に吹かれるままに来たのか〟。〝そうです。そのとおり〟、彼は答えた。〝おや、ではおまえはわたしの子孫だ。何が欲しいの〟。

彼は答えた。〝火をいただきにまいりました〟。〝よく来た。よく来た。さあ、火はここにあるよ〟。

老婦人は爪《つめ》をぬくと、そこから火が噴きだした。彼女はその火を彼に与えた。マフーイカが火を出そうとして爪をひきぬくのを見た時、彼はこれは大したものだと思った。それで、少し行ってから火を消し、また女神の所にもどっていった。〝せっかくいただいた火が消えてしまいました。もう一度ください〟。女神は別の爪をひきぬき、その火を彼に与えた。彼は女神と別れると、また消してしまい、またもらいに行った。これを何度もくり返したので、女神の片手の爪はすべてなくなってしまった。しかたなく、女神はもう一方の手の爪をはがしはじめたが、それもまたなくなってしまった。そこで、女神は足の爪をもとりはじめたが、これもまたなくなってしまった。最後に親指の爪一つだけが残った。女神は、とうとう気がついてつぶやいた。〝この男は自分を欺しているのだ〟。

女神は、最後の足の爪をひきぬいて火を作ると、それを地面に投げつけた。あたり一面は火と化した。女神は彼に言った。〝さあ、これで全部だよ〟。マウイは飛びすさり逃げようとしたが、火は彼を激しく追ってくる。そこで、彼ははやくとべるワシに姿を変えけんめいに飛んだが、火はなおも追いすがり、彼をつかまえそうになった。ワシは池の中に飛びこんだ。しかし、池の水はまるでにえたぎるように熱くなり、森もまた火に包まれてワシの下り場がない。もはや地面も海もいちめんの火で、マウイは焼け死にそうになった。

そこで彼は水をうんともらうため、祖先のタフイリーメーテアとホワティティリーマタカタカを呼んだ。〝水をくれ。そしてわしを追いかけている火を消してくれ〟。するとたちまち大雨となり、大風がおこった。タフイリーメーテアが篠《しの》つく雨を降らせたのだ。そして火は消えた。マフーイカは、避難場所に行きつかぬうちに、大雨にやられて息もたえだえになり、すごい叫び声をあげた。それは火に追われたマウイの叫び声と同じくらい大きかった。このようにして、マウイの旅は終わった。火の神、マフーイカの火は消えてしまった。だが、全部の火が消えてしまう前に彼女はいくつかの火花を救い、カイコマコや何本かの木に逃した。火はそこで守られ、それ以来ずっと、人々は火が必要になった時、これらの木を使うようになったのである。(1)

火がある種の木から作り出されるということをこの神話は説明している。大雨で火が完全に消されてしまわないように火の女神がある木の中に隠したために、その木を摩擦させれば火が出るのだ。――これがこの物語の要点であるが、他の神話ではさらにそれが詳しく述べられている。マウイが大火に包まれた時、大雨を呼んだ。〝雨は激しく降り、たちまち火を消し、洪水が起こって地面をひたし、ティキティキ、つまり、マフーイカの冠毛の所まで来た時、そこに隠されていた火の種はラタ、ヒナウ、カイカテア、リム、マタイ、ミロの木へ逃げようとした。しかし、これらの木はそれを受け入れようとしなかったので、それらはパテテ、カイコマコ、マホエ、トタラ、プケテアの木へ逃げた。これらの木は摩擦させると火が出る〟(2)。この話は次のように続く。〝雨を避けられたのはほんの少しの火だけだった。マフーイカはトタラの木へ入った。だが、その木は燃えないのでそれから、マタイの木にも入った。それも燃えないので、マホエの木に入ったところ、ほとんど燃えず、そこでカイコマコに入るとよく燃えて、やっと火は救われたのである〟(3)。

このように神話を読むと、どれがよく燃える木か、燃えない木かがわかる。

同じような神話がモリオーリ族にもある。彼らの住んでいる場所はニュージーランドの東のチャタム諸島である。彼らはマオリ族から分かれた人種である。いや、あったと言った方がよいかもしれぬ。マオリ族はニュージーランドからチャタム諸島へ移住して、そこの先祖となったのだから。火の神話は次のようである。

マウイがマウヒカの所へ火をもらいに行きマウヒカにそれを頼んだ時(4)、マウヒカは指を一本引き抜き、火を出してマウイに与えた。しかし、彼はそれを消し、また、マウヒカの所へ戻り、もう一回火をもらった。マウイがこれを何度もくり返したのでマウヒカの指は小指一本だけになってしまった。マウヒカはマウイに欺されたことに気がつき、とても怒って最後の小指をイニヒナ（マオリ語ではヒナヒナ、または、マホエ）、カラム、カラカ、アケ、ラウティニ、ココペレ（マオリ語ではカワカワ）の木に投げ入れた。他の木は燃えたのだが、マタイラ（マオリ語ではマティポウ）だけは燃えなかった(5)。これらの燃えた木はカフナキ（こすって孔をつくった木片、それとウレというゴムの木片をこすり合わせると火ができる）として用いられたのはそのためである。マウヒカはまた、石の中にも火を入れた。それが火打ち石である。だから火は石からも出る。マウイはマウヒカの火に追いまくられ、海も山も燃え上がり、彼は焼け死にそうになった。マウイの叫喚は轟《とどろ》く雷、豪雨、長雨、こぬか雨の所まで伝わり、救いの雨が降り、マウイは助かった。(6)

ニュージーランドの北の彼方《かなた》、太平洋に浮かぶトンガ諸島の原住民にも、火がなぜある特殊の木から出るかを伝えている同じような話がある。十九世紀の前半、アメリカの探検隊の、ごく簡単な記録によれば、次のようなものである。――〝マウイには二人の息子がいた。兄をマウイ・アタロンガ、弟をキジキジという。キジキジは地面から火を得、火を使って、食べ物を料理することを人々に教えた。食べ物はたいへんうまかったのでその日からずっと、生《なま》で食べていたものが料理されるようになった。火を保存するためにある木に火を入れておくように、と、キジキジは命じたので、それ以来、摩擦によって火が得られるようになったのである〟。(7)

このトンガの神話はそれ以後の研究者たちによってさらに詳しく伝えられるようになった。彼らの話を比較してみると面白い。それらには具体的な共通性がある。イギリスの宣教師によって記録されたものによると、次のようになっている。(8)

地球に人類が住んでからも、ずいぶん長い間火は知られなかった。むろん、どんな食べ物も生のままだ。だが、この欠陥がとうとう充たされることになったのはこんなわけだ。

マウイ・アタロンガと（その息子）のマウイ・キジキジはハファアにあるコロアに住んでいた。アタロンガは毎朝家を出てブロートゥ(9)に行き、午後になると、料理された食べ物を持って戻ってきた。彼はけっしてキジキジを連れて行こうとしなかったし、どこへ行くのかも教えなかった。キジキジは若く、好奇心が旺盛で、おまけにいたずらが好きだった。ある時、彼は父の行動に興味を持ち、跡をつけようと思って、こっそりと家を出た。ある洞穴《ほらあな》の所へ来た。それは葦の繁みでおおわれ、通りすがりの者には見えないようになっている。彼は念入りに探しその入口を見つけて下りて行った。ブロートゥに着くと父が背を向けて仕事をしている。彼は小さな畑を耕すのに忙しそうだった。息子はノウヌの木の実を一つ（この果実はいくらかリンゴよりも大きい）もいでかじり、そのかじりかけをふざけて父に投げつけた。父はそれを拾い上げ、息子の歯の跡に気づき、ふり返って言った。〝どうしてここに来たのだ、何をするつもりかね、ブロートゥは恐ろしい所だぞ〟。彼は息子のところに行き、そのいたずらが引き起こす危険を警告した。マウイは地面をきれいにする仕事を、キジキジに手伝わせ、どんなことがあってもうしろを見てはいけないと言った。だがキジキジは父親の忠告をまもらず仕事もぞんざいだった。彼は何本も葦を引き抜き、そしてうしろをふり返った。午前中、引き抜いてはふり返り引き抜いてはふり返りでほとんど仕事にならなかった。草の伸び方は早く、マウイと息子は追いつけなかった。午後になった。マウイ・アタロンガは食べ物を料理しようと思い、火を持って来いと息子に言いつけた。それがキジキジの思うつぼだった。〝どこへ行けばいいんだ〟。〝モドゥアだ[10]よ〟。キジキジが出かけて行くと彼の祖先のいちばん年とったマウイがむしろの上に横になり炉ばたで火にあたっていた。その火は大きなアサダの木（硬木）で片端が燃えていた。若いマウイが入ってくるのを見て老人は驚いた。彼は自分の子孫を知らなかったのだ。〝何が欲しいのかね〟。〝火です〟。〝持って行きな〟。若いマウイはココナッツの入れ物に少し入れて家を出るとすぐにいたずら好きの心が目ざめ、その火を吹き消した。そして、空の入れ物を持ってふたたび老人の所に行った。同じ問いと答えがあり、ふたたび若いマウイは貴重な贈り物を手に入れたがまた同じようにした。三度目に老人の前に彼があらわれた時、老人は怒ってしまい〝全部持って行け〟と言った。マウイはあっさりとその巨大なアサダの木を持って出て行った。老人はマウイを人間離れがしたやつだと思い、うしろから呼びかけた。〝ヘロー、へ、へ、ケーターファイ〟。これは組み討ちの挑戦だ。そこで若者はたちまちもどって来た。二人はむんずと組み合った。老マウイはしっかりと胴に締めてあった若いマウイの着物をつかみ、宙にふり回し、地面にたたきつけた。しかし、キジキジはまるで猫のようにひょいと下り立ってしまった。今度はキジキジの番だ。同じようにして彼は老人をつかみ、ふり回し、地面にたたきつけ、体じゅうの骨をバラバラにしてしまった。それ以来ずっと、老マウイはよぼよぼだ。今でも彼はよぼよぼして、ねむそうに地の下に横たわっている。恐ろしい地震が起こると、トンガの人々は鬨《とき》の声を上げて老マウイを呼び起こす。地震は、老マウイが寝返りをうっているからだと思っているからだ。彼らは老マウイが目をさまし、立ち上がってこの世界をひっくり返しはしないかと怖れているのだ（そのまえに彼らは奮起して彼をやっつけなければならない）。

キジキジが父親のところへ戻ると、どうして遅くなったのか聞かれたが、黙っていた。老人について何を聞いても彼はぜったい返事をしようとしない。マウイ・アタロンガは悪いことがあったに違いないと思い、行って見ると、老マウイが傷めつけられ動けなくなってしまっていた。彼はすぐにとって返し、息子を罰しようとしたが、息子は逃げて行き、父親は必死に追いかけたが捕まらなかった。夕方になって、二人は地上に戻る準備をし、父は息子に火を持って行かぬように注意した。しかし年長者の穏健な心持は若い神の悪だくみにはかなわない。若いマウイは火を少し、着ていた長い上衣の端に包み、それをひきずって、父の後に続いた。父は前を歩き、山の頂上に近づいた時、クンクン臭いをかぎはじめた。〝火の臭いがするぞ〟。息子のマウイはうしろにいたがすぐに帯をひき寄せ、中味をあたり一面にまき散らした。近くの木にすぐに火がつき猛火になり、一時は地上すべてが危くなった。だがやがてそれは消し止められ物資は残った。それ以来永久の恩恵が彼らに与えられ、おかげで、人々は火をともして料理することができるようになった。この粗野なトンガ人の伝説の中には、古代ギリシアのプロメテウスのそれを思い出させるものがある。

〈原注〉

1 Sir George Grey, *Polynesian Mythology* (London 1855) p. 45-49. 同じマオリ神話の簡単な叙述としてはR. Taylor, *Te Ika A Maui or New Zealand and its Inhabitants*（London 1870）p. 130-:; John White, *The Ancient History of the Maori*, ii. (London and Wellington 1889) p. 108-110を見られたい。テイラーはマフーイカ（Mahu-ika）を女性の祖神としてではなく、男性のそれとしてのべている。ポリネシア神話におけるこの人物の性については多くの異なった意見がある。なお下記のE. Tregear, *Maori-Polynesian Comparative Dictionary* (Wellington, N. Z. 1891) p. 194. s. v. "Mahuika" と比較せられたし。

2 R. Taylor, op. cit., p. 131.

3 John White, op. cit., p. 110.

4 モリオーリ族によればマウヒカが男性か女性かはどうもはっきりしない。――証跡の比重からすれば彼は男性であったように思われる。

5 これは摩擦によって火がおこされる木々の説明である。

6 Alexander Shand, *The Moriori People of the Chatham Islands*（Washington and New Plymouth 1911) p. 20. (*Memoirs of the Polynesian Society*, vol. ii).

7 Ch. Wilkes, *Narrative of the United States Exploring Expedition* (New York 1851) iii. 23.

8 Sarah S. Farmer, *Tonga and the Friendly Islands* (London 1855) p. 134-137. この説話の典拠はジョン・トマスの発見のように思われる（p. 125）。

9　トンガ族の神話ではブロートゥは首長や他の大人物からぬけ出した精霊たちの住みかであった。それは西の方にあって地上からでも海上からでも行ける。――Sarah S. Farmer, op. cit., p. 126, 132 参照。
10　"Modua" はたしかに Maui Motua を意味している。キジキジの祖先でブロートゥ、もしくは地下の世界における火の持ち主だ。

2

このトンガ族の神話はもっと詳しくカトリックの宣教師によって記録されている。すなわち、マウイ・モトアとその息子、マウイ・アタラガという者が冥府《めいふ》のロロフォヌアに住んでいた。彼らはロロフォヌアの領主で、マウイ・アタラガにはマウイ・キシキシという小さな息子がいた。その名はマウイの息子という意味である。彼らは冥府に住んでいたが、ある時、息子のマウイ・アタラガは親類のマウイたちに言った。〝ロロフォヌアにもういたくない。息子のマウイ・キシキシをつれて地上の世界に出ようと思う。やつはまだ小さくて聞きわけがあるという年ごろでもないが。――二人とも、地上に出て行って住んだにしろいつもあなたらに会いに来たり、仕事をしに来ます。ここの農場の面倒も見にゃならんしな〟。――二人は出て行き、コロア島に住みついた。この島はババウ諸島の一つである。ババウ諸島はトンガ諸島すなわちフレンドリー諸島の一部分をなしている。彼らが住みついた地方はアタラガと呼ばれた。それはマウイ・アタラガが自分の名の後半を取ってつけたものだ。そこで彼は土地の女と結婚したが彼女の名もまたアタラガであった。

コロア島は小さく、とてもマウイ・アタラガがやろうとするいろいろな農作物をつくるほどの余地はなかったので彼はいつも冥府のロロフォヌアに戻って畑仕事をした。そのうちにマウイ・キシキシはどんどん大きくなり、その傲慢《ごうまん》と反抗はとても父親の手に負えなくなった。父親が地下へ働きに行く時、いつも息子を家においていくのはそのためだった。傲慢な息子を地下の世界につれていこうものなら何をしでかすか知れたものではない。そこで彼は妻に言った。〝ロロフォヌアにはたらきに行く時、息子を起こさないように気をつけてくれ、わしが出て行くのに気がついて跡を追わんように、ロロフォヌアへ行く道を知っていたずらをされては事だ〟。――ニワトリがなき、朝になるとマウイ・アタラガは起きあがり息子があとを追いかけて泣き出さぬようにそっと薄明りの中へ出て行くのだ。夜もそうだった。いつも一人でとび出し闇の中にまぎれこんでしまう。

家に一人残されたマウイ・キシキシは考えた。〝おやじはどこへいって畑仕事をやっているのだろう。毎日探してくたびれちまった。いったい、どこへ働きに行くんだ〟。だがとうとう気がついた。きっとロロフォヌアにちがいない。〝よし。行くところを見張ってやろう。朝でも夜でも目をさまし、起きていってそのあとをつけてみよう〟。マウイ・キシキシは父親を見張っているうちに、ある夜、父がこっそり出て行くのを見つけた。父親は帯と鍬《くわ》をもって出て行く。マウイ・キシキシもすぐに起きて、追いかけた。気づかれないように少し間隔をおいてつける。父親はコーホー（葦）という木の根もとに着くと立ち止まって、誰もつけていないかあたりを見まわした。息子は見つからぬよう身を隠す。それから、マウイ・アタラガは枝をゆすぶり、その木を根こそぎにして、片側においた。ロロフォヌアへの道が口を開いた。〝たぶんおやじが畑仕事に行くロロフォヌアへの道は、これだな〟。マウイ・キシキシはつぶやいた。それから、彼はそこに行き、コーホーを引っこぬいて、遠くに投げすてた。ロロフォヌアへの道があらわれた。それはふさがれていなかった。マウイ・キシキシは下りていき父親を追いかける。マウイ・アタラガは農場へ着くと耕しはじめた。マウイ・キシキシはノヌの木に登り、果実をもいでかじるとかじりかけを父に投げつけた。父はそれを拾い上げると言った。〝これはいたずらがきの歯の跡だ〟。あたりを見回したが息子の姿は目に入らない。息子は木の枝の間に隠れていたのだ。また彼は耕しはじめた。息子はまた果実をもぎとり、同じようにした。父はまた言った。〝確かにこれは息子の歯の跡だ〟。そこで息子は呼びかけた。〝父さん、おれだよ〟。〝せがれ。どうしてここに来た〟。〝父さんの後をつけてさ〟。そこで、父は言った。〝さあ、一緒に草を刈ろう〟。息子は下りて行って手伝った。父親は言った。〝草をとっている間は、けっしてうしろを見るんじゃないぞ〟。だが息子は草をとりながら、ふり返った。ヤッ。草はまたどんどんのびている。〝なんだと。へそまがり。だからふり返るなと言ったではないか〟、父親は言った。〝雑草ややぶがのびないように、うしろを見てはいけないのだ〟。父は息子が前に草をとった地面の草をまた新しくとりはじめた。彼らはなおも草をとり続けたが、またしてもマウイ・キシキシがうしろを見たために草藪がうしろにいっぱいになってしまう。父親はとうとう怒って言った。〝誰がこんなへそまがりの強情ものにここへ来て草刈りをしろと言ったんだ。早く行って火をもって来い〟。息子はおやじに言った。〝火というものは何ですか〟。〝向こうにある家に行け、そこでじさまが身体を暖めている。そこから食べ物を料理する火をもらってくるのだ〟。父親は言い、マウイ・キシキシは火をとりに、老人が身体をあぶっているところへ行った。なんとその老人はマウイ・アタラガの父でマウイ・キシキシの祖父のマウイ・モトアではないか。孫と祖父とはたがいに面識がなかった。彼は身体をあぶっている老人に声をかけた。〝おじいさん、火をおくれ〟。老人は火をとって彼に与えた。孫は持って帰る途中、それを濡らして消してしまった。彼はまた老人の所に引きかえして言った。〝火をおくれ〟。〝あの火はどうしたね〟と老人がたずね、〝消えてしまったよ〟、孫は答えた。老人はまた火をくれ、孫はまたしても途中水で消してしまった。三度目に、彼がもどって来たのを見て、老人は怒った。〝なぜまた来た。もっていった火をどうしたね〟。マウイ・キシキシは答えた。〝ところがまた消えてしまった。だからまたもらいに来たのさ〟。

炉には大きな燃え木が一本残っているだけだった。〝おい、この大きなやつを持てるだろうな〟。老人は腹を立て、孫にはとても持てまいと思ってそう言ったのだ。――この燃え木を持ちあげられるのは息子のマウイ・アタラガだけだ、と。ところがマウイ・キシキシはひょいと、片手だけでもちあげた。〝おい。おろせ。それはわしがあたっているやつだ〟。老人は言い孫はおろした。老人はすごく怒り〝さァ、力で勝負だ〟と言うと〝よし〟とマウイ・キシキシは答えて、立ち上がり、マウイ・モトアを高々と持ちあげ、ぶるんぶるんとふり回し、したたかに地面にたたきつけた。二度もたたきつけたので老人は身体がこわれ息もたえだえになった。

彼が父の所へ火を持ち帰ると、父のマウイ・アタラガは言った。〝おまえはじさまに無礼なことをしたな〟。マウイ・キシキシは答えた。〝火をもらいに何度も行ったら、じさまは腹を立てて、このがきめ、力で勝負だと言うたもんで組み合ったらじさまは倒れてしまった〟。〝それで、じさまはどうなった〟。〝たたきつけたら死んじまった〟。それを聞くと、父はびっくりし彼の父親が彼の子供に殺されたことをひどく嘆いた。彼は、鍬《くわ》をふり上げ、息子の頭をなぐりつけたのでマウイ・キシキシは即死した。マウイ・アタラガは草を（その草の名はモフクグイである）運んで息子の身体をおおった。

それから、彼は父親が本当に息子とやりあって殺されたかどうか見にマウイ・モトアの所へ行った。するともう彼はすっかり元気になっている。老人は気絶していただけだった。マウイ・アタラガは父親に言った。〝お父《とう》、わしのらんぼうな息子がお父を殺しにやって来た。しかしあいつはあなたが祖父であるとは知らなかったのだ〟。〝わしもやつがまさか孫だとは思わんかった〟とマウイ・モトアは言った。〝あいつは地上ではとてもらんぼうなやつでして、ここへよこせばきっとお父を殺すと思った。だから連れてくる気にはならなかった。ところが、やはり案じたとおりになってしまった。だからわしはあいつを殺した〟。〝なんじゃと、殺してしまったと〟、父親のマウイ・モトアは言った。〝なぜゆるしてやらなかったんじゃ。やつはまるでばかみたいにふるまったが、お互いに会ったことはないじゃないか。さア、ノヌの葉を集めて来い。それで死体をつつむと生き返る。その木の名はノヌフィアフィアだ〟。マウイ・アタラガはノヌフィアフィアの葉をあつめて来て、息子の身体をつつむとマウイ・キシキシは生き返った。

彼らは食事をすませると、父親と息子は地上に戻るために出発した。父は息子に言った。〝わしの前を歩くんだ。このロロフォヌアでいたずらをされてはかなわん。もう、おまえのらんぼうにはまいった〟。だがマウイ・キシキシは父親に言った。〝お父が先に行きな。わしは後じゃ〟。父は息子がロロフォヌアから地上に何か持ち去るのではないかと心配だったが、言われるとおりにした。先に父が歩き、息子が後からついて行き途中火をとってもった。彼らが地上に出ようと歩いていく途中、父は立ちどまってたずねた。〝どうもキナ臭い。どこからくるにおいだ〟。〝たぶんさっき、食べ物を料理したところからだろう〟。〝せがれ、おまえは火を持っているのじゃないか〟、父親が言うと〝いや〟とマウイ・キシキシは答えた。彼らはさらにどんどんと登って行った。また火の臭いがしたので、マウイ・アタラガはまた立ちどまってたずねた。〃どこから火の臭いがするのだろう〃。〃知らないな〃。だが、父親は息子が持っている火がいぶっているのに気がついた。マウイ・キシキシは背中にこっそりと隠して持っていたのだ。父は、息子の所にかけて行き怒って言った。〃こんな悪いせがれがいるとは、ええ、こんなひねくれ者でひとの言うことをきかぬせがれといっしょに暮らしているとは。どこに火を持って行くつもりだ〃。そしてその火を消してしまった。

彼らはさらに登っていく。父親は、息子がしめていた帯に火をつけ、それが燃えているのに気づかなかった。それで、まだ火の臭いがするのはさっき消したやつの臭いが、まだ残っているのだと思った。やっと地上に出た。父はすぐ身体を隠した。あとから来る息子がロロフォヌアから何かもって来はしなかったかを見つけるためにだ。息子がやってくるのを見て、彼は言った。〃まだいたずらをしてやがる、地上に火を持って来たな〃。そして彼はさけんだ。〃雨よ、うんと降れ〃。はげしい雨降りになった。すると、マウイ・キシキシは火に向かって叫んだ。〃そのココナッツの木へ逃げろ、パンの木へ逃げろ、フアウの木に逃げろ。トウの木に逃げろ。地上の木のどれへでも〃。

これが火の起原である。このようにして、地上は火を知るようになった。マウイ・キシキシがロロフォヌアからそれをもって来たおかげで、料理をしたり、灯りをともしたり、寒い時、病気になった時、身体を暖めたりするようになった。それまでは地上に火はなく人々は食べ物を生《なま》で食べていたのだ。マウイ・キシキシが火をもって来てからその子孫たちは地上でそれを見ることになった。二つの木片をこすると火が得られるのもこのためだ。マウイ・キシキシが火に、木の中に逃げろ、そこにいろ、と言ったからである。(1)

さらに最近、このトンガ族の神話の別の形がメソジスト派の宣教師E・E・コルコット氏によって寄稿された。それは次のようなものである。(2)

火はどのようにしてこの地上にもたらされたか。――マウイ族は四人《ママ》で、地下の世界に住んでいた。その四人の名は、マウイ・モタ（マウイじいさん）、マウイ・ロア（のっぽのマウイ）、マウイ・ブク（ちびのマウイ）とマウイ・アタランガ（おそらくは、空を支える者、もしくは天を直立させるもの）、ほかに息子のマウイ・キジキジ（わんぱくマウイ）もいた。長い間、彼らはいっしょに地下に住んでいた。しかし、とうとうアタランガは地上に出て生活したくてたまらなくなり、兄弟の賛成を得て出発した。発つにあたって、彼は、時々は会いに来たり、農場を耕したりそのほか必要があればいつでもはたらきに来ることを約束した。アタランガは息子をともない、地上に出て、ババウ諸島(3)の最も古い地方のコロアにおちついた。ハアフルハオという名がちょうどこの地方にあてはまる。それはまた、島全体を表わす場合にも使われる。だが全地域の正しい名称はババウである。二人のマウイはコロアに住み、アタランガはその土地の女と結婚し、彼らの農場はアタランガと名づけられた。マウイはコロアでは耕作しなかった。耕作するには狭すぎたからだという。彼は相変わらず地下の世界にある彼の農地を耕していたのである。だが彼は、息子をけっして連れて行こうとせず、家に残して、妻にそのもりをさせるようにした。息子は足手まといで、いたずら好きだったからだ。地下に耕しに行く時はアタランガはいつも日が出ぬうちにこっそり起き、子供が彼のあとをつけたり、その道を見つけないように厳しく妻に言いつけるのだった。だがしだいにキジキジの好奇心がつのり出した。しばらくは父親の農地がどこなのか、あれこれ考えたが分からなかった。しかし、とうとうそれは地下の世界にちがいないという結論に達し、父親の出入りをしっかり見張ることにした。

しばらくは何も見つけることができなかったが、ある夜、ふと目をさまし、父が鍬《くわ》を持って出て行くのを見たので、みつからないように後をつけて行った。地下の入口は葦の繁みで隠されていた。そこに着くと、アタランガはあたりを見まわし、キジキジはすばやく目のとどかぬ所に隠れ、仔細に父の動きを見ていた。アタランガは葦をつかんで、根を引っこ抜き入口を入ると、手を伸ばしてそれでまた入口を隠した。父が行ってしまったのを見すますと、キジキジはそこに行き、同じようにして入って行った。その場所はトアハラカオ（道のうしろという意味）と呼ばれている。キジキジはみつからないように父のあとを追いとうとう農地に着いた。

息子がそこに着いた時、父親はせっせと働いていた。息子はノヌの木に登り、果実を一つもぎ、かじってそれを父に投げつけた。アタランガはそれをひろい、自分のいたずら息子の歯のあとに気づき、あたりを見回したが誰もいない。それでまた仕事を続けると、また、歯のあとのついた果実にじゃまされた。この二度目の攻撃で何もかもわかった。〝こりゃあのいたずらガキの歯の跡だ〟と父親が言うと、キジキジはもう隠れようとせず〝お父、おれはここだよ〟と言った。どうして来たと父親はたずね、息子は彼のあとをつけて来たと答えたが、入口をよく閉めてきたかという問いには生返事をした。アタランガはキジキジに、一緒に草を刈れと言い、だが、刈っている時にはけっしてまわりを見てはいかんと注意した。もちろんそれはむだでキジキジが見まわすと、たちまち彼が刈っているそばからどんどん草ははえていった。父親は何度もやりなおし息子に注意したが、息子はまるでそれをきかず相変わらずふりむくのをやめないので、とうとう父は怒り出し、草を刈るのをやめて、キジキジに火を持って来るように言いつけた。

キジキジはまだ火を見たことがなかった。火とは何だと聞くと、父は向こうの家に行けばわかる。火の側に老人が坐っている。そこから火をもらって来い。それで食べ物を料理しようと言った。キジキジがその家に入ると、見知らぬ一人の老人がいた。その老人はアタランガの父、マウイ・モタであった。彼は頼んで、火をもらったが、外へ出るやいなやそれを消してしまった。二度目もそうした。三度目にとうとう老人は怒り出した。もうたった一本の大きな燃え木しか残っていない。老人はからかうようにキジキジに、もし、それが持てるならくれてやる、と言ったがまさか彼にそれができるとは夢にも思わなかったからだ。だがキジキジは片手でひょいと持ち上げ、運び去ろうとする。マウイ・モタはあわててそれをおろせと言い、彼がそうすると、すもうで来い、と挑戦してきた。勝負をしてみると、若者の力が老人の口さきよりも強かった。キジキジは何度も、老人を地面に叩きつけ、老人が死んだものと思って、大きな燃え木を拾い上げ、運び去った。

彼が父のアタランガのところへ帰った時、父親はずいぶんひまどったがマウイ・モタにどんないたずらをしてきたとたずねた。だがキジキジは火が何度も消えるので何度ももらいに行ったからだと答えた。それでもなお聞きただすと、二人がすもうをとり、とんでもないことになったことがわかった。それを聞くとアタランガは、鍬で息子を地べたに叩きつけ、モフクバイ（水草）という草でその身体をおおった。それでつつむと、掘り出した時に死体が生き返ると言われている。それから、アタランガはマウイ・モタを見に行くと彼は生き返っていた。老人ははじめて自分と戦った若者が自分の孫であることを知り、ノヌの葉をあんで死体にかけ生き返らせろとアタランガに言った。こうして、キジキジは生き返ったのである。このノヌはこの世には生えていない、天と地下だけにあるものである。

それからアタランガと息子は食事をし、地上に戻ることにした。息子のいたずら好きな性質を知っている父親は、息子に前を歩くようにと言ったが、息子はあくまでがんばって、父親を前にした。出発する時、キジキジは背後に燃え木を隠した。しばらく行って休んだ時、父親はたずねた。〝火が燃えている臭いがするのはどこだ。おまえ、持ってきたのではないか〟。〝いや、それはさっき料理した所からにおってくるのだろ〟と息子は答えた。父は納得がいかないようだったが、そのまま歩き続けた。だがまたふり返った。〝どこからにおってくるのだ〟。〝知らん〟と若者は答えた。〝おまえ、火を持ってはいないか〟とアタランガはまた聞いた。その時、キジキジが隠していた所から煙が出ているのを見て、父親はその燃え木をひったくって火を消し、息子の強情といたずらをひどく叱りつけた。それから、彼らはまた上へ上へと上っていった。父親には全く気づかぬように、キジキジは下帯の端に火をつけて、それを引きずって歩いていたのだ。その火のついている端は、ずっと見えない所にあった。地上に出ると、アタランガは、先に行って、姿を隠し、息子が地下から何かもって来たのではないか見てやろうとした。キジキジが出て来た時その帯は燃えていて煙が出ている。アタランガはすぐに雨を呼んだ。たちまち、ものすごい雨になったが、息子はそれにもめげず、火にむかってココナッツの木やパンの木やハイビスカスやトウへなどどんな木にでもよいから逃げろ、と叫んだ。このようにして、火は人々の間に伝えられるようになった。それまでは、食べ物を人間は生のまま食べていたのである。火が木の中に住んでいるので、棒を摩擦させることによってそれが得られるのである。

　このトンガの話は実質上、マオリの話と同一である。どちらの神話でも、いたずらで、大胆な若者の悪知恵によって、火は地上にもたらされたのである。彼の知恵は別の世界の火の所有者にまさっていたのだ。どちらの神話でも、その盗まれた火は豪雨によって、消されそうになるが、木へ逃げることによって、救われる。だから、その火木を摩擦すると、火が出るということになる。この二つの神話の違いはどこにあるのか、まず、マオリ神話では、火は天上からもたらされるが、トンガの神話では、地下からである。つぎに、マオリでは、火の本来の所有者は若者の祖母であり、トンガでは、祖父となっている。第三に、マオリでは、火の保持者の身体の中に火があり、爪をはがすと火が出るが、トンガではこのようにふしぎな行為については何も語られていない。トンガの火はごくありきたりの形で所有され、いろいろに使用されている。

トンガや、そのグループ諸島の東にあるニウエ島すなわちサベージ島の原住民は、火の起原について実質的に、トンガの神話と同じように見られる――だいぶ簡略化されてはいるが――説話をつたえている。それによれば、父も息子もマウイといい、二人は葦の繁みの中を抜けて、地下の世界に下りた。息子のマウイは〝プロメテウスのように〟火を盗んで逃げた。父親が彼を捕まえぬうち、火はやぶに燃えつきそこらじゅうにひろまった。父親は消そうとしたがだめだった。息子マウイのてがらのおかげで、それ以来、人々は火を持ち食べ物を料理するようになったのである。[4] バシル・トムソン卿が採取したニウエ神話はこれと少し異なっている。それによれば太古、つまり島が海から現われ出た直後、マウイは地表のすぐ下に住んでいた。彼はこっそりと、食べ物を料理していた。息子は父親の食べ物のなんともたまらないよい匂いにじりじりし、隠れて、どうしてそれがつくられるかを見てやろうとした。そして、はじめて火を見た。マウイが出て行った時、息子はその燃え木を盗み、ニウエの洞穴の一つに逃げこみ、オババの木に火をつけた。それ以来、ニウエ族は硬いカビカの木とオババの木を摩擦させて、火を作るようになった(5)。ここでもまた神話は、ある種の木を摩擦させて火を起こす過程を説明している。火の起原に関するサモアの話は、人物の名は少しちがうが、トンガのそれに似ている。サモアの人々によれば、彼らの祖先にはすべての物を生のまま食べていた時代があった。料理した食べ物を口にするというぜいたくはタランガという人間の息子、ティティのおかげである。このタランガは地震の神マフィエと非常に親しい間柄であった。マフィエは、火がいつも燃えさかっている地中に住んでいた。タランガがある険しい岩山に行くといつも、〝岩よ、開け、わしはタランガだ、働きに来たぞ〟と言う、すると岩は開いて彼を入れ、彼は下りて行って神マフィエの土地で耕作をするのだった。ある日、タランガの息子ティティが父親のあとをつけ、父親が入って行く所を看視した。少しして、若者はその岩の所に行き、父親の声をまねて、〝岩よ開け、わしはタランガだ、働きに来たぞ〟と言うと、中へ入ることができた。畑で働いていた父親は、息子がすぐそばにいるのを見て驚き、大声で話をしてはいかん。マフィエがそれを聞いて、怒るといけないからと息子にたのんだ。息子は煙が立っているのを見て、〝それは何だ〟と父親にたずねた。父親はマフィエの火だと答えた。〝行ってもらって来よう〟、息子が言った。〝いかん。彼はきっと怒りだす。マフィエは人間を食っているのを知らんか〟。〝そんなのこわいもんか〟と、大胆な若者は言い、鼻歌を歌いながら煙を出しているかまどの方へ行った。

〝誰だ。おまえは〟とマフィエが言った。〝タランガの息子、ティティ。火をください〟。〝もって行け〟。マフィエは言い息子は燃え木をもって父の所に帰った、二人はタロイモを焼くしたくをはじめた。火をつけ、熱した石の上にタロイモをのせようとすると、突然、マフィエ神がかまどを吹きとばし、一面に石を播き散らして、火を消してしまった。〝マフィエが怒ると言ったじゃないか〟、父親は言った。息子はカンカンになって、マフィエの所へ行ってたずねた。〝どうしてかまどをひっくり返して火を消したんか〟。この大胆な抗議に憤慨したマフィエは彼に飛びかかり、組み打ちが始まった。ティティはマフィエの右手を両手で抑え、えいとばかりにねじったので折れてしまった。それから左手の方もねじ折ろうとすると、マフィエは降参し、左手は助けてくれと懇願した。〝このサモアをしっかり、水平に支えるためにはこの腕がいるのだ。この腕を助けてくれれば何百人もの妻をおまえにやろう〟。〝いや、いらん〟、ティティは答えた。〝なら火はどうだ。手を折らないでくれれば火をやろう。これからはずっと、食べ物を料理して食べられるぞ〟。ティティはそれに応じた。〝腕はあんたに、火はわしにだ〟。〝行け〟、マフィエは言った。〝おまえがどんな木を切ってもそこにはきっと、火があるぞ〟。こうしてティティの時からサモアの人々は乾いた木を摩擦させて火を起こし、料理した食べ物を食べるようになったのだ。迷信深い人々は地震の神、マフィエは今でもサモアのどこかの地下にいて杖のような長いハンドルをもち、時々、彼がそれを揺すぶると地震が起こると話している。地震に見舞われると彼らは必ずこう言う。〝マフィエは片手しかない、もし二本持っていたらどんなことになっていたか。これもティティのおかげさ〟(6)。

このサモア説話における父親と息子の名はトンガ説話にでてくるそれの方言的変化と見ていいだろう。サモア説話の父親の名タランガはトンガ説話のアタランガ、または、アタラガ（マウイ・アタラガ）に通じるし、サモアのティティはトンガのキジキジ、または、キシキシ（マウイ・キシキシ）に符合する。サモア説話で注目すべき特徴は、火山の爆発によって、火が地上にもたらされたということである。地震の神が地下を燃やしつづけ、火山の火となり、永久に燃えつづけるのだ、ということは疑うべくもない。地震の神がかまどを吹き飛ばし、あたり一面に石を播き散らした、という説明も火山爆発に関する神話的描写と見ていいだろう。

サモアの北にあるファカオフォ、すなわち、バウディッチ島の原住民は火の起原に関してはマフィケにまでさかのぼる。〝だが他の島の神話のマフィケとはちがい、ここでは、年老いた盲目の女だ。タランガは彼女のいる地下の世界へ行き、火をくれるようにと頼んだが、頑強に拒絶するので、それなら殺すと脅迫し、仕方なく彼女は火をくれた。おまけに彼はそれでもって、どんな魚が料理できるか、生で食べていいのはどれかを彼女にしゃべらせ、そこから、火食の時代は始まったのだ〟(7)。同様にバウディッチ島の南東にあるユニオン諸島にも、次のような話がある。〝タランガという冒険好きな男が地下に下りて行った時、火を使って料理しているマフィケという老女を見つけた。そのたからものを分けてくれなければ殺すぞとおどかし、もらった火をある木の中に入れた。それで、木を摩擦させて火をつくる〟(8)。——これらの話はサモアの神話と本質的に一致する。出てくる人名、すなわちタランガ、マフィケはサモアの、タランガ、マフィエである。ただしサモア説話ではマフィエは神であり、他の説話ではマフィケは老婆だ。

ハーベイ諸島の一つ、マンガイアでは地上における火の起原は偉大なポリネシアの英雄、マウイのてがらとされている。彼が、人間に火をもたらした話は、多くの点でマオリやトンガの神話と類似している。それは次のとおり。

火は最初、この世界の人々には知られていなかった。当然、彼らは生のまま食べていた。地下のマウイケ世界（Avaiki）には四人の力の強い神が住んでいた。すなわち、火の神マウイケ、太陽神ラ、天を支える神ル、もう一人はルの妻ブアタランガで見えぬ世界への道の守護者である。

ルとブアタランガとの間にかの有名なマウイが生まれた。まだ幼いころ、マウイは人間の住む地上の世界の守護者の一人に任命された。地上の他の住民たちと同じようにマウイは食べ物を生のまま食べていた。時々、彼の母、ブアタランガが息子の所に来たが、いつもこっそり、地下から持ってきたかごから食べ物をとり出して食べていた。ある日、彼女がねていた時、マウイは彼女のかごの中をのぞきこみ、料理された食べ物を見た。ちょっとつまんで見るといつも生で食べているものよりもずっとうまい。この料理したものは、たしかに地下からだ。――というわけで、そこには秘密の火があることが明らかになった。そこで、マウイは父母の家がある地下へ下りていく決心をし、うまい料理をたくさん食べようと思った。

翌日、母のブアタランガが冥府へ下りて行こうとしていた時、マウイはそっとやぶの中を、母の跡をつけた。それは母がいつも往復していた道であったからむずかしくなかった。高く繁っている草やぶの間からのぞくと、母が黒い岩の前に立って、次のようにとなえている。

〝ブアタランガだよ、この割れ目を通って身体ごと下りていきたいの、虹のようなおまえはわたしにしたがわなければならない。夜明けに別れる二つの黒雲のように開け。冥府へ道をあけろ。猛悪なおまえたち〟。

これらの言葉で岩は開き、ブアタランガは下りて行く。マウイは注意深くこれらの呪文《じゅもん》をおぼえこみ、すぐにタネ神に会いに行った。その神は何羽かのふしぎなハトをもっていたのだ。マウイはタネにハトを一羽貸してくれるように熱心に頼んだ。神は二羽のハトをつぎつぎ出して見せたが、選り好みの強いマウイはそれらをことわった。アカオトウという赤い鳥でなければ気に入らなかったのだ。アカオトウというのは、〝怖れを知らぬ鳥〟という意味で、その神が特別に大事にしていたものである。タネは大切な鳥を手放したくなかったが、無疵《むきず》で返してくれるという約束をさせた上でマウイに貸してくれた。マウイは意気揚々としてその赤いハトをもち、母がさっき下りて行った所へ行った。彼は前に聞いた呪文を唱えると岩は開き、マウイはハトの体に入って下りて行った。べつの話では、彼はトンボになりハトの背にとまって地下へ行ったことになっている。入口を警護していた二人の恐ろしい魔物は見知らぬ者の闖入《ちんにゅう》に腹を立て、ハトをひとつかみにして食おうとした。だが失敗し、わずかに尾をひきちぎっただけだった。ハトは薄暗い所に逃げこんだ。マウイはいい仲間のタネがかわいがっていたハトが、こんな目にあったことをひどく悲しんだ。

冥府に着くと、マウイは母の家をさがした。それは最初に目に入った家だった。織物を叩いているような音にひかれて行ったらそこがそうだった。ブアタランガは開けたままの物置き小屋で木の皮を叩いていた。赤いハトはその反対側の炊事場の上にとまった。彼女は赤いハトを見つけ、仕事の手をとめた。地上からの訪問者だと思ったからである。冥府のハトには赤いのは一羽もいなかった。ブアタランガは鳥に言った。〝おまえは「日光」から来たのじゃないか〟。鳥はそうだとうなずいた〝おまえはわたしの息子のマウイだろう〟、老婆はたずね、ハトはまたうなずいた。そこでブアタランガは家の中に入って行き、鳥はパンの木へ飛んだ。マウイは元の自分の姿に戻り、母とだき合った。母は彼がどのようにして冥府に来たのか、そして、何のための訪問かとたずねた。マウイは火の秘密を知りに来たのだと答えた。〝それなら、火の神マウイケの所に行くがよい〟と母は言った。〝わたしが料理する時には、お父さんのルに頼んでマウイケから火種をもらってもらうのです〟。マウイは火の神はどこにいるのかをたずねた。母はアレアオアという場所を指し示し、アレアオアというのは〝バンヤンの木の家〟という意味だと言った。彼女はマウイによくよく気をつけるようにたのみ〝なぜって火の神はこわいやつで、すぐに怒るたちだもの〟とつけ加えた。

マウイは大胆にも火の神の家へと向かった。もくもくと立ちのぼる煙に導かれて。するとかまどでしきりに食べ物を作っている神がいた。何が欲しいのかと尋ねられたので、マウイは〝燃え木を下さい〟と答えた。彼はそれをもらったが、パンの木のところを流れている川の所で火を消してしまった。彼はマウイケのところにもどって二つ目のをもらったが、また川の中で消してしまった。三度目に火をもらいに行った時、神はもうれつに怒った。しかしかまどの灰をかきたてて、火を乾いた木片に移しこのあつかましい若者に与えた。だが、またしてもマウイはこれを水の中になげこんでしまった。というのは、火を作る方法がわからなければ、火をもらっても意味がないと彼は思ったからである。そこで、彼は神に喧嘩《けんか》をしかけ、その秘密をしゃべらせようと決心した。これまで火の作り方を知っている者は誰もいないじゃないか。――そこでまたカンカンになっている火の神のところへ行き火をくれとせがんだ。これで四度目だ。マウイケは〝出ていけ。空にほうりなげるぞ〟と言った。マウイは身体が小さかったからだ。しかし、勇敢な若者は力で勝負をつけようと、マウイケに挑戦した。マウイケは腹帯を締めに家の中に入った。戻って来てみると、マウイがものすごくふくれあがっているではないか。だがマウイケは少しも恐れず、マウイをつかまえ、ココナッツの木よりも高くほうりなげた。だが、マウイは全く無傷でひらりと地上に降り立った。今度はどんな高いココナッツの木でもとてもかなわぬほど遠く高く投げ上げた。しかし、またしても、マウイはひょいと降り立った。一方、火の神はすっかり息切れがして地べたにのびてしまった。

今度はマウイの番だ。彼は二度も火の神を目のくらむほど高くにほうり上げ、落ちてくる彼をまるでボールのように受けとめた。マウイケは完全にまいってしまい、もうたくさんだ、命さえ助けてくれるならほしい物は何でもやるとマウイに懇願した。〝一つだけ条件がある。火の秘密を教えろ。それはどこに隠されているのか、どのようにして作るのか〟。マウイケはよろこんで知っていることは何でも教えてやろうと言い、彼のふしぎな家へ案内した。隅の方にたくさんのこまかいココナッツの繊維があった。別の隅には付け木用のレモンハイビスカス（au）、Urtica argentea（oronga）、tauimu そしてとくにバンヤン（学名 Ficus Indicus）の束があった。これらの木はすべて乾いており、すぐにでも使えるようになっていた。部屋のまん中には二本のさらに小さい木片があった。その一つを火の神はマウイに与え、しっかりとそれを持っているようにと言い、彼自身はもう一本の木で強くそれを摩擦した。そうしながら彼は歌をうたった。

さあさ、隠した火をおくれ
バンヤンの木よ
呪文をとなえ
お祈りのことばをのべろ
バンヤンの木の精霊に
マウイケのために火を燃やせ
バンヤンの木の灰から

歌が終わらぬうちに、摩擦させたために出てきたかすかな煙をマウイは見た。さらに摩擦させると、どんどん煙が出て、火の神がそれに息を吹きかけると火に変わり、その火はこまかいココナッツの木くずに燃え移された。それからマウイケはいろいろの木の束をくべたので火は燃えさかっていった。マウイは全く驚いてしまった。

このようにして、火を作る秘密は明らかにされたのである。だが、神を打ちのめし、手玉にとったマウイはきっとその復讐《ふくしゅう》をされると思ったので、敗けた相手の住居に火をつけた。あっという間に冥府いちめん火に包まれ、火の神も、彼が持っていたものもすべてが燃えてしまった。岩さえも熱のためバリバリと砕けてしまった。

誰もいなくなった幽霊の土地を去ろうとした時、マウイケのものだった二本の棒を拾い上げ、パンの木の所へ急いだ。そこには怖れを知らぬ赤いハトが彼の帰りを待っていた。マウイはまずタネの怒りを避けるために、なくなった鳥の尾をもとどおりにせねばならなかった。ぐずぐずしてはいられない。火ははげしくひろがっていた。マウイはふたたびハトに姿を変え、両足で二本の棒をつかみ、入口の割れ目へと飛んで行った。そして、母から聞いておぼえた呪文をもう一度唱えた。ふたたび岩は開き彼は安全に地上にもどることができた。赤いハトはすぐにうつくしい人里離れた谷へと飛び去り、そこへ下りた。その後、その場所はルペタウと呼ばれるようになった。ハトの休息場所という意味である。マウイは元の姿にもどり、タネの大切にしているその鳥を急いで返しに行った。

ケイアの谷を通った時、火が行く手に立ちふさがっているのに気づき、テアオアに避難所を見つけた。そこはそれ以来閉ざされたままである。ランギとモコイロの王たちは自分の土地を見てふるえた。荒れ狂う火の海で、すべてのものが焼き尽くされてしまうかのように見えたからである。マンガイアの島を破滅から救うために彼らは必死に働き、とうとう火を消すことに成功した。

マンガイアの人々は大火のおかげで火をもつことができ、食べ物を料理するようになった。だが、そのうちに火が消えてしまうと、彼らは火を起こすことを知らなかったのでどうしようもなかった。しかし、マウイの家にだけはいつも火があるので人々は驚いた。マウイは人々に同情し、火はハイビスカスとバンヤンの木の中にあるのだと教えた。また、どうすれば火が起こせるようになるのかも教えた。ついでに、彼は火が早くできるためには火の神の歌をうたうがよいとも言った。その日から地上の人々はうまく火を使うようになり、照明とか料理した食べ物というぜいたくを楽しむようになったのである。

〈原注〉

1 Le. P. Reiter, "Traditions Tonguiennes" *Anthropos*, xii-xiii. (1917-18) p. 1026-1040. ここではこれをちぢめた。

2 E. E. Collcott, "Legends from Tonga" *Folk-lore*, xxxii. (1921) p. 45-48.

3 Vavau はトンガ諸島を構成している三つのグループの最北端にある。

4 George Turner, *Samoa* (London 1884) p. 211-.

5 (Sir) Basil Thomson, *Savage Island* (London 1902) p. 86-.

6　George Turner, op. cit., p. 209–211. この話は J. B. Stair の *Old Samoa* (London 1897) p. 238- の中に同じ形で語られている。もっともティティ・ア・タランガという一人の人間の地中行としてのべてはいるが。彼はこの説話をつぎのように結んでいる。〝そこでタランガは低地帯を去って彼がはじめに出発した場所にもどって来た。彼は多くの種類の木を彼の燃えている炎で打った。そこでそれらも火になった。――この後半の記述は明らかに火が常に摩擦によって得られる種類の木を指している〟。この説話は George Brown の *Melanesians and Polynesians* (London 1910) p. 365- にも要約されたかたちで語られている。なお W. T. Pritchard の *Polynesian Reminiscences* (London 1886) p. 114–116 を見よ。

7　ibid., p. 270.

8　Basil Thomson, op. cit., p. 87.

3

今日、われわれは同じようにして火を作る方法がマンガイアにあることを知らされている。ただ、現在は木綿がココナッツの屑にとってかわっている。火の神の住居で見つかった四種類の木だけしか火はおこせないと以前には思われていた。バンヤンの木は火の神に捧げられた。火が荒れ狂った場所はテーアオアと名づけられている。つまり、〝バンヤンの木〟という意味である。キリスト教が、持ち主にその場所をタロイモの畑に変えるように説得するまでは、そこは〝聖地〟であった。ハーベイ諸島のもう一つの島、ラロトンガ島ではブアタランガという名はアタランガであり、サモアではタランガとなっている。サモアの方言では、マウイケはマフィエ(1)となっている。

この神話はハーベイ諸島においては次のようなかたちで語られている。——ハーベイ諸島の一つであるラロトンガの島に昔、マヌアヒファレとその妻トンゴイファレが住んでいた。トンゴイファレは、タンガロアという神の娘である。彼らにはマウイという名の三人の息子と、イナイカという一人の娘がいた。三人のマウイのうちで最も若いマウイはとてもりこうで、おまけに、ませた子供であった。この前途ある若者は父のマヌアヒファレが夜明けになると毎日ふしぎといなくなり、夜になるといつの間にか帰って来るのに気づいた。父のお気に入りの彼はいつも父の側で寝ていながら、父がどこに行って来るのかまるで知らなかったことが全く不思議に思えたのである。彼はその秘密を解いてやろうと決心した。ある夜、父が寝ようとして、腹巻きをほどき、そばにおいた時、マウイはその端をひっぱって自分の下に気づかれないようにおいた。次の朝、その帯が引っ張られているのに気づいて、すぐに目がさめる。思ったとおりであった。それからどうなるかと、横になったまま見張っていると父親は息子の様子に全く気がつかず、いつものように住居の主柱の所へ行き、呪文を唱えた。

〝柱よ、開け、開け
マヌアヒファレが、冥府(Avaiki)へ下りて行くのだ〟
すぐに柱は開き、マヌアヒファレは下りて行った。
ちょうどその日、四人の子供たちがいつものようにかくれんぼをはじめた時、いちばん下のマウイは家の外へ出ようとみんなに言い、自分もどこかに隠れ場所を探すふりをした。三人が外へ出てしまうと、彼はすぐに父が消えてしまった柱の所へ行き、盗み聞きした魔法の言葉をとなえた。柱はすぐに開いたので、彼はよろこんで、大胆にも冥府へ下りて行った。彼の父、マヌアヒファレは息子が下りて来たのを見ると、ひどく驚いたが黙って仕事を続けた。相手にされないマウイは冥府の世界を探険しはじめた。そのうちに一人の盲目の老婆が火の上で食べ物を料理しているのを見つけた。手にはココナッツの葉の筋で作った火ばしを持っており、その火ばしで用心深く燃えている炭をつまみ上げた。それを食べ物とまちがえたのだ。だから食べ物の方は火の中でまっ黒こげになってしまった。マウイは彼女に名前を聞くと、なんとイナポラリその人ではないか。すなわち〝盲目のイナ〟という、自分の祖母だったのだ。りこうな孫はそのかわいそうな老婆に同情したが、自分の名を明かそうとはしなかった。盲目のイナが料理している近くにはノノの木(Morinda citrifalia)が四本生えていた。マウイは棒を拾い上げ、四本のうちでいちばん近い所にあった木をしずかにたたいた。すると、盲目のイナは怒って言った。〝長男マウイのノノの木にいたずらするのは誰だ〟。やんちゃな若者はその次の木のそばへ行き、またしずかにたたいた。盲目のイナはまたひどく腹を立てて、叫んだ。〝次男マウイのノノの木をいたずらするのは誰だ〟。マウイは三番目の木をたたいた。すると、それは妹のイナイカのものだということが分かった。今度は四番目のをたたいた。最後の一本である。すると、〝三男マウイのノノの木をいたずらするのは誰だ〟と老婆が言うのを耳にした。〝わたしがその三男のマウイです〟と彼は答えた。〝それじゃ、おまえはわたしの孫だ。そんならこれはおまえの木だよ〟、老婆は言った。マウイが最初、自分のノノの木を見た時、その木には全く葉も実もついていなかった。だが、盲目のイナがそう言った時、その木を見ると、なんてえこった、葉がよく繁り、まだ熟してはいなかったが、すばらしいリンゴがなっているではないか。マウイはその木にのぼってリンゴを一つもぎとった。それからその一片をかじりとって祖母の所へ行き、それを盲目の目に投げつけた。ひどくいたかったがその目が完全に見えるようになった。マウイはもう一つもぎとり、前と同じようにべつの目に投げつけた。こうして、二つの目が見えるようになったのである。盲目のイナはとても喜び、その孫に言った。〝天上天下の何もかもおまえのものだ。おまえ一人のものだよ〟。

マウイは有頂天になって、彼女にたずねた。〝火の神さまは誰ですか〟。〝おまえのおじいさん、タンガロア・チュイマタ、つまり、いれずみをした顔のタンガロアだよ〟、彼女は答えた。〝だが、おじいさんのそばへ寄っちゃいけない。すごく短気な人だから、きっと殺されてしまうよ〟。だがマウイはまるで気にせず、火の神であるおじいさんの所へ行った。マウイがやって来るのを見ると、その恐ろしい神は右手を振り上げ、彼を殺そうとしたが、マウイもまた右手を振り上げた。そこでタンガロアは、かわいそうだがこの若者を蹴殺してやろうと右足を上げた。またしてもマウイはじいさんと同じように右足を上げた。その大胆さにあきれて、タンガロアは彼の名前を聞いた。〝三男のマウイです〟、若者は答えた。神は彼が自分の孫だと知り、〝何のために来たのだ〟とたずねた。〝火をいただきにまいりました〟と若者は答えた。タンガロアは火のついた棒を彼に与えて帰らせた。だが、マウイは少し行くと、その火のついた棒を水につけて火を消してしまった。三度もそれをくり返した。四度目にマウイが火をもらいに行った時、火はもうすっかりなくなっていたので、タンガロアは二本の乾いた木を持って来て、こすり合わせて火をつくらねばならなかった。マウイは祖父のために、下側の木をおさえ、火の神はもう一本の木でそれをこすった。木のくぼみにあったこまかい屑がくすぶりはじめた時、マウイはそれを吹き消してしまった。もちろん、神はひどく怒り、彼を追い出し、アジサシという鳥をよび寄せ、自分が片方の木をこすり合わせる間じゅう、下の木をしっかりとその鳥におさえさせた。とうとうこすり合わせた木から火が燃え出し、マウイはおどりあがって喜んだ。秘密が解けたのだ。マウイは祖父の手から燃えている木をひったくったが、白い羽根のアジサシは爪で下の方の木をしっかりとつかまえていたので、マウイは燃えている木を鳥の二つの目に投げつけてやけどさせた。今でもアジサシの両眼に黒い斑点がみられるのはそのためである。痛みに堪えかね、せっかく手つだったのにこんなむくいを受けたことに腹を立て、アジサシは飛びさって永久にいなくなってしまった。

マウイはつぎに鳥がとび去った穴を通って自分も〝日光〟へ飛んで行きたいと祖父に申し出た。神は〝そんなことできるものか〟と言うと〝何でもないさ〟とマウイは答え、ひとりで鳥のように高く飛んでみせた。タンガロアはそのありさまにすっかり見とれ、孫のすすめで人間が虹と呼んでいるキラキラ光る帯をしめ、いちばん高いココナッツの木の上を飛んだ。だが、ずるいマウイはタンガロアよりも低い所を飛び、お祖父さんの輝く帯の端をつかみ、ぐいとばかりに引っ張ったので、その年老いた神はかわいそうに地上に墜落して死んでしまった。

火の秘密を知り、祖父を殺してすっかり満足した憎めないマウイは両親の元へ戻って来た。両親は二人とも冥府へ行っていた。マウイは彼らに火の秘密が分かったことは知らせたが、祖父を殺したことについては一言も言わなかった。両親は彼の成功をよろこび二人で祖父のところへ行って敬意を表しようと言った。だがマウイはすぐ行くことには反対した。〝三日目に行きなさい。わたしは明日、一人で行きましょう〟。両親は彼の意見に従った。次の日、マウイはタンガロアの住居へ行き、もうかなり腐っている祖父の死体を見つけた。彼は骨を拾い集め、ココナッツの殻に入れ、もれないように孔《あな》をふさいで充分に振った。そして、ココナッツを開けると、祖父はふたたび生き返った。マウイはココナッツの殻に無惨《むざん》にも閉じ込めた神さまを出してやり、その身体を洗いきよめいい香りのする油を塗り、神さまがその家で憔悴《しょうすい》した精力を回復できるようにしてからそこを立ち去った。

マウイが両親のところへ戻ると、ちょうど彼らはタンガロアの所へ行こうとしていた。マウイはその訪問は明日まで延ばしたほうがよいと主張した。本心をいうと、彼は自分が犯した罪が発覚するのを恐れて、両親がタンガロアのご機嫌うかがいに行っている間にこっそり地上に出てしまおうとしたのだ。三日目の朝、生き返った神を訪ねたマヌアヒファレとトンゴイファレは、神さまがひどい傷をうけているのでびっくりしてしまった。マヌアヒファレは父親にどうなさったかとたずねると、神は答えた。〝おまえたちの恐ろしい息子が、こんな目にあわせたのだ。彼はわしを殺し、それから、骨を集め、ココナッツの殻に入れ、がたがたゆすぶって生き返らせた。これ、このとおり、無惨な有様だ、ああ、なんてらんぼうなやつだ〟。このあわれな話を聞いて、マウイの両親はワッと泣き出し、このやくざな息子をひっ捕え、ぎゅうという目に会わせてやろうと思って地下の住居へ急いで引き返した。だが、彼はいなかった。すでに地上へ逃げてしまっていたのだ。地上でマウイはもう彼に会えないと思ってなげき悲しんでいるきょうだいたちを見つけた。マウイは彼らにどのようにして火の作り方をおぼえたかという大発見を話して聞かせた。(2)

マルケサス諸島に伝わる話では次のようになっている。

マフィケ、またはマウイケという火、地震、火山の女神は冥府のハバイキに住んでいた。彼女のたった一人の子供は、結婚した娘で地上に住んでおり、マウイの祖母でもあった。さて、マウイは島の岬《みさき》で父母と共に住んでいた。彼は生《なま》で食べ物を食べるのにあきていたので、なんとかして、火を手に入れようと考えていた。夜になると、両親がたびたびいなくなるので困惑し、きっと彼らが火を手に入れるために行くのだと思いこむようになった。ある時、母は彼に言った。〝わたしはちょっと出かけるがおまえはここにいるんだよ〟。〝一緒に行きたい〟、子供は言った。〝だめ、だめ。かわいこちゃん。わたしは火をもらいに行くのだもの。もし一緒に行くとご先祖のばさまがおまえを殺すだろう〟、母は答えた。だが、母親が出て行ってしまうと、マウイは遠くからあとをつけた。冥府のハバイキへ続いている道の入口へ来ると母親はカクという木にとまっている鳥に引きとめられた。その鳥がパティオティオ(今、マルケサスではタブーになっている)(3)だと思って、彼女は夫を呼び、二人でその鳥に石を投げつけた。しかし、石はあたらなかったので妻は、これは祖母がその中に隠れているのだと思った。だが、夫の方はそうは思わぬと言い二人はさらに石を投げ続け、とうとう鳥にあたった。すると鳥の中から声が出て、鳥の中に隠れていたのはマウイだと叫んだ。それから、両親は長い曲がりくねった道をハバイキへと向かった。マウイもまた冥府へと続いている入口を入って行った。だが、一歩踏み込むと、彼の祖母が、そこを守っていた。彼は通してくれと頼んだが彼女は強情をはってきき入れないので殺してしまった。その時、数滴の血がマウイの母の胸に落ちた。彼女は夫に言った。〝誰かがわたしの母を殺してしまった〟。一方、マウイはもう何者にも邪魔されずに冥府の中へと下りて行った。まもなく彼は戻って来る母に会った。彼の姿を見ると母は言った。〝なんてことをしたの、わたしのお母さんを殺すなんて〟。息子は素直に罪をわびた。〝はい。だってどうしても入れてくれなかったんだ。わたしは火が欲しい。それを手に入れようと決心している〟。父は言った。〝貴い女神さまを殺したり、傷つけたりしてはいかん〟。マウイはもうけっしてそんなことはしないと誓った。

それから歩き続けてマウイは火の女神マウイケの家に着いた。〝火を下さい〟。〝どうしてだい〟、彼女はたずねた。〝パンの実を料理したいので〟、彼は答えた。女神はココナッツの殻をと言ったので彼はそれを差し出した。彼女は爪先から火を出して彼に与えた。そこにはいろいろな火があった。一つは膝《ひざ》から出た火、もう一つは臍《へそ》からという工合である。だがもっとも悪い火は足やすねから出たものであった。というのは、神聖な火は頭からとり出されるからである。マウイは女神の爪先から出した火を受けとった時、水に浸してそれを消してしまい、もっと下さいと頼んだ。こんどは、彼女はココナッツの殻を膝にあてがい、その火を彼に与えた。マウイはそれもまた前と同様に消してしまい、戻って来てまた頼んだ。〝なんていやな子供だろう。火はいったいどうしたの〟と女神はたずねた。〝わたしは水に落ちて怪我《けが》をしたもんで〟、マウイは答えた。こんどは彼は女神が背中から出した火をもらいうけた。しかし、その火もまた消してしまった。彼女はとうとう臍から出した火をココナッツの殻に入れて彼に与えた。だが、彼はそれもまた消してしまった。そこで、女神はひどく怒り出し、恐ろしい形相になったが、マウイは少しもひるまず、〝これでもうあなたの魔法の秘密を全部知ってしまった。もうあなたの魔力なんて少しもこわくない〟と言うと、とがった石を拾って彼女の頭を切った。それからマウイは両親のところに戻って行って自分のしたことを話した。両親は非常に怒り、彼らの偉大な肉親の死を悲しんだ。さて、マウイは手に入れて来た火ととり組んだ。最初、その性質が分からず、石や水などに火をつけようとした。最後に木でためしてみた。ファウ（ハイビスカス）、ベバイ（ポプラ）、ケイカイ、アウケア――などすべての木に火はついたが、カクの木だけはだめだった。彼が鳥の姿に変わった時、その木にとまったからである。(4)

〈原注〉

1 W. W. Gill, *Myths and Songs From the South Pacific* (London 1876) p. 51–58.

2 ibid., p. 63–69.

3 これはマルケサス諸島中もっとも大きいヌクヒヴァ島にだけある木でその木材は摩擦によって発火しない。

4　E. Tregear, "Polynesian Folklore: II The Origin of Fire," *Transactions and Proceedings of the New Zealand Institute*, xx (1887) p. 385-387.

4

もっと古く、もっと簡単なマルケサス神話の叙述が――細部の点ではいささかちがっているが――フランス人のマクス・ラディグェによって報告されている。一八四二年その諸島をフランスが手に入れた時、彼はそこにしばらく住んでいた。氏のおかげで、われわれは未だヨーロッパの影響が彼ら固有の文化に及んでいなかったころの原住民についての価値ある資料を得ることができた。土着の伝統について彼は言う。火の起原はまことに奇妙だ。マホイケ（地震）は冥府の火の番をするように命じられ、忠実にその任務を遂行した。火のすばらしい効用を聞いて、マウイはそれを盗もうと冥府へと下りて行った。火の番人の目を掠《かす》めることができず、つかまった彼は許してくれと懇願したが、マホイケはそれに耳を貸そうとしなかった。そこで、マウイは彼に挑戦した。戦いが始まった。マウイは相手よりも強く、マホイケの両手と両足をもぎとった。手足をとられ傷めつけられたマホイケは、その身体を助けるためにとうとう火をやろうと言い出し、その火でマウイの足をこすらせてくれと願った。だが、マウイは幸運にもそのたくらみを見やぶった。というのは、もしこんな火が地上に運ばれたとしても、それは聖化されたものではなかったからである。そこで、マウイはマホイケに別な方法を考えろと言った。とうとうマホイケはその火でマウイの頭をこする決心をして言った。〝おまえが来た道を戻り、ケイカの木を除いた他のすべての木に額をつけろ、そうすれば、すべての木はおまえに火をくれるだろう〟。二つの木片の一つを他のにこすり合わせることによって原住民は火を得ていることは、このとおりに説明されている(1)。

ハワイ、あるいは、サンドウィッチ諸島では火の起原の神話は次のようである。

ヒナーアケアヒという名の女がカネとカナロアという神々のおかげで子をはらんだ。というのは彼女はそれらの神の指示にしたがい、カラナマヒキという名のヒロ族の首長の腹巻きをつけて水浴したからだ。その結果、彼女は卵を生み、その卵がかえって、息子のマウイ、正式に言うと、マウイ・キイキイ・アカラマが生まれた。彼が成長すると、母親は父の首長の所へ息子であるという印のその腹巻きを身につけさせて、やった。父は彼を自分の息子であると認め、他の息子たちとともに彼を育てた。息子たちはお互いに異母兄弟であった。彼らの名前は皆、マウイであったが長男をマウイ・ムア、末弟をマウイ、次男をマウイ・ワイナと名づけて区別した。魚をとりに兄たちと海に出かけた時、マウイ・キイキイは浜辺で燃えている火を見ておどろいた。その時までマウイは母の家でしか火を知らなかったからである。というのは、母の手は焼けていて、彼女が手をふれたものにはみんな火がついたのだった。山の遠くの方に見えた火を探しに行った時、マウイはアラエ鳥のすみかを見つけた。中の一羽はあちこちに飛び、仲間に火を渡していた。彼らはその火でバナナやタロイモを焼くのである。鳥をつかまえようとしたができず、彼は母のところへもどって、どうしたらいいか聞いてみた。そして、アラエ鳥は彼女が最初に生んだもので、丘の繁みに住んでいるうちに火の使い方を知るようになったことがわかった。母親は彼に、今度兄弟たちと漁に行く時人形を作ってそれに櫂《かい》を持たせ、カヌーのへさきにそれを立てるようにと教えてくれた。そうすれば、アラエはマウイが兄たちと舟に一緒に乗って行ったと思うにちがいない。――マウイはそのとおりにした。カヌーが沖に出て行った時、マウイは一人だけ岸に残った。そしてアラエ鳥がエサをさがしに出て来た時、とび出してびっくりさせた。鳥たちはみな飛び去ったが、一羽だけは食べすぎてついていくことができず、丘をころがりはじめた。その鳥をマウイは捕え、火の作り方をたずねた。鳥は二本の棒をこすり合わせれば火がでると白状した。また多くの木のうち火の木にはどれがよいかも教えてくれた。だがやってみるとどの木も、火を出すには不適当であった。マウイはがっかりしてカンカンに怒った。もし最後に試したハウの木が彼に火を与えなかったらマウイはその鳥のくちばしをもぎとったであろう。こいつのおかげでさんざんむだ骨を折らされたわいと、マウイは罰として燃え木をその鳥の頭につけた。だから、今でも、その鳥の頭には真紅な冠羽がついている。(2)

火の起原に関するこの神話は、ハワイ民族史の中にも簡単に暗示されている。〝火を探しに行き、アラエ鳥の中にそれを見つけた〟英雄譚《たん》がそれだ。アラエはそこではくちばしの上のほうには赤い皮がかぶさっていると説明されている(3)。

このように、火の起原に関するハワイの神話は同種のオーストラリア神話と同様、特定の鳥の独特な色づけを説明することにも役立っている。

火の起原に関するまったく違った説話がヌクフェタウ、すなわち、エリス諸島のド・ペイスター島の原住民に伝わっている。彼らによると、風に揺れた二本の枝が互いにこすり合い、そこから煙が出るのを見て、人は火を発見したのだと言う(4)。

ギルバート諸島の一つ、ペル島では、〝火は天上のタンガロア神から一人の老婆によって運ばれ木の中に入れられた。彼女は人々に火は摩擦によって得られると告げ、それ以来、人々は食べ物を料理して食べるようになった(5)〟。

だが、火の起原に関するもっとすばらしい不思議な話はこれらの島の人々によってもまた語られているのである。彼らによると、初めに、二人の君主がいた。タバケアはタラワの君主で、地上に住み、バコアはマラワの君主で、海に住んでいた。バコアには子供ができ、その名はテーイカといった。テーイカが成長すると、いつも海面に横になりじっと日の出を見ている。太陽の最初の光が海面に出ると、その光線を口でとらえ、食いちぎろうとした。何日も何日もそれをやり、とうとう成功した。彼は光線を口にくわえ父のバコアの所へ泳いで行った。父の家につくと中に入り、光線をそばにおいてすわった。バコアが入ってきた時、そこがひどく熱くなってしまっているのに驚き、息子に言った。〝出て行け、おまえの身体は熱く燃えている、おまえの坐っているところから煙が出ているぞ〟。そこで、テーイカは父の家を出て、その光線を他の場所へ持って行った。しかし、どこへ行って坐ってみても燃えだす。家は焼けはじめ、彼の近くにあるものはみな熱のためちぢれてしまった。バコアは自分の持ち物がみな乾ききり、息子のために焼かれてしまうのを怖れ、そこから突き出して言った。〝出て失せろ。おまえは何もかもほろぼす気か〟。テーイカはにげ出し、東のほうのタラワに行った。そこにはタバケアが住んでいた。タバケアの島に着くと、彼は光線を持ったまま上陸した。彼の行くところ木も家もたちまちちぢんでしまう。日光が熱く燃えていたからである。そしてその熱はテーイカの身体の中にも入ってしまった。

その時、タバケアは立ち上がりテーイカを追い出そうとしたができなかった。彼は手当たり次第に木や枝を武器にしてテーイカをなぐりつけた。彼はウリの木（Guettarda speciosa）、レンの木（Tournefortii argentea）でなぐった。カナワの木（Cordia subcordata）の樹皮、ココナッツの木から落ちた乾いた葉でも彼をなぐりつけた。非常に強くなぐりつけたので、テーイカも光線も小さな破片になってしまい、島じゅうに飛び散ってしまった。テーイカがいなくなってみると、父のバコアは悲しくなった。彼はテーイカをとてもかわいがっていたのだ。とうとう彼は立ち上がり、海という海を探したがテーイカは見つからない。そこで、今度は陸地を探し、とうとう東のタバケアのいる島へ行った。彼はタバケアに言った。〝わしの息子を見なかったかね。息子は身体が燃えている、日光を持っているのだ〟。タバケアは言った。〝ああ、会った、ここにやって来たぞ、恐かったからここから追い出そうとしたがうまくいかんかった。だからわしは彼をさんざんぶったたいた。ところが日光があんまり強くてとうとうバラバラになって島じゅうに飛び散ってしまっただ〟。バコアはこれを聞くとひどく悲しんだ。ああ、かわいい息子。――すると、タバケアは言った。〝じゃ、またおまえの息子を生き返らせてやろう〟。そこで彼はテーイカをなぐりつけたウリの木の棒を取り、レンの木の棒にそれをこすり合わせた。すると、なんてえこった。それはいぶりはじめた。バコアは言った。〝木のそばに息子がいた時、煙が出たと同じようにいぶっている〟。それから、タバケアはテーイカをなぐりつけた乾いた樹皮を山と積み、いぶっている棒をのせて炎を作り、火が燃えた。バコアはその魔法にすっかり驚いた。〝わしの息子がまた生き返ったぞ〟と彼は言った。彼は火をもって、西へ運ぶつもりだった。なぜならタバケアはそれが彼の息子だと言ったからだ。だが、家へ帰ろうと海へ入るとそれは消えてしまい息子を連れ戻すことはできなかった。で今でも、テーイカの身体と光線はタバケアのためにこなごなにされてしまったが、タバケアが彼を叩くために使った棒やがらくたの中に入っているのである。そしてそれからは二度とふたたび海に戻ることはできないのだ。[6]

カロリン諸島の一つヤップ、または、ウアプという島の原住民によると、むかし、彼らはヤムイモやタロイモをもっていたが料理する火がなかった。そこで、彼らは砂の上にそれらをおいて陽光で焼いた。しかし、そのしごとがとてもつらかったので空に住んでいた大神、ヤラファトに助けを求めた。すると、すぐに、赤くて熱い雷が落ち、タコの木を打ち砕いた。そのためにタコの木は、こなごなになり、その葉の中央部とか横側に一定の間隔をおいたとげが噴き出したのである。雷の神、デッスラは木の幹にはまり込んでしまい、悲鳴をあげて誰かこのいやらしいいましめから助け出してくれとたのんだ。近くで陽光でタロイモを焼いていたグアレティンという女がその声を聞きつけ、苦しんでいる神を助けた。雷は彼女に何をしているかとたずね、彼女がそれに答えると、雷はたくさんの粘土を持って来いと彼女に命じた。その粘土で雷は鍋《なべ》を作った。女はたいへん喜んだ。雷はそれからアーの木（ポナペの原住民はトウプクと呼んでいる）の棒を探しに彼女を行かせた。それらの棒を雷は腋の下にはさみ、その中に隠れている火花を注ぎ込んだ。このようにして棒の摩擦によって火を出すことと、粘土で鍋を作る技術がヤップの原始人たちに知られるようになったのである。[7]

同じ説話が少しかたちはちがっているが他の研究者によって伝えられている。それは次のようなものだ。

昔、ヤップには火も陶器もなかった。今はもう絶滅しているギタムの近くのディナイの奴隷村にデネマンという女がいて二人の子供をもっていた。ある日、彼女と子供たちはタロイモを掘り、その皮をむき、小さく切って陽に乾かした。その時、大きな犬みたいなかたちの雷がやって来てタコの木に落ちた。雷は彼女に言った。〝おうい。わしを引き出してくれ〟。彼はタコの木のとげがこわかったのだ。〝とんでもない。恐ろしくて〟、女は答えた。〝お願いだ。助けてくれ〟と雷は頼んだ。そこで、彼女は行って彼を木からおろしてやった。雷はタロイモを見て尋ねた。〝これは何だ〟。〝わたしの食べ物〟と彼女は答えた。彼はそれを二つほどもらって少しの間腋の下にいれそれから彼女にそれを返した。うわァ。イモはもう焼けていて食べるとうまかった。

雷は言った。〝アーの木の枝を持って来い〟。彼女はそれを彼に渡した。彼はその樹皮をむき、腋の下に入れ、ゆっくりと引き出した。すると、その木は完全に乾いている。それを彼はまん中で二つに折り、一方の先を尖らし、もう一本の方にはくぼみを作った。このようにして、火おこしの準備はでき上がった。それから、一方を他方につき立て、ぐるぐる回して火をおこしタロイモを焼いた。女と子供は家に戻って寝た。翌朝、彼らはまた野良へ行くと、雷が一緒について来て女に言った。〝石のまじってない粘土を持ってきてくれ〟。雷はその粘土で女にどうして壺《つぼ》をつくるかをやって見せた。それから強い火をおこして壺をやいた。つぎにいい値で買う者がいれば丈夫で長持ちするように、また買手が値切るとすぐ壺がこわれてしまう魔法（マッアマト）を女に教えた。それから、彼はたくさんのラクとマルをとって料理した。とてもうまかった。それから女と子供たちは家に帰って寝た。翌朝、雷はもういなかったが、夜になると、女はこっそり食べ物を焼いた。彼女が何をしているか知られたくなかったからだ。

しかし、一人の男がやって来て、彼女の食べ物が他とは違っているのに気づき、そのわけをたずねた。多くの人々も聞きに来たが、彼女は隠しつづけた。そこで人々は昼も夜も彼女を見張るようになった。ある夜、光がもれてくるのを見て、彼らは壁をつき破って、中にとびこんだ。ある男は火をつかんでひどくやけどをしてしまった。彼は火のはたらきを知らなかったのだ。それから、人々はめいめいの家に焚きつけと火を運んだ。彼らは彼女に壺をつくってくれと頼み、うんとお礼をすることを約束した。だが、火の代償を払おうとはしなかった。(8)

別な形の話では、ヤップ人にはじめて火をもたらした雷はハイビスカスの木を裂いた。それは島の北端の奴隷村のウガタンであった。ここでは、デラという名の女が火をくれるように雷に頼んだので、雷は火を与え、土の壺を焼く方法も教えてくれた。火が消えてしまったならこうしろと、雷は一方の木の穴に他方をさしこみ、摩擦させて火をおこして見せた。さらに彼は新しい家で火をおこす時にはいつもこのようにしなければいけない、そして、おこす時にはハイビスカスの木だけを使え、またその木は貝で作ったナイフか斧《おの》で切らにゃならん、鉄や鋼の刃物は絶対木に触れてはならんぞと教えてくれた[9]。

十八世紀の初め、スペインの宣教師は短くて、またあまり正確ではないが、同じような神話を報告している。それによればカロリン諸島の原住民は〝モログログという悪霊たちの仲間であった。だがたいへんな乱暴をはたらいたため天から追い出され、その時彼らは地上に火をもって来たのだ。それまで、火は地上では知られていなかった[10]〟。

〈原注〉

1 Max Radiguet, *Les derniers Sauvages*, Nouvelle Édition (Paris 1882) p. 223-. この説話では火の守護神（マホイケ）は男であるがトレギール族のそれではマフイケは女神である。

2 Adolf Bastian, *Inselgruppen in Oceanien* (Berlin 1883) p. 278-.; id *Allerlei aus Volks-und Menschenkunde* (Berlin 1888) i. 120-.

3 Jules Remy, *Ka Movolelo Hawaii, Histoire de l'Archipel Hawaiien* (Paris and Leipzig 1862) p. 85, 87.

4 G. Tuner, op. cit., p. 285-.

5 ibid., p. 297.

6 Arthur Grimble, "Myths From the Gilbert Islands," *Folk-lore*, xxxiv. (1923) p. 372-374.

7 F. W. Christian, *The Caroline Islands* (London 1899) p. 320-.

8 W. Müller, *Yap* (Hamburg 1917-18) p. 604-607 (*Ergebnisse der Südsee-Expedition*, 1908-1910, herausgegeben von Prof. G. Thilenius, ii *Ethnographie*, B. *Mikronesien*, Band 2, 2. Halband).

9 W. H. Furness, *The Island of Stone Money, Uap of the Carolines* (Philadelphia and London 1910) p. 151.

10 J. A. Cantova, in *Lettres Édifiantes et Curieuses*, Nouvelle Edition, xv. (Paris 1781) p. 306.

第七章　インドネシア

中央セレベスのトラジャ族は、創造主が人間のかたちに石を彫り、人類最初の男と女を創《つく》った、そして風がそれらにあたるようにしたので、息吹きと生命を得た、と言っている。彼はまた火をも人類に与えはしたが、その作り方は教えなかった。それゆえ、当時の人々はいつも注意して炉から火が逃げないようにした。しかし、ある日、不注意のために、火は逃げてしまい、人々は、どうしてコメを炊《た》けばよいか困ってしまった。しかし、その時、天が地上に近づいて来たので、人々は火を少し分けてもらうよう、神に使者を出すことを思いついた。この任務に選ばれた使者は、タムブーヤという昆虫だった。彼が天に到着して、火をもらうことを頼むと、神々は言った。〝よし。あげよう。だが、おまえは、自分の両手で目を隠して、われわれがどうして火を作るかを見ないようにするのだ〟。昆虫は言われるとおりにした。しかし、神々は、虫の肩の下にもう一対の目があることをご存知なかった。それゆえ、頭にある目を隠すために手をあげているあいだ、彼はもう一方の目で、神々がこまぎり包丁で、火打ち石を打って火をひき出し、それから乾木を燃やすという火の作り方を一部始終みた。この火が神から昆虫に与えられた。彼はこの火とともに、火の作り方の秘密をも、持ちかえったわけだ。火打ち石と鉄による火のつくり方は、トラジャ族の間で行なわれているもっともふつうのやり方である。火打ち石は、彼らの住んでいる山や川で発見されている。[1]

同様の話は、少しずつの違いはあるが、中央セレベスのパナ、ママサ、バループーのトラジャ族でも語られている。彼らの話の中では火のつくり方を人類に示したこの昆虫は、ダリと呼ばれている一種のアブらしい。この生きものは、火を得るためにプーアング・マトウアに送られたと人々は言っている。神は、このアブに、火の作り方を見せないように、彼の足で、目をおおうように命じた。彼は言うとおりにした。しかし、もう一方の目――トラジャ族の言によれば、腋の下にあった――で、天の神が、二本の竹をこすりあわせて、火を作っているのを見た。アブは、火を持ち帰りはしなかったが、人類に火のつくり方を教えた。メングケンデックのトラジャ族は、ポング・ムーラという、人類最初の人間が、火をもらうために、鳥を天に送ったと言っている。この鳥の本当の名はデナという。オランダ人は、これを〝小さな米どろぼう〟と呼んでいるが、その理由はこうである。デナの冒険の報酬として、最初の人間は、この小鳥に畑の早米を食べてもよいと約束をした。それゆえ、その子孫たちは、毎年、早米を食べにやってくる。だがパンガラのトラジャ族は、二本の竹をこすりあわせて最初の火を作ったのは、マラドンデという水牛飼いだと言う。

彼はこれを〝伝説の島〟でなしとげた。さらに、トラジャの各地で、人々は、火と水の戦いの話を語ってくれる。火は負かされて、逃げなければならなかったので竹や石の中に隠れていた。最初の人間、ポング・ムーラが火をさがしに来たとき、竹と石は〝わしをここから連れ出してくれ〟と言った。〝どうすればよいのだ〟と男がたずねると竹は、わしをこすり合わせてくれと言い、また、石は、鉄片で、自分を打ってくれ、そうすれば火ができるとこたえた。(2)

ボルネオの海ダヤク人は言う。大洪水で一人の女を除いて、人類すべては、死んでしまった。そのたった一人の生き残りが、密林のつる草の根元に一匹の犬が寝ているのをみつけた。そして、つる草の根元が暖かいんだなと思い、もしかしたら、そこから火をひき出せるかもしれないと考えた。そこで、彼女は、その木の二片をこすりあわせてみた。このようにして、火をおこすのに成功した。これが、火おこし作業の始まりであり、大洪水後の最初の火の製作である。(3)

北ボルネオの奥地の丘陵の多い地方に住むムルット人は、大洪水後の生き残りは兄と妹の二人で、彼らは結婚して犬の親になったという伝説を持っている。ある日、少年は、犬をつれて、狩猟に出かけた。キリアンの木の根もとを通りかかったとき、犬はその根をとって、もちかえり、日光にあてて、乾かした。それから犬は少年に、根のまん中に穴をあけ、そこに棒をさしこみ、手で力強くそれをこするように言った。少年が、言われるとおりにすると、火花がとび出した。これが火の起原である。その後、少年と少女は双子を生んだ。彼らは、キリアンの根を与えられると、他の地方へ送られた。

後に、彼らは、このような原始的な火の作り方にあきてしまった。少年はふたたび犬をつれて、狩りに出かけた。彼らは、ポルールの木（コットンの木と似ている）に火をつけた。犬はそれに向かって吠えた。彼らはその木を切り倒した。犬は、少年に、中側のさやから、コットンに似た物質（ルルプ）をとりだすようにと言った。それから犬は竹に向かって吠え、彼らは、竹を一本とった。すると犬は、岩に向かって吠え、彼らは岩のひとかけらをとった。その後彼らは、ルルプを乾かして、竹と、岩のかけらと一緒にこすった。このようにしてムルット人は、火をつくる、より新しい方法に成功した。(4)

北ボルネオのキアウ・ドゥスン族は、風の中で、大きな竹がからだをこすりあわせて火を捕えたという。そこへ通りかかった犬が、燃えているその一本をつかまえ、主人の家へ持ち帰ると、まもなくそれは炎をあげて燃え出した。火は家にあったトウモロコシの実を焦がし、水につかっていたジャガイモを煮立たせた。このようにして、ドゥスン族は、火の作り方だけでなく、食べ物を料理することを学んだ。(5)

スマトラの西方の島、ニアスの住民は、昔、ベラスという、以前は人間だったと思われている悪魔たちがいて、人間と親しく交際していたと言っている。現在、司教だけがベラスを見ることができるが、以前は誰にでも見えた。現在、ニアスの人々がそうしているように、ベラスと人間たちは、互いに、訪問しあい、火の貸し借りがあった。しかし、ベラスだけが火の作り方を知っており、人間には、その方法を秘密にしておいた。ある日、一人の男が、ベラスの妻のところに火をもらいにきた。しかし、たまたま、彼女のところの火は消えていた。そこで、火を作るところが見られないように、女は、男に申し出てきものをかぶせることにした。しかし、彼は、〝きものをかぶっても透けて見えるから、バスケットをかぶせてください〟と言った。彼は、バスケットの隙間から、見えることを知っていたのだ。彼女は彼の要求に同意し、火をおこしはじめた。男は目的を達することができた。というのは、彼は、女の火の作り方を見てしまったからだ。彼は彼女の目の前でその単純さを笑った。怒ったベラスはその男に〝もうこれからはぜったいおまえたちはわれわれを見ることはできぬ。また、ここへはくることもゆるさぬぞ〟と言い渡した。(6)

フォルモサ（台湾）の山奥にいる首狩り族、ツォウは、いかにして彼らの先祖が大洪水のあと、火を得たかを話してくれる。生存者たちは、山頂に避難していたが、満潮にならないうちにと急いでにげ出したため、火をもつひまがなく、だから洪水がひいた時は火はなかった。しばらくの間、彼らはたいへん寒い思いをした。しかし、ある男が隣の山の頂上に星のようなものがチカチカするのを発見した。そこで人々は〝誰が向こうへ行って、火を持って来るか〟を相談した。すると、一匹のヤギが前へ出て言った。〝わたしが行って持って来ましょう〟。そう言うと彼は、山頂の星に似た光をたよりに水の中に突進し、山に向かって泳いだ。人々は、彼の帰りを心配しつつ待ちわびた。まもなく、暗闇の中を、角に燃えているなわを結びつけて、泳いでやってくる姿が見えた。しかし、浜辺に近付くにつれて、なわの火はだんだん低くなり、ヤギの泳ぎ方も弱くなって、とうとうしまいには頭が水につかって火が消えてしまった。その後、人々はタオロンを同じ役目で派遣した。タオロンは、無事に陸に火を運ぶことに成功したので、喜んだ人々はこの動物をとり囲み、労をねぎらった。この動物の肌《はだ》がなめらかで、今でもたいへん体が小さいのはそのためである。(7)

アンダマン島の人々もまた、大洪水で地球上のすべての火、いやすくなくとも、アンダマン島の火が消失した時、彼らの先祖たちが火の使用法をとりもどすために、どんなに苦労したかを語っている。大洪水の中にそびえたった、たった一つの山は、鞍が岳（Saddle Peak）と言い、プルガという創造主が人間の形をして住んでいた。人々は、洪水のために死んだ彼らの友人の幽霊の一人が、彼らの苦しみに同情し、カワセミの姿になって空を飛んでいるうちに、創造主が火のそばにすわっているのを発見するまで、火の消失をとりもどす方法をしらなかった。その鳥は、くちばしに燃え木をくわえた。しかし、その熱さのためか、重さのためか、または、両方のためか、とうとう耐えきれなくなって、創造主の上に燃え木を落としてしまった。この侮辱に激怒して、痛みのためにうずいて、創造主はこの燃え木を鳥に投げつけた。しかし、ねらいははずれ、まったく運がよく、それは大洪水の生存者が悲嘆にくれている場所の近くに落ちた。このようにして、人間は、大洪水後、火の使用をとりもどした[8]。

このアンダマンの神話は、一八六九年から八〇年にかけて、この島に住み、住民とたいへん親しくなったE・H・マン氏によって記録されている。同様の神話は多少の違いはあるにせよ、一九〇六年から八年にかけて、この島に住んだ、A・R・ブラウン教授によって記録されている。ア・プチクワル族から得た、教授の話はこうである。

先祖たちが、ウォタ・エミに住んでいた時、ビィリク（マン氏の話のプルガにあたる）は、海峡をこえた、トル・ロカ・ティマに住んでいた。当時、先祖は火を持っていなかった。ビィリクは、ペラトという木をきり、独力で火を作った。カワセミ（ルラトト）はビィリクが眠っている間、トル・ロカ・ティマにきて火を少し盗んだ。ビィリクは目をさまし、カワセミを見た。彼は燃え木をとりあげ、彼に投げつけた。それは、彼の首の後にあたり、黒く焦がしてしまった。カワセミは、ウォタ・エミの人々に火を与えた。この話のカワセミはこのことをたいへん怒って、空に上っていきそこに住むようになった。この話のカワセミ（Alcedo bea vani）はその首に赤い羽毛のつぎはぎがある。これがビィリクに投げられた燃え木で焦がされた痕である[9]。

アンダマン島の神話のある一つでは、ハトが人類に最初に火をもたらした鳥として、カワセミとともに想起され、または、その代わりに置き代えられている。まったく恣意的な変形としてこんなのもある。最初に、火を発明し、それを獲得したのは、クルマエビさまであった。炎暑のために、カラカラに乾いたヤムイモの葉に火がつき燃えた。クルマエビさまはたき木で火をつくり、ひと眠りした。カワセミはその火を盗んで持ち去った。彼はそれから火を作り、魚を料理した。満腹したので彼は眠った。ハトはカワセミから火を盗んで逃げた。アンダマンの先祖に火を与えたのはそのハトだと言われている[10]。

アンダマン島の別の神話——これも、また、カワセミとハトが一つの役割を果たしているが——は次のようである。

先祖は火を持たなかった。ビリカ[11]（プルガにあたる人）は火を持っていた。カワセミ（リルティィット）はある晩、出かけていき、ビリカが眠っている間に、彼女の火を盗んだ。ビリカは目をさまし、彼が火を盗んでいくところをみた。彼女は、彼を目がけて、真珠貝を投げつけると、それは彼の羽と尾を切ってしまった。カワセミは、水に飛びこみ、ベットラクデュの方に火を持って泳いだ。そしてそれをテペに与えた。テペはそれを青銅色の羽をもつハト（mite）に与え、ハトはそれを他の人々に与えた[12]。

神話の他の話では、火をもたらしたものはハトだけとなっていて、カワセミはその中に、全然、現われていない。その物語はこうだ。

ビリクは赤い石一つと真珠貝一つを持っていた。彼女はそれらを一緒に打ち、その衝撃によって、火種を得た。それからたき木を集めて火を作った。彼女は眠った。青銅色の羽を持つハト（mite）がやってきて火を盗んだ。彼は独力で火をつくった。彼は村のすべての人々に火を与えた。その後、火はすべての場所にばらまかれた。各々の村はみな各々の火を持っている。(13)

ハトだけが火どろぼうだという別の話は、M・V・ポートメン氏によって簡明につぎのように記録されている。

〝ハトは、クロ・トン・ミカで神が眠っている間に火のもえさしを盗んだ。彼はそのもえさしをレクに与え、それからレクは、カラト・ワタカ・エミで火を作った(14)〟。

アンダマンの神話の他の話では、カワセミ（ティリィトゥモ）はピリの腐った木を使い、それを岩に打ちつけたことにより、最初の火をおこしたと言われている。このように火を手に入れて、カワセミは、アオサギに火を分け与えた。アオサギはそれを、トテモと呼ばれる他の種のカワセミに与えた。そして、そのカワセミは火を他のすべてに与えた(15)。

アンダマン島の火の起原の他の話は、ある魚の種類の明るい色をしている理由として語られている。昔の人々は、火を持っていなかった。ディム・ドリ（という魚）は、出かけていき、遠い国から火を持ってきた。彼は帰ってきて、火を人々に投げつけた。人々をやけどさせ火形をつけてしまった。人々は海中にかけこみ、魚となった。ディム・ドリは、弓と矢をもってそれらをとりに行ったが、彼もまたその名が示すとおり、魚になってしまった(16)。

〈原注〉

1 A. C. Kruijt, "De legenden der Poso-Alforen aangaande de eerste menschen" *Mededeelingen van wege het Nederlandsche Zendelinggenootschap*, xxxviii. (1894) p. 340-.; N. Adriani en Alb. C. Kruijt, *De Bare'e-sprekende Toradja's van Midden-Celebes* (Batavia 1912-14) ii. 186-. 昆虫の原名はオランダ正字法によればtamboejaで英語のtambooyaと同じように発音される。私はこの虫の学名を知らない。

2 Alb. C. Kruyt, "De Toradja's van de Sa'dan—, Masoepoe-en Mamasa-Rivieren" *Tijdschrift voor Indische Taal-, Land—en Volkenkunde*, Ixiii. (1923) p. 278-.

3 Rev. J. Perham, "Sea-Dyak Tradition of the Deluge and Consequent Events," *Journal of the Straits Branch of the Royal Asiatic Society*, No. 6 (December 1880) p. 289.; H. Ling Roth, *The Natives of Sarawak and British North Borneo* (London 1896) i. 301.

4 Owen Rutter, *The Pagans of North Borneo* (London 1929) p. 248-, 252-.

5 ibid., p. 253.

6 L. N. H. A. Chatelin, "Godsdienst en Bijgeloof der Niassers" *Tijdschrift voor Indischee Taal-, Landen Valkenkunde*, xxvi. (1880) p. 132.; E. Modigliani, *Un Viaggio à Nias* (Milan 1890) p. 629-.; H. Sundermann, *Die Insel Nias* (Barmen 1905) p. 70と比較せよ。

7 このツォウの話は原住民研究のため台湾に数年間居住した日本人イシイ・シンジ氏のご好意によるものである。私はすでにこの話を*Folk-lore in the Old Testament*, p. 230-に紹介した。

8 E. H. Man, *On the Aboriginal Inhabitants of the Andaman Islands*（London N. D.）p. 98-. King-fisher の原名は luratut。なお *Census of India, 1901*, vol. iii. *The Andaman and Nicobar Islands*（Calcutta 1903）p. 63（Sir Richard C. Temple による）を参照のこと。また南アンダマン諸種族の五種類の言語によるアンダマンの火の神話に関する簡単な記述は M. V. Portman 氏の翻訳で刊行されている。同氏の "The Andaman Fire-legend" *The Indian Antiquary*, xxxvi.（1897）p. 14-18.

9 A. R. Brown, *The Andaman Islanders*（Cambridge 1922）p. 203-.

10 ibid., p. 189-.

11 A. R. Brown 教授によって記録された神話の叙述では Bilika または Biliku は女性である。だが E. H. Man 氏のそれでは Bilika に相当する Puluga は男性である。

12 A. R. Brown. op. cit., p. 202-.

13 ibid., p. 201.

14 M. V. Portman, op. cit., xxxvi. p. 14.

15 A. R. Brown op. cit., p. 201-.

16 ibid., p. 204. これは同教授によって Akar-Bale 種族から採集された。

第八章　アジア

マレー半島の密林に居住する小人《こびと》セマン族である原始メンリ人は、自分たちの最初の火は、キツツキから得たと言っている。物語は次のようである。

メンリ人がマレー人と親しくなってから、彼らは、マレー人たちの間に、赤い花（gan-togn マレー語、gantang）をみつけた。マレー人たちは、その花を囲んで輪になり、自分たちを暖めようとするようにその花の上に、手をかざしている。やがて、マレー人は火をおこし、火の中に、ララング草をおいた。メンリ人は、大火を眼前にみて、おどろいて森に逃げこんだ。彼らは自分たちの火を持っていなかったからである。一匹《びき》の雄ジカがその火のところへやってきて、背に燃えさしをつけて、家に持ち帰った。火を盗まれるのを恐れた雄ジカは、農場へ出ているあいだ、燃え木を小屋の高いところにおいた。キツツキは、その火をみて、これを盗んで、メンリ人のところへ持っていった。そして彼らに、これが火であると教え、また雄ジカが自分を追ってくるから、充分に注意しろと言った。もし、雄ジカが彼の盗まれたたからものを探しにやってきたら、テラスの槍をとって突くようにと、キツツキはメンリ人に忠告した。そこで、雄ジカが、彼の火をとりかえしにやってきた時、二人の男が槍をとって雄ジカの頭に突きさした。この時まで雄ジカは角を持ってはいなかった。さて、頭に傷を受けた雄ジカは、あたりをみまわして森の中へかけ去った。その時以来、彼は、頭に角は得たけれども火を失ってしまった。キツツキは、メンリ人にけっして自分を殺さぬことを誓わせた。なぜかといえば彼らに暖をとったり食べ物を焼いたりする火をもって来たからだ。それ以来キツツキは殺されることがなくなった。(1)

神話の別の物語では、火を盗み、あるいは発見したのはキツツキではなく、ココナッツザル(bĕrok)だとしている。一説によると、そのココナッツザルは、空に住み、雷を起こす神、カレイから、火の燃えさしを盗んだ。彼はそれを持ち帰り、大草原の草に火をつけた。たちまち、炎は燃えあがり、人々はそこから逃げ去った。あるものは河にとびこみ、いかだにのって下流へ流れていった。この人々が今日のマレー人である。残ったものは、山や森に逃げこんだが、逃げる時ぐずぐずしていたので火に追いつかれてしまい、髪の毛を焦がされてしまった。これが、マレー半島の小人族——正しくは、オラン・ウータン(サルの一種)として、知られており、彼らの髪は、逃げる時焦がされたために、ちぢれている——の先祖である。(2)

セマンの神話の別の伝承では、ココナッツザル(bĕrok)は、盗みより少しはましな方法で火を得たことになっている。彼の妻が、お産の陣痛のとき、妻にココナッツを与えたいと思った。そこで彼は、ココナッツをとってきて、それを割った。するとナッツの中から火が飛びだした。この火でもってココナッツザルは、大きな火をおこし、おかげでセマン族の髪はちぢれっ毛になってしまった(3)。

セマンの他の話によると、火は一人の英雄、チェパムペスによって、のこぎりで籐を切っている最中にみつけられたとしている(4)。

シャムのタイ（Thay 又は、Tai）族には、大洪水が、ヒョウタンの中に隠れたために助かった一人の少年と一人の少女のほか、すべての人類を滅ぼしてしまったという伝説がある。今日の全世界の住民は、すべて、この二人の子孫の血を引いているというのだ。大洪水が引いたあと、この二人から生まれた七人の少年たちには火がなかった。そこで彼らは、火をとってくるために、彼らのうち一人を空へ送ることに決めた。彼らの使者は天帝から火をもらったが、天国の門のところで、たいまつは消えてしまった。彼は宮殿の入口まで戻り、たいまつにふたたび火をつけた。しかし、二度目も失敗だった。三回目に、彼のたいまつに火はついたが、地上にもって帰る途中で、この火も消えてしまった。それゆえ、使者は地上に舞い戻り、その失敗を兄弟に報告した。彼らは、会合を開き、火をもらうための贈り物として、ヘビとフクロウをもっていくことに決定した。しかし、途中、フクロウは、最初の村でネズミをつかまえ、ヘビは、沼で、アマガエルを追いかけたりしてぐずぐずし、役目を果たすためにちっともまじめにならなかった。七人の兄弟はまたもや会合を開き、今度はアブを選んだ。アブは喜んで火をとってくる役目を引き受けたが、その仕事につく前に条件をもち出した。〝この仕事の報酬として、自分ののどの乾きを、水牛の腿《もも》の上と、子牛のやわらかい脚の上で、いやしたい〟とアブは言った。この申し出に、兄弟たちは、やむをえず同意した。アブが天に着くと天帝はたずねた。〝こなたの目はどこにある。また、耳は?〟。――というのは、タイ族はアブの目は、頭にあるのではなく、羽のつけ根にあると思っていて、また、この解剖学的奇妙さをどうやら天帝は知らないらしかった。ずるがしこいアブは答えた。〝わたしの目は皆の目と同じところですよ。耳もやはりそうです〟。〝それでは、何も見ないようにするには、こなたはどこを閉じるのか〟と天帝はたずねた。ずるいアブは答えた。〝たとえ目や耳がはたらかない水差しの中からでもわたしは何でも見通せます。けれど、わたしを、隙間のあるバスケットの中にいれてください。そうすれば、完全に、何も見えません〟。ひとのいい天帝は、アブを隙間のあるバスケットの中にいれた。そして、いつもの方法で、火を作る用意をした。バスケットの中に身を落ちつけたアブは、一部始終を観察した。そして、彼が天帝から受けとった火のたいまつが、地上へ戻る途中で消えてしまっても気にとめなかった。というのは、彼は、天帝が秘密にしていた火の作り方を持ち帰ったからである。

アブがもどって来ると兄弟たちの熱心な質問ぜめにあった。〝火はどこにあるのだ。火はどこなのだ〟。〝しずかに〟、アブは答えた。〝ノロの脚くらい細く、小エビのひげほどうすい木のかけらをとってきてください。その木に切れ目をつけて、その切れ目にひもをさしこむ。そして、そのまわりに、小ブタの巣のように、麻くずの山をつくりなさい。それからそのひもを両手で前後に、顔のところに煙があがってくるまで、勢いよく、ひきなさい〟。兄弟たちは、アブの言うことを正確に実行した。煙をひと吹きすると、火がふきだした。それで彼らは、食べ物を料理することができた。人々は、いまだに、このようにして火をつくり、アブはいまだに、のどの乾きを、水牛の腿の上と子牛のやわらかい脚の上で、うるおしている(5)。

この話での、バスケットの隙間からのぞくというアブの策略は、ニアス族の同種の話で男がやったものに似ている(6)。

ビルマのカチン族は言う。――昔、人類に火はなかった。彼らは食べ物を生《なま》のまま食べ、寒がりで、やせていた。しかし、イラワディの他の地方では、ウン・ルワ・マカムという霊(nat)が住んでおり、彼は、どんな種の木々――乾燥したのでも、緑色をした生のものでも――燃やしてしまう火の持ち主であった。〝わしらがほしいのはあれだ〟、人々はつぶやいた。そこで彼らは、カムサン・カムトイ・マカムをウン・ルワ・マカムのもとへ、火を借りにやった。カムサンは、いかだで河を渡り、やがて、ウン・ルワ・マカムのところへ着いた。〝偉大なる父よ。われわれは、とても寒い。われわれは、食べ物を生で食べている。だから、こんなにやせているのです。どうかあなたの火を下さい〟。精霊は答えた。〝おまえたち人間は、火の精を持つべきではない。彼は、おまえたちに多くの不幸を与えるだろう〟。しかし使者は懇願した。〝どうか、お慈悲を。われわれは、苦しんでいるのです〟。すると精霊は言った。〝わしは、おまえに、火の精を与えることはできないが、それを手に入れる方法をおしえよう。トゥという名の男とトフウという名の女に、二本の竹切れを一緒にこすらせるのだ。そうすれば火ができる〟。カムサンは、喜んで、彼を送った人間たちのところに戻った。この話をきいて、人々はすぐ、トゥという名の男とトフウという女を呼びにやり、そして、彼らは二本の竹片を一緒にこすった。すると、竹から火が生まれ、それ以来、人間は、火によって自分たちを暖め、食べ物を調理するようになった。(7)

中国には〝偉大な聖者が月と太陽の境界線の向こう側を歩いていた。その時、彼は、木とその木の上で、木をつついて、火をこさえている鳥をみた。聖者は、これでハッと気がつき、その木の枝をとって、そこから火を作りだした。そして、その時から、この偉大な人物はスイジン*と呼ばれるようになった〟という話がある。中国語のスイは、火を得る器械の意味を持つという。また、ムーセイという語は、回転の摩擦によって木から火を引き出す道具を意味する。そして、スイ＝ジン＝シェは、人間が使用するための火を作った、最初の人の名前と言われている。(8)それ以来、木の摩擦による火をおこす方法の発見は、中国では、一般的に木をつついて火を作りだした小鳥を観察した聖者のおかげと言われている。

〈訳注〉

＊スイジンは燧人でスイ＝ジン＝シェは燧人氏であるが、ムーセイというのは摩擦（北方音モウサア）の南方音のようだ。燧は火打ち道具の意味で、燧人氏は有史以前の一地方の部族の長と考えられている。はじめて星を仰いで火気を発見し、小鳥が樹木をつつくと火花が出るのを見て、木片を摩擦する発火の法を知った。それ以来人間は火食するようになったと中国の多くの古書にしるされている。

南シベリアのタタール人（Tartar）の火の発見の話はこうである。創造主、クダイが人を作り出した時、彼は人は裸だ、どのようにして寒さの中を生きていくか、火が、発見されるにちがいないと言った。さて、ウルゴンという男に、三人の娘がいた。彼らは火を作りもしなかったし、それが発見されるまで、何もしなかった。ある時、クダイがやってきた。彼のヒゲがたいそう長かったため、自分でそれを踏んでつまずいた。ウルゴンの三人の娘は、それを見てわらったので、クダイは怒って去った。だが、ウルゴンの三人の娘は、神のお言葉をきこうと、道端で待っていた。神は言った。〝ウルゴンの三人の娘はわしをあざけり笑った。彼らは、鋭い石と堅い鉄も発見していないのに〟。ウルゴンの娘たちは、それをきくと、鋭い石と堅い鉄をとってきて、それを打ち合わせて火を作った。(9)

北シベリアのヤクート族は語る。〝火の発見は、こうして起こった。――ある暑い夏の日、山々をさまよい歩く年老いた男が、こしかけて休んでいた。そして何もすることがないので、一つの石をもう一つの石にぶつけた。このぶつかりあいから火花が生じ、乾いた草を、次には乾いた小枝を燃えあがらせた。火は燃え広がり、人々は、この異常な怪異をみるために、あらゆるところから、走ってやってきた。火は広がるにつれてますます大きくはげしくなり、人々の恐怖をひきおこした。しかし幸いなことに豪雨のために消火した。それ以来、ヤクート族は火の作り方および消火の方法を学んだ(10)〟。

火の発見の全く異なった話は、南シベリアのブリヤート族によって語られる。彼らは、昔の人々は、火を知らなかったと言う。彼らは、食べ物を調理できなかったので、いつも空腹で寒がりだった。ツバメは、彼らをかわいそうに思い、彼らのために、天神テングリから、火を盗んだ。テングリは怒って、弓でツバメを射た。矢は彼の身体をそれたが尾に命中した。今なお、ツバメの尾が二つに割れているのはこういうわけだ。人々に、火をもたらしたのはこのツバメで、それ以来、人々は幸せになり、だからけっして、人々は、ツバメを傷つけようとはしない。同様の理由で、彼らの家の中にツバメが巣を作ると喜ぶのである(11)。

アッサムのナガ族であるセマ族は、まだ火を知らなかった時代の伝承を持っていて、そのころの人間たちは、身体を寒さから守るために、サルのような長い毛を持っていたと信じている。この種族に関する、非常に豊富で、価値のある報告をわれわれに提供してくれた、J・H・ハットン氏は、火がどのようにして発見されたかを話すことができるセマ族には、とうとう一人も会わなかったというが、彼らの隣人、チャン族は、それについてすべてを知っていた。彼らによれば、その発見はトラがツメの下の皮ヒモをひっぱって、火をおこすのを二人の女がすき見したからであった。(12)というのは、それまで人間は、そのトラの好意で、手に入れることのできる火にもっぱらたよっていたのだ。しかし、セマ族は、まだ、トラから習った方法で火を作っている。すなわちフォーク形の棒のあいだを、しなやかな竹の裂片で、前後に、するどく引く。(13)するとフォーク形の下においた、火口《ほくち》がいぶりはじめ、それから炎となって燃えあがるのだ。だが、他のナガ族によれば、火を作っていて女に見つかったのは、トラではなくて、サルだった。(14)

この神話の後者は、セマ族と北で境を接しているナガ族であるアオ族によって信じられている。ずっと遠い昔、火と水が戦った。火は、水に勝つことはできなかった。火は、逃げて、竹と石の中に隠れた。そこで、火は今でもそこにひそんでいる。しかし、いつかふたたび戦うであろう。そして、火は、全力の限りを尽くし、偉大なる火の神（モロミ）――昔の人々は、伝道師たちが上陸しないうちはずっと、この神について語っていた――がブラーフマプトラの岸辺から襲来して、地上のすべてを焼いてしまうだろう。しかし、最後にはやはり水が征服者となるであろう。というのは、大洪水が大火の後を追って、世界を永久に流し去ってしまうからだ。――さて、そのようにして、火が水から逃げ去った時、バッタを除いて、誰も、火の隠れ場所を知らなかった。大きなギラギラする目で、彼はすべてをみた。そして、火が石と竹の中に隠れるところも記憶した。当時、人間とサルは、同じように毛だらけだった。バッタは、サルに火の隠れ場所を教えた。サルは、竹の火おこしひもから火を作った。しかし人間は抜け目がなく、サルから火を盗んだのである。だから、今でもサルは火を持たず、身体を毛皮でおおって、自分自身を暖めなければならない。一方、人間は、火を手に入れ、もはや毛皮が不要になったので、それを脱ぎすててしまった。火が竹と石の中に隠れているから、アオ族は、今日までも、竹の火おこしひもと堅い石と鉄で火を作っているのである。火おこしひものやり方は、ナガのふつうの火のおこし方である。乾いた棒の先は割れており、石は棒のまたの中にさしはさまれる。手ごろなかんなくずや綿花を含む火口は地上におかれ、先の割れた棒はその上にしっかりと、その根元をささえられている。使い手は、分かれたほうを下にして、竹の火おこしひもを摩擦させ、他方の手でそのひもの端を持って前後に激しく引っぱる。まもなく、火口に火がつく。(15)

このアオの物語の中で、火と水の戦いは、前出のオングトング・ジャワや、ギルバート島、あるいは、セレベスのトラジャの原住民たちが話してくれた神話(16)と類似点がみいだされる。そして、サカラバ人やマダガスカルのツィミヘティ人によって語られる神話の中にも、同じ類似点に出会うであろう。(17)

代々世襲の鍛冶屋と言われているバロチスタンのロリ人は、火をダビデへの神のたまものとして特殊な尊敬を払っている。すなわちダビデが鉄を溶かす方法を神にたずねた時、神がそれを煉獄《れんごく》の火からつくり出したものであった。彼らはいま、火を、火打ち石と鋼によって作っている。(18)

セイロンでは、青黒い、ツバメのような尾をもつヒタキ（Kawudu panikka）とその不倶《ふぐ》戴天《たいてん》の敵、カラスに関する話が行きわたっている。ヒタキは老いたるプロメテウスのように、人間たちのために天から火を持ってきたのだった。その名誉をねたんだカラスは、そのつばさを水の中につけ、炎の上でそれをふるわせ、水をしたたり落として、火を消してしまった。この時以来、この鳥たちの間に、決定的な不和が生じてしまったのだ。(19)

〈原注〉

1　Paul Schebesta, *Among the Forest Dwarfs of Malaya* (London N. D.) p. 274-. なお、"Religiöse Anschauungen der Semang" *Archiv für Religionswissenschaft*, xxv. (1927) p. 16 参照。

2　ibid. p. 89. なお、セマン族の最高神である雷神カレイについては、同書 p. 47, 83, 163-, 198-, 276, 280 を見よ。

3 ibid., p. 216-.
4 ibid., p. 239.
5 A. Bourlet, "Les Thay" *Anthropos*, ii. (1907) p. 921-924.
6 本書一五〇―一五一ページ参照。
7 Ch. Gilhodes, "Mythologie et Religion des Katchins (Birmanie)" *Antropos*, iii. (1908) p. 689-.
8 (Sir) Edward B. Tylor, op. cit. (1878) p. 254.
9 W. Radloff, *Proben der Volksliteratur der türkischen Stämme Süd-Sibiriens*, i. (St. Petersburg 1866) p. 285-.
10 C. Fillingham Coxwell, *Siberian and other Folk-tales* (London, N. D.) p. 285 referring to *The Living Past*, 1891, p. 70 (a periodical of the Imperial Russian Geographical Society).
11 Garma Sandschejew, "Weltanschauung und Schamanismus der Alaren-Burjaten," *Anthropos* xiii. (1928) p. 970.
12 J. H. Hutton, *The Sema Nagas* (London 1921) p. 43.
13 ibid., p. 42.
14 ibid., p. 43. note 1.
15 J. P. Mills, *The Ao Nagas* (London 1926) p. 100-101.
16 本書八八、一三九、一四九ページ参照。
17 なお本書一七〇ページ以降を見られたし。
18 Denys Bray, *Ethnographic Survey of Baluchistan* (Bombay 1913) i. 139.
19 "The Folklore of Ceylon Birds," *Nature* xxxvi. (1887) p. 381.

第九章　マダガスカル

北西マダガスカル州アナララバに住むサカラバとツィミヘティ族は、その状況をはっきり説明する。すなわち、火は木や石の中にしまいこまれていて、それらは摩擦や衝撃によって引き出されるというのだ。

以前、火はどこにでもあった。太陽が人々を守るためにくれたからだ。いわば、火は太陽の兵隊だから、ここ地上では何ものもこれに勝つことができない。そこで、火は、自分の力を誇りとし、また、猛烈でもあった。

天空では〝雷〟が絶対の支配者であった。夏、午後になるといつも雷が轟《とどろ》きわたる。火は空に聞こえるすごい音響にびっくりして言う。〝いったい、何ものだ。こんなに恐ろしくわめきたてている者は。とても強いやつに違いない。それならわれわれは、あいつらと戦うことを知らせる使者を送ろう〟。

一人の使者が送られた。おごり高ぶる〝雷〟はカンカンに怒って答えた。〝いまだかつて、わしは喧嘩《けんか》などしかけたり、相手を傷つけたりしたことはない。ただ、気晴らしにピカピカ光ったりゴロゴロ鳴っているだけなのだ。だが、わしのなわばりのこの空中で、わしに挑戦するというのなら、応じよう。おたがい存分にやろうじゃないか。こいつはすごい戦いになるぞ〟。

日と時間が決められた。場所は山の頂上の台地、当日、炎たちはそこに集まり、もうもうと黒煙を上げ、ごうごうと唸《うな》りを上げて荒れ狂い、雷もまた、あらんかぎり吠え狂った。日はまだ明るかったが、稲妻はものすごく、虹のすべての色――青、赤、緑、紫などの色を発した。雷鳴は耳を聾《ろう》せんばかり。〝雷〟は三度も落ちて炎たちをけちらしたが、消すことはできなかった。逆に、炎はぶつかり合ったためさらに力が強くなり、元気を取り戻した巨人のようになって反撃した。ついに、両者は疲れきって休戦し、傷をいやし、損害を回復することにした。

二、三日後、また、同じように激しく戦った。炎たちはしだいにおとろえ、雷もひどい状態になってしまったが、まだ勝負は決まらなかった。

〝雷〟は今はもう全く怒ってしまった。〝いったい、どうしたら勝てるのだろう〟。彼は昔の友人の雲たちのことを思い浮かべた。彼は彼らをよび集め熱心に助力を求めた。雲は助力を約束した。そこで〝雷〟は炎たちに挑戦し、前に彼らが戦ったあの台地を戦場に決めた。

当日、大きな黒雲たちが空の四隅からやって来るのが見られた。雷は雲のうしろに隠れ、時々低くゴロゴロと鳴った。炎たちは最初、雲たちが不気味に上空にたれこめてきた奇妙な光景にひるんだが、勇敢な彼らは、両の手に勇気を取り戻すと、攻撃の態勢に入った。炎たちは集まり合い、空の敵と組み打ちしようとごうごうと燃えさかった。だが、雷は慎重にしたほうが本当の勇気と考え、雲の背後に隠れ、稲妻を発し、自分の姿を敵に見せなかった。一方、雲は炎たちのすぐ上空に来るやいなや水の口を開き、敵の頭上にあらんかぎりの水を落とした。

さて、こうなると炎たちにとっては最悪の事態だ。まず、王が逃げると部下は自然に彼に従った。命令により軍人たちは山の内部に安全な避難場所をさがし、そこにとどまり今日に至っている。だが、彼らは時々割れ目から姿を見せる。それはいくつかの山の頂上に彼ら自身の力であけたものだ。これが火山のはじまりである。兵隊たちはと言えば、彼らは木、鉄、硬い石など、じつにさまざまの物の中に隠れてしまった。乾いた棒を別の棒にすり合わせると火が出、火打ち石と鉄を叩き合わせると火花がとぶのはこのためである。サカラバとツィミヘティによれば、これが煮炊《にた》きするために作られた火の起原なのである。(1)

〈原注〉

1 A. Dandouau, *Contes Populaires des Sakalava et des Tsimihety* (Arger 1922) p. 110–112. サカラバ族は錐もみ式の方法で火をつくる。それは Urena Lobata (Linnaeus) の二つの木片である。錐、ま

たは上の部分は雄《おす》とよばれ下の部分または板は雌《めす》と呼ばれる。同書一三六ページ参照。

第十章　アフリカ

1

アフリカ南西部のベルグダマ族――より一般的な言い方では、ベルグダマラ族――によれば、火がまだなかったころ、非常に寒かった時が地上にあった。その時、男は妻に言った。〝わしは今夜川を横切って、ライオンの村から燃え木を持ってくるつもりだ〟。妻は行かないようにと言ったが、男は言うことを聞かず川を横切り、ライオンの小屋に入った。ライオンはパチパチとはねる火を囲んで妻と子供たちと一緒に坐っていた。子供たちは人間の骨をかじっていた。

男は戸の反対側、火のうしろ側の客用の席に案内された。だが、彼は実のところ燃え木を持って飛び出せるように入口の所にいたかったのだ。話をしながら彼はだんだんと横へにじり、戸の近くに坐り、よさそうな燃え木に目をやった。突然、飛び上がって、片手でライオンの子供たちを火の中に突きとばし、もう一方で、火をわしづかみにしてその家を飛び出した。
ライオンの夫婦はとびあがり、すぐに彼を追おうとしたが、それよりもまず子供たちを助けねばならなかった。どろぼうにとってはまったくいい都合で、追手たちが土堤に着いた時、彼はすでに向こう岸に着いていた。彼らは怖れて流れに飛びこめなかったので、追跡をあきらめた。盗人は燃え木を小屋に持ち帰って、種々な木を集めた。彼は火をつけながら言った。〝火よ。おまえはこれからあらゆる木の中にいるようになれ〟。その夜から人間は自分の火を持つようになったのである。今日、ベルグダマはマッチで火をつけるが、必要な時、木をすり合わせて火を得る。彼らは火をおこすのに火おこし錐を使う。彼らはその硬木の穴あけ器を雄とよび、平たい板木を雌とよんでいる。[1]
デラゴア湾近くに居住地をもっている、南東アフリカ種族のトンガは、最初の人類の男の祖先にリラフンバという名を与えている。その名前は〝光る燃えかすを貝殻に入れてもって来た者〟という意味である。[2]その名の意味はフレングウェ一族に伝わる話で明らかにされている。彼らの最初の王シャオケは、ソノ一族に属する別の首長の娘を妻にした。ソノ一族は食べ物を料理する方法を知っていたが、フレングウェ一族は知らなかった。というのは、まだ、火について無知であったので、かゆ《ポリッジ》を生《なま》のまま食べていた。そこで、シャオケ王の息子はソノから燃え木を盗み大きな貝殻に入れて持ち帰った。ソノ一族は怒り、フレングウェ一族に戦争をしかけたが、フレングウェ一族は料理した食べ物を食べたために強くなり、その戦いに勝った。シャオケ王の息子は、その時シオキ・シヤ・フンバと名づけられた。〝貝殻に入れて火をもたらす者〟という意味である。(3) このことからわれわれは、彼らが人類の最初の祖先は、貝殻に入れて最初の火をはこび、あるいは盗んだと考えていると推論してもよかろう。だが、誰から彼が火を借りたのか、盗んだのかははっきりしていない。

北ローデシアのバイラという種族には、神からメーソンワスプ（ハチの名）がどうして火を持って来たのかという話が伝わっている。彼らによれば、以前、バルチュア（コンドル）、フィッシュイーグル（魚ワシ）とクロウ（カラス）には火がなかった。地上には火がなかったからである。そこで、火が必要になった時、鳥たちは集まり、どこから火を持ってこようかと相談した。何羽かの鳥は〝神からがいい〟と言った。そこで、メーソンワスプは進み出て言った。〝誰がわたしと一緒に行ってくれるのかね〟。バルチュアは答えた。〝わたしとフィッシュイーグルとクロウが行きましょう〟。

翌日、他の鳥たちに別れを告げて言った。〝では神からうまく火が手に入れられるかどうかを見に行く〟。彼らが飛び立ち十日も旅をした時、地べたに何本かの小さい骨が落ちてきた。それはバルチュアであった。また少したつと、別の小さい骨が落ちてきた。フィッシュイーグルだった。そしてメーソンワスプとクロウだけになってしまった。また十日たったころ、また別の小さい骨が落ちてきた。それはクロウだった。とうとう、メーソンワスプひとりぼっち。つぎの十日がすぎたころ、メーソンワスプは雲の上で休みながらなお旅を続けていた。しかし、どうしても空の頂上には着けなかった。

神がこのことを聞くと、すぐメーソンワスプの所へやって来た。メーソンワスプは神の問いに答えて、〝いいえ、神さま、わたしは特にどこかに行きたいというわけではありません。ただ、少しばかり火がほしいのです。仲間は途中でだめになってしまいましたが、わたしは辛抱して飛び続けたのです。最高の神さまがいらっしゃる所にぜひ行こうと決めたものですから〟。〝メーソンワスプよ〟と神は言った。〝おまえはその神の所に着いたのだ。おまえを鳥と爬虫類の王にしてやろう、さあ、おまえに祝福を与える。おまえはもう子をもうける必要はない、子供がほしければ穀物の茎の中をさがすがよい、ゴングアという名の昆虫が見つかるだろう。見つかったら、それをつれてうちへ帰るのだ。家に着いたら、人々が料理する火のある所をさがしだし、子供のゴングアの住居をそこに建てろ。建て終わったら、彼を中に入れて、住まわせるのだ。何日かたったら、ちょっと行って見るだけにしろ、そうすれば、いつか子供の姿が変わり、おまえに似た姿となっているからな〟。こうしてメーソンワスプは今日[4]、われわれが見るとおりだ。神に指示されたとおり、かまどをさがして、家を作っている。

この話を説明するに当たって、それを記録した作家は次のように書いている。〝あい色の翼、黄色の腹、黒やオレンジ色の足のバイラのプロメテウス――メーソンワスプは中央アフリカにはざらにいる。説話がしめすようなかまどのところだけでなく（これはまったくめいわくしごくだが）家の中の壁とか、本とか、絵などの上にも泥のすみかを作る。その中にそれは卵を生みつけ、ほかの虫の幼虫といっしょに封じこめる。それからまた別のすみかを作り、とうとう壁いっぱいに大きななかが見えない泥のかたまりがのこされてしまう。卵が孵化《ふか》すると、子供は親虫が自由を奪っておいた生きたままのほかの昆虫を食べる。ここに原住民の観察がどのくらい正確であるかについての面白い実例があるが、それは取り上げないことにする。というのは、彼らは必ずしもすべての事実を注意して見ているわけではないから、それから引き出した結論はまちがっているという理由からである。彼らはゴングアがメーソンワスプに変わったと想像している。この説話はその家庭の火を説明すると同じようになぜそうなるのかを説明すべきなのだ〟[5]。

バルバはコンゴの南の流域地帯に広く領土を占めている種族、もしくは、民族である。彼らは火おこし錐を使って火を作る。大精霊、すなわちカベチャ・ムプングが最初の人間を作り出した時――彼らはその人間をキョンバと言っている――彼は自分の髪にすべての植物の種をつけ、手には木と火口《ほくち》を握り、それをもとにして火を作り、食べ物を料理する方法を人間に教えた[6]。

コンゴ峡谷の南にあるサンクル川とカサイ川の間に居住地をもつバクバ、もしくは、ブションゴは――これは種族というよりむしろ民族だが――昔、彼らの祖先が稲妻によっておこされた大火から火を得たが、自分たちで作り出すことは知らなかった、という伝説をもっている。しかしながら、ムチュ・ムシャンガという彼らの王の一人が統治していた時、ケリケリという男がいた。彼が火を作り出す技術を生み出したという。ブンバ――ブションゴでは、その名は神を意味する――はある夜、ケリケリの夢枕に現われ、ある道を行き、ある木の枝を折り、大事にそれを保存しておくように言った。彼は言われたとおりにした。枝が完全に乾ききった時、ブンバは夢にふたたび現われ、よく命じたとおりにしたと言って、今度はこすり合わせて火を作る方法を彼に教えた。ケリケリはそれを誰にも言わなかった。村じゅうの火がたまたま消えてしまった時、ケリケリは高い値で近所の人々に火を売った。皆は――賢い者も、愚かな者も――その秘密を知ろうとしたがだめだった。さて、ムチュ・ムシャンガという王にはカテンゲという美しい娘がいた。彼は娘に言った。〝もしおまえがこの男の秘密を見つけてくれたらおまえを礼遇し、男のように兄たちの間に坐らせてやろう〟。美しい王女はケリケリに近づき、ケリケリは激しく彼女を愛するようになった。彼女は愛されているのを認めると、村じゅうの火を消してしまうように命じ、召使をケリケリの家にやり、今夜彼の家で会いたいと告げさせた。世界がまったく寝静まってしまうと彼女は家を抜け出てそっとケリケリの家に行き、戸を叩いた。その夜はとても暗かった。ケリケリが戸を開き、彼女が中に入った。彼女は黙って坐り続けた。〝なぜそんなに黙っているのですか〟と恋人は尋ねた。〝わたしを愛していないのですか〟。すると、

〝どうしてわたしが愛なんて考えられましょう、あなたの家にいてこんなにふるえているのに〟と彼女は答えた。〝あなたの顔が見られるように、火を持ってきてください、きっとわたしの心があつくなるでしょう〟。ケリケリは隣の家から火をもらおうと走って行ったが、王女の命令どおり近所の人たちは火を全部消してしまっていたので、ケリケリは手ぶらで帰って来なければならなかった。彼は彼女に愛してくれるようにと頼んだがむだだった。彼女は火をつけてくれるようにと言い張った。ついに彼はあきらめ、火をおこす棒を持ってきて、彼女の前でそれを使って火をつけた。彼女は注意深く見まもっていたが、とうとう笑い出して言った。〝王の娘であるわたしがおまえなどを愛するなんて思っているの。わたしが見つけようと思ったのはおまえの秘密。もう火はついた。おまえは女どれいを手に入れ、火を消させるといい〟そして彼女は立ち上がり家から逃げ出し彼女の発見を村じゅうにふれ回った。それから彼女は父に言った。〝権力のある王が失敗していたのにりこうな女が成功した〟。――これが火づくりの起原であり、これがブションゴにおけるカテンゲという役割の起原なのである。というのは、今日に至るまで最高級の地位にある相談役の中には、とりわけ重要な女がおり、カテンゲの称号を保持している。平和な時、彼女は装飾として弓のつるをくびのまわりにかけ、国が危険に瀕した時、彼女はそれをはずし、軍の指揮官に手渡す。それを持って彼は出撃し敵を破るのだ[7]。

火の起原に関して別の話がある。それはサンクル川とカサイ川の北にある土地の種族、バソンゴ・メノ族に伝わるものである。彼らは長い間、ブションゴと親縁関係にあった。はるか昔から、彼らはラフィアの葉脈で釣具を作っていた。ある日、しかけを作っていた時、ある男が葉脈の片端に孔をあけているうちに火が出た。それ以来、必要な時にはいつもそのようにして火は作られるようになった。ラフィアの葉を栽培する大きな農場は、いまでも火おこし棒や織物の時に使う道具を供給する人々によって維持されている。(8)

北部コンゴの種族、ボロキ、または、バンガラ族には、この世ができたころ、火を手に入れようとしたが失敗に終わったという話が伝わっている。彼らによれば、空にすべての鳥や動物が住んでいた時代があったという。ある日、非常に雨が降り、たいへん寒かったので、すべての鳥や獣はふるえていた。そこで、鳥は犬に、〝暖まれるように下に行って火を持って来てくれ〟と言った。犬は下りて行ったが、地上にころがっているたくさんの魚の骨を見つけると、ふるえている鳥に火を持って行くのを忘れてしまった。鳥や獣はしばらく待ったが、犬は現われなかったので、彼らは犬に、火を持って早く戻ってくるようにと、鶏を使いに出した。しかし、鶏が地上に着いて、ココナッツの葉、ピーナッツ、トウモロコシ、その他のうまそうなものを見るとたちまち、ずぼらな犬をせかすことも、天にいる仲間の所に自分で火を持って戻ることもめんどうくさくなった。夕方になると、ンシュシュ・アケンデ・ボンボー！　ンシュシュ・アケンデ・ボンボー！　と鳴いている小鳥がいるのはこのためである。その声は〝鶏がどれいになった、鶏がどれいになった〟とという意味である。アオサギは時々、村の近くの木にとまり、ムバオワ！　ムバオワ！　と鳴く。それは、〝犬め、死んでしまえ、犬め、死んでしまえ〟という意味である。これらの鳥が犬や鶏をひやかしたり、侮辱したりする理由は、友だちを寒い中にほったらかしにして自分たちは暖まりたくさん食べていい目をみていたからだ。(9)

低コンゴの種族、バコンゴ族によれば、火は稲妻によって最初、もたらされたのだ。稲妻は木に落ち、そして、その木に火をつけたからだという。火を作り出す方法に関しては、火は最初木をこすり合わせることによって作られ、後に火打ち石と鉄とを打ち合わせて作られたと断言している。また、こういう話もある。以前地上には火がなかったので一人の男がジャッカル——そのころ、この動物はおとなしく、村に住んでいた——に火を持ってこさせるために、陽が沈む所に送った。だが、ジャッカルは多くのごちそうを見つけたので、二度とふたたび人間のいる所には帰ってこなかった。彼らどうしの話すのを聞けば北のさらにずっと遠くに、火のことは何も知らないで食べ物を生のまま食べている種族がいるということだ。だが、彼ら自身はそんな種族を見たこともない。夕方、火を囲んで話し合っている時、その種族のことについて聞き知ったにすぎない。(10)

ロアンゴには、昔、クモが長い糸を出した。そして、風が片方の端を空にまで運んだ。その時、キツツキがその糸をつたわり天空に着き、そこにわれわれが星と呼ぶ孔を作ったのだ。キツツキのあとに、人間が糸をつたって空に登っていき、火を持ってきたのだ——

という話がある。だが、また空から赤々と輝く涙が落ちて来た場所に人間は火を見つけたのだという話もある。(11)

カメルーンの国境にある南ナイジェリアのエコイ族によれば、この世が始まるにあたって、空の神、オバッシイ・オサウはすべてのものを作ったが、人間には火をくれなかった。エティム・ネは〝足なえ小僧〟に言った。〝オバッシイが火をくれずにわれわれをここに送ったのはどういうわけだろう、行って火をくれるように頼んでみてくれ〟。そこで〝足なえ小僧〟は出発した。

彼が伝言を伝えると、オバッシイは非常に怒り、少年を追いかえし、エティム・ネに自分の怒りを伝えさせた。当時、〝足なえ小僧〟は足が悪くはなかった。彼はごく普通に歩けたのである。エティム・ネはオバッシイを怒らせてしまったと聞くと、今度は、自分で彼の所へ行き、そして、言った。〝昨日の罪をお許しください、あんなことをするつもりはなかったのです〟。三日間そこにいて許しを乞うたけれども、オバッシイは彼を許そうとしなかった。そこで彼は家に帰った。

エティム・ネが町に着くと、少年は彼を笑った。〝それでもあなたは首長なのですか、しかも、火をもらってこられなかったとは。ぼくが行ってもらってくるよ。もしくれなかったら盗んでくる〟。その日のうちに少年は出発した。夕方、オバッシイの家に着くと、人々が食事の準備をしているのを見て、彼は手伝った。オバッシイが食べはじめると、少年は食事がすむまでひざまずいていた。主人は少年が役に立ちそうだと思ったので家から追い出そうとはしなかった。何日か彼が仕えた時、オバッシイは彼を呼んで言った。〝妻の家に行って、ランプをくれるように伝えてくれ〟。少年は命じられると喜んででかけた。〝妻というのは、火は女たちの家の中にあったからである。彼はじっとおとなしくランプが与えられるまで待った。与えられると全速力でもち帰った。彼が召使たちの間に何日もすごした後、オバッシイは彼をふたたび使いに出した。今度は、妻の一人が言った。〝火でランプに灯をつけなさい〟。そう言うと彼女は家の中に入り、彼一人になった。彼は燃え木を取るとランプに灯をつけ、オオバコの葉でその燃え木を包み、着物で固くくくり、主人の所へランプを運んだ。〝ちょっと用事があって出かけたいのですが〟と少年が言うと、オバッシイはよいと答えた。少年は乾いた木のある、町の外側のやぶの所へ行った。彼は燃え木をやぶの中にさしこみ火がつくまで吹いた。それから、彼は煙を隠すためオオバコの茎と葉で包んだ。それから、彼は戻った。オバッシイが、〝どうしてこんなにかかったんだ〟とたずねると、少年は答えた。〝気分が悪かったのです〟。

その夜、少年はみなが寝静まると、着物をまとめ、火が隠されている町外れにそっと行った。まだ燃えていた。燃え木と何本かの木をつかむと家に向けて出発した。彼はふたたび地上に戻ると、エティム・ネの所に行った。〝約束したとおり、ここに火があります、木を取りに誰かをやってください。われわれがしなければならないことをやって見せますから〟。

こうして、最初の火が地上にもたらされたのである。オバッシイ・オサウは空の自分の家から下を見下すと煙が昇ってくるのが見えた。そこで彼は、長男のアクパン・オバッシイに言った。〝行って、火を盗んだのはあいつかどうか調べて来い〟。アクパンは地上に下りて父に言われたとおりにした。少年は白状した。〝火を盗んだのはわたしです〟。するとアクパンは、言った、〝おまえに言うことがある。今まで、おまえは歩くことができたが、もう今日からはできないぞ〟。〝足なえ小僧〟が歩けなくなったのはこのためである。天空のオバッシイの家から地上に火をもたらしたのは彼であった。[12]

〈原注〉

1　H. Vedder, *Die Bergdama* (Hamburg 1923) i. 20-22.

2　Henri A. Junod, *The Life of a South African Tribe*, Second Edition (London 1927) i. 21. トンガは錐もみ式で火をつくる。そのためにアオイ科の一種であるブロロという木を用いる。操作の方法はつぎのとおり。〝（まず）厚さ半インチから一インチぐらいの乾いた枝が準備され、それが長さ一八インチぐらいの二つの木片に切りとられる。その一つが妻（nsati）一つが夫（nuna）と呼ばれる。女性の部分が地面に横にされ、ナイフでそれにきざみ孔がつくられる。孔はまずは上の平面に、次に側面に、と二か所あけられる。――男の部分はいくらか丸味をつけられ垂直に女のきざみ目に挿入され、（操作者の）両手のてのひらでしっかりおさえささえられる。それから早い手の運動でてっぺんから下まで回転させる。操作者の手が男の下端までいくと、すぐまた上からくりかえす。こうして摩擦は間断なくつづけられ、この運動のために女性のわれ目がある程度ひろくなって、男がしだいに中にさしこまれ、火が燃え出す。灰は横のきざみ孔から出て来る。そこにおかれたかわいたちいさな草がいぶりはじめる。熟練者はわずか六、七回の継続的な摩擦で火をつくる。ブロロを使う時はなおさらだ〟。

3 Henri A. Junod, ibid, i. 24.

4 Edwin W. Smith and Andrew Murray Dale, *The Ila-speaking Peoples of Northern Rhodesia* (London 1920) ii. 345-.

5 ibid., ii. 346-.

6 Colle, *Les Baluba*, i. (Brussels 1913) p. 102.

7 E. Torday et T. A. Joyce, *Les Bushongo* (Brussels 1910) p. 236-.; E. Torday, *Camp and Tramp in Africa Wilds* (London 1913) p. 292-297.

8 E. Torday et T. A. Joyce, op. cit., p. 275-.

9 John H. Weeks, *Among Congo Cannibals* (London 1913) p. 209.

10 John H. Weeks, "Notes on Some Customs of the Lower Congo People." *Folk-lore*, xx. (1909) p. 475. 476; id., *Among the Primitive Bakongo* (London 1914) p. 292-.

11 *Die Loango-Expedition*, iii. 2, von E. Pechuël-Loesche (Stuttgart 1907) p. 135.

12 P. Amaury Talbot, *In the Shadow of the Bush* (London 1912) p. 370-.

2

アルバート湖の北西にある中央アフリカの種族、レンドゥ族はつぎのような伝説をもっている。彼らの祖先が北の平原から現在の居住地に移住し、到着した時に、その地方を支配していた小人族を見つけた。小人族は侵入者の到着する前に退避してしまう。レンドゥ族はもと、彼らがいた所から火を一緒に持ってきたが、小人族は火の使い方を知らなかったので、火にあたって身体を暖めたり、食べ物を生のまま食べず、料理したりしている彼らをうらやましそうに見た。ある夜、小人は火を盗み、森の中で自分たちも使おうと思って火をつけた。彼らはまた南の方からその国に入って来たワッソンゴラ族——彼らも火を知らなかった——にも火を伝えた⑴。

英領東アフリカのキクユ族には、火の起原に関して、次のような話が伝わっている。ある男が作物を荒らしていたヤマアラシを退治しようと思って、近所の人から槍を借りた。彼は畑の中でじっと待っていて、ついにヤマアラシを槍でさした。しかし、ヤマアラシは少しけがをしただけだった。身体に槍をつけたまま逃げ去り、穴の中に入り、見えなくなってしまった。しかたなく、その男は槍を貸してくれた人の所に行き、槍がなくなってしまったことを告げた。すると、その人はその槍を返してくれるようにと迫った。彼は新しい槍を買って、失った槍のかわりにしてくれと言ったが、その人は承知せず、失った槍を返してくれるようにと言い張った。そこで、槍を取り返すために、彼はヤマアラシの穴にもぐりこんでみると、驚いたことに、多くの人が火で食べ物を料理しているではないか。彼らは彼が何を望んでいるのかと聞いたので、男はここに来た理由を語った。すると彼らは食事を共にするようにと勧めた。だが、彼は怖かったので、槍をもらって行かなければならないと言った。その槍がそこにおかれているのを見たからだ。彼らは彼を引き留めようとはせず、ムガムの木の根を登って行くようにと言った。その根は深くその大きな洞穴まで入りこんでいたのだ。彼らは彼がすぐに地上に出られるだろうと言い、その上火までもたせてくれた。そこで彼は槍と火を持ち、言われたとおりに行くと地上に出た。このようにして、火は人間にもたらされたのだという。それまでは、人間たちは食べ物を生で食べていたのである。彼が仲間の所に帰ると、その槍を持ち主に返して言った。〝あなたの槍をとりかえすためわたしはたいへんな苦労をした。もしあなたがこの火が欲しかったら火は、目の前で煙になっていくのだから煙を登らなければならない。そしてその火をまたわたしに返してくれ〟。槍の持ち主は煙をのぼっていこうとしたがだめだった。その時、年長者たちがやって来て、中に入って言った。〝つぎのようにきめたらどうだ。火はみんなのためのものでなけりゃならん。おまえが火を持って来た。おまえがわれわれの首長になるのが当然だ〟。この話の中でふれた地下の世界はミリ＝ヤ＝ミケオンゴイと言われて

いる。(2)

東アフリカの大きな山、キリマンジャロに住むワチャッガ族も、昔、火を知らなかったと人々は言っている。それで彼らは食べ物を生のまま食べねばならなかった。バナナさえまるでヒヒのように食べていたのだ。しかし、ある日、若者たちがいつものように草地へ雌牛を追い、牛と一緒に食事をした。そこで彼らは矢を切り出して遊んでいた。彼らのうちの一人が矢を丸太の上にまっすぐに立て、両手でその矢を回した。すると矢が熱くなったので彼は仲間に言った。〝誰が、こいつを叩いたんだ〟。仲間がやってくると、彼はその矢の熱くなった先を彼らにあてた、彼らは悲鳴をあげて逃げだした。彼はもっと熱くしようと思い、それをいっそう強く回した。そしてまた彼らにあてた。だが、今度は、彼らは〝もっと熱くしてみよう〟と言って、彼を手伝った。彼らはいっしょうけんめい回した。するとどうだろう、矢の先から煙が出、その下にあった乾いた草がくすぶりはじめたのである。若者たちはもっと煙を立てようとさらに草を運んだ。そのうちに火が燃え上がってくるのを見て、彼らは息をのんだ。まもなく、燃えさかる炎は、ウォーウォーウォーという音を出しながら草を燃やし、やぶを焼き、まるでつむじ風が通っていくようであった。近くの人々は一緒に走ってきて、それを見て叫んだ、〝こんなあやしいものをわれわれの所へ持ってきたのは誰だろう〟。彼らは若者たちを見つけて叫んだ、〝こんなあやしいものをどこから持って来たのだ〟。彼らは非常に怒ったので、若者たちはこわくなった。若者たちは棒をとって、それを回し、もう一度火をおこして見せた。大人たちは叫んだ、〝なんてえやつらだ。わしらの草や木を食べてしまうものを持って来やがって〟。

しかし、彼らは若者たちが灰の中から食べ物をさがし出した時、その火が役に立つものだと知ったのだ。はじめに若者たちが言った。〝見ろや、おれたちの食べ物はウォーウォーのためにだめになってしまった〟。彼らは火がはじめにウォーウォーという音を出したので火をそのように呼んだ。だが、腹が空いていたので、彼らはその焼けたバナナをかんだ時、前よりずっとよい味がするのに気がついた。そこで、彼らはもう一度火をおこしバナナを焼いてみると、バナナはずっと甘くなっていた。まわりの人々はみな、ウォーウォー（火）を家に持ち帰り、食べ物を焼いた。

それから客が来て彼らのうまい食べ物を食べると、いつもきいた。〝どうやってこれを作るのか〟。そこで、彼らは火を客に見せ、客は家に帰って、火が買える品物を持って来るのであった。誰かがその男に会い、ヤギを連れてどこに行くのかと聞くと、彼はこう答える。〝ウォーウォーを手に入れるため、魔法使いのウォーウォーの所へ行くのだ〟。このようにして、多くの人がやってきては火を買って、あらゆる土地にそれを広めたのだ。柔らかい木を彼らはキポンゴロと言い、彼らが回した棒をオビトと言う。この二本の棒を、彼らはいつも小屋のゆかに準備しておく。というのは、〝人々を閉じこめてしまうような長い夜がきたら、誰も隣から火を持ってこられないからだ〟(3)。

白ナイル川の種族、シルック族によると、火は大精霊（パンジオク）の土地からもたらされたのだという。昔、誰も火について知らない時代があった。人々は食べ物を陽にさらし、暖めていた。陽で暖められた食べ物の上の方は男が食べ、暖まっていない下の方を女が食べた。だがある日、大精霊の地で火に焼かれたひと切れの肉を犬が盗んで、彼らの所へ持ってきた。シルック族はそれを食べてみると、生の肉よりはずっとおいしいことを知った。そこで、彼らは火を手に入れようと、犬の尾に乾いたワラを結びつけ、大精霊のいる所へやった。犬はそこにつくと、いつものように灰の山でころげまわった。すると、尾のワラに灰の中に残っていた火がついた。苦しくて、キャンキャン吠えながら犬はシルック族の土地にもがきながら戻ってきた。そして、苦痛をやわらげようと、乾いた草の中をころげ回った。だが、今度は草に火がついた。そこから起こった火事からシルック族は火を得た。それ以来、彼らは火のある灰の山をなくさないようにしている(4)。

〈原注〉

1 Franz Stuhlmann, *Mit Emin Pascha ins Herz von Afrika* (Berlin 1894) p. 464-.
2 C. W. Hobley, *Bantu Beliefs and Magic* (London 1922) p. 264-.
3 Bruno Gutmann, *Volksbuch des Wadschagga* (Leipzig 1914) p. 159-.
4 W. Hofmayr, *Die Schilluk* (St. Gabriel, Mödling bei Wien 1925) p. 366.

第十一章　南アメリカ

パラグアイ・チャコのレングア・インディアンは火の起原についてつぎのように言っている。昔、人々は火を作ることができなかったので、食べ物を生《なま》のまま食べなければならなかった。ある日、一人のインディアンは狩りに行ったが、午前中は何も捕えられなかった。昼になった時、空腹に堪えられず、彼は何匹かカタツムリを捕えようと思って湿地帯に行った。カタツムリを食べていた時、くちばしにカタツムリをくわえて湿地から飛び立っていく鳥にひどく心がひきつけられた。少し離れた大きな木の近くに、その獲物を置いているらしかった。鳥は湿地に戻ると、また、カタツムリを捕えて巣に戻っていく。鳥はこれを何回もくり返した。そのインディアンは鳥がカタツムリを置いた所からひとすじの細い煙が立ち昇っているのに気がついた。好奇心にかられた彼は、鳥が次に飛び去った時、用心深く、煙が昇っている所へ近づいた。そこに、彼は先端をつき合せた――両端がまっ赤になり、熱を出している――たくさんの棒を見つけた。もっと近くに寄ってみると、何匹かのカタツムリが棒にくっつけておかれているのが見えた。空腹だったので彼はその料理されたカタツムリを食べるとたいへんうまい。そこで彼はもうけっして生のままカタツムリを食うまいと決心した。

そこで彼は何本かの棒をとり、それを村まで持ち帰った。村に着くと、彼は友人に、今、彼が見てきたことを話した。彼らはすぐに森から乾いた木をとってきて、その大切な獲物をたやさないようにした。その時から、彼らはそれをタスラ、すなわち、火と呼んでいる。その夜、彼らは肉や野菜をはじめて料理したのである。そしてしだいに新しい使い方を発見していった。

鳥は自分がカタツムリを置いた所に帰ってみると、火がなくなっているのに気づき、ひどく腹をたて、盗人に仕返しをしてやろうと思った。鳥は火を作れなかったから、それだけによけい腹が立ったのである。盗人がどこにいるのかと空高く飛び回ると、驚いたことに、自分の盗まれた宝物を囲んで坐り、火に暖まり、火で料理している人間どもが見えた。復讐心《ふくしゅうしん》でいっぱいになり、森に戻って怖ろしい稲妻を伴った雷雨をつくった。それは、人々をひどい目に会わせ彼らをふるえあがらせた。それ以来、雷鳴がすると、雷神鳥《サンダーバード》が怒って空から火を降らせ、インディアンをこらしめようとしているしるしだとされている。鳥が火を失ってから、鳥は食べ物を生のまま食べねばならぬようになったからだ。この話を記録している宣教師は次のようにつけ加えている。〝インディアンがこのような寓話《ぐうわ》を信じているのは不思議だ、なぜなら、彼らは摩擦によって火が作れるから。彼らは必要でない時でも、火をつけたままにしておくことをちっとも気にしていない。さらに、彼らは雷も、稲妻も怖れてはいない〟(1)。

このレングア族の話は、人間が最初に火の使い方を知ったのは稲妻によって引き起こされた火事からであるという信念を神話の形で記録したものだ。というのは雷と稲妻は、巨大な鳥が翼をはばたいたり目をまばたいたりすることから起こるというのが、アメリカ・インディアンに共通する考え方だから(2)。

グラン・チャコのチョロテ・インディアンによると、ずっと昔に大火災が起こり、一人の男と、一人の女を除くすべてのチョロテ族を殺し、彼らの住んでいた世界を荒廃させた。そして、その二人は地に穴を掘って避難したから助かったのである。あらゆるものが焼きつくされ、火が消えてしまうと、その男と女は地から這い出した。だが、彼らは火を得ることはできなかった。しかし、黒いコンドルが燃え木を巣に運ぶと、燃え木から巣に、巣から木に火がついた。そして、火は幹の中でくすぶりつづけた。黒いコンドルはその火をいくらかチョロテ族の男にくれた。それ以来、チョロテ族は火を持つようになった。すべてのチョロテはその二人の子孫である(3)。

グラン・チャコのもう一つの種族、タピエテ・インディアンによると、その黒いコンドルは天から出た稲妻によって火を得たのだという。当時、タピエテ族には火がなかった。しかし、小さな鳥（カカ）が彼らのために火を盗んできた（黒いコンドルからか？）。しかし、その火は消えてしまったので、殺した獲物の肉を焼く火がなかった。彼らはひどく寒かった。その時、カエルが彼らに同情し、黒いコンドルの火の所へ行き、そこに坐った。黒いコンドルが火に暖まっていた時、二つの火花をカエルは取ると、口の中にそれを隠した。そして、ぴょんぴょんはねて、タピエテ族にその火を持ってきたのである。それ以来、タピエテ族は火を持つようになった。だが、黒いコンドルの火はなくなってしまった。というのは、カエルが全部盗んでしまったからだ。黒いコンドルは頭をかかえて泣いた。すべての鳥は集まって協議し、誰も黒いコンドルに火を与えないようにした(4)。

グラン・チャコのマタコ・インディアンによると、ジャガーたちが火を持っており、それを守っていた。それ以前は、人間は火を持っていなかったのだ。ある日、マタコ族がみな漁に出た時、モルモットは魚を持ってジャガーの所へ行った。火のそばまで行き、それを手に入れようとしたが、火を守っていたジャガーたちはモルモットを近寄らせない。それでもなお、モルモットはうまく火を盗んで隠した。ジャガーが、〝何を隠したのだ〟と言うと、〝何も隠してはいない〟とモルモットは答えた。モルモットはわずかの火を持ち去り、それを燃して大きな火にし、炎で魚を焼いた。漁師たちが出て行ったあと、火は草に燃え移り、燃えはじめた。ジャガーたちはそれを見ると、走って行き水を運んで火を消そうとした。漁師たちが家に帰った時、彼らが持っていた燃え木を使って火をおこした。それ以来、火は消えたことがない。マタコ・インディアンには火を持っていない者はない

のである。(5)

ボリビア・グラン・チャコのトバ・インディアンによると、昔、大火が全地上を焼きつくし、何も残らなくなった。そのころにはまだ、トバ族は存在していなかった。最初、大地から現われたトバ族は大火から火を得、それを持ち去った。その後、別のトバの人々は同じように大地から出現し、同じように火を得た。そして、トバ族がタナラと呼んでいる根で命をつないでいた。彼らはまた、川で魚を捕えた。しかし、まだ、トバ族には女がいなかった。(6)

南東ボリビアで昔、強盛だった種族のチリグアノ族には、一人の小さい少年と少女を除いては種族全体が溺《おぼ》れ、地上のすべての火を消してしまったほどの大洪水の話が伝わっている。そんなら、この子供たちはどのようにして獲ってきた魚を料理したのだろう。こんな困難に際して子供たちを助けてくれたのは大きなヒキガエルであった。全土を沈めるほどの洪水になる前、そのりこうな動物は口に火をくわえて、用心深く穴の中に隠れた。その火に彼はたえず息を吹きかけ吹きかけ、大洪水の間じゅうずっと消さないようにしたのだ。彼は地面がふたたび乾くのを見た時、それを口にくわえたまま穴から飛び出してきて、子供たちの所にまっすぐに行き、その火を贈物にしたのだ。おかげで、彼らは獲った魚を焼いたり、冷えた身体を暖めたりすることができた。やがて、彼らは成長し結婚した。チリグアノ族の全種族は彼らの子孫である。(7)

十六世紀に、ブラジルのケープ・フリオあたりのトゥピナンバ・インディアンは、どうして空、地、鳥、動物が、彼らがモナンと呼んでいる〝偉大な者〟によって作られたかを語っていた。われわれの知るところによると、彼らは、われわれが神のおかげだとしている同じ完成をモナンに負うていると考えている。モナンは人々と親しく接していたが、人間どもの邪悪な心や恩知らずな所がいやになり、彼らから別れて、天の火——彼らはタッタと呼んでいる——をおこし、それを降下させて地上のすべての物を焼き尽してしまった。だが、イリン・マジェという男だけが、モナンによって天かどこか他の場所に移されたため、怖ろしい大火を逃れることができた。彼が懇願すると、モナンは大雨を降らせ、大火はおさまった。そして、雨となって降った水が海になったのである。海の塩は、大火のあとに残った灰のためだとされている。他の伝承によれば、妻をつれた二人の兄弟がその大洪水を逃れた。大洪水のあとの火の起原、すなわち、火の発見については、インディアンによると、その大異変の間、モナンは火をのこすため、大きな重い動物(ナマケモノ)の肩の間においた。それからその二人の兄弟は大洪水がしずまった時それをとり出した。今日でも、その動物は肩に火の印があるとインディアンたちは言っている。それを確証するにあたって、その物語を伝えている最初のフランスの作家は次のように言っている。〝実を言うとね、きみが遠くからこの動物を見れば——彼らがわたしにそれを指さした時、好奇心からわたしが時々したように——きみはそいつが全く火に包まれ、肩のあたりがとても明るいと思うだろう。そして近くに寄って見ると、その指された場所に火が燃えていると思うだろう。だがこの印は雄だけに現われているのだ。現在、未開人たちはこの動物の火の印をタッタ＝オゥパプとよんでいる。つまり、「火と炉」という意味だ〟(8)

このようにして、ケープ・フリオのインディアンは、他の多くの未開人のように、ある動物の特別な色合いを説明するために、いささか部分的ではあるが、火の起原にふれている。すなわちその特別な色合いは彼らにとっては、火の作用によって出てきたように思えるからだ。

グアラニ系の一傍系であるアパポキュバ・インディアン――トゥピナンバもやはりそれに属するが――は、偉大な英雄、ナンデリィクエイがどのようにしてヒキガエルの助けをかりてコンドルから火を盗んだかを述べている。それによると、〝火を食う〟ヒキガエルの助けをかりて彼は死んだふりをして倒れていた。すると、そのころ、まだ火の君主であったコンドルが彼の回りに集まり、そのにせの死体を食べようと準備にとりかかった。彼らはその死体を料理しようと火をつけた。だが近くの木の株にとまって見張りをしていたハヤブサが、その死んだふりをしている男がうす目をあけて見ているのに気がついた。そこで、ハヤブサは、気をつけろとコンドルに注意した。が、彼らは全くゆだんをしていて、耳もかさず、ナンデリィクエイを持ち上げ、火の中に投げこもうとした。たくましい英雄はただちに左右に殴りかかり、赤々と燃える燃えさしを四方八方に飛び散らせた。コンドルたちは恐れをなして逃げだしたが、コンドルの王はみなに、飛び散ってまだくすぶっている燃えさしをかき集めるよう命令した。さてナンデリィクエイはヒキガエルに、ちゃんと火を飲みこんだかたずねた。ヒキガエルは初めのうちは言いのがれていたが、ナンデリィクエイは有無を言わせず、一服盛ってヒキガエルに無理やり燃えさしを吐き出させた。そして英雄は、その燃えさしから再び火をつけた(9)。

シングー川の流域にある中央ブラジルの種族、シパイア・インディアンも、彼らが若きクマファリと呼んでいる偉大な種族の英雄が、死んだふりをしてハゲタカからうまく火を盗んだという同じような話をつたえている。昔、一羽のハゲタカ（Gavião de Anta）が爪で燃え木をつかんで、飛んで来て、火をもっていないクマファリをあざけった。そこで、この英雄はいかにしてそれを手に入れようかと思案した。見るとハゲタカは、止まった木から飛びおりて腐肉を食べている。そこでクマファリによい考えが浮かんだ。彼は死んだふりをして、地面に横たわった。ハゲタカは仲間の猛鳥（urubus）を連れて腐った肉を食べに来た。だが、ハゲタカは火を遠くに離れた木の株に置いたので、クマファリの手がとどかない。鳥たちは肉をたいらげ、骨しか残らなかった。そこで、クマファリは雄ジカに変身して、もう一度死んだふりをした。他の猛鳥（urubus）は死肉を食べにやって来た。だがハゲタカは猜疑心が強かった。〝来い〟と他の鳥たちは言った。〝こいつは死んでるぞ〟。〝死んでるって。まさか〟、ハゲタカは答えた。〝まだ生きてるとも。あいつの所へ行ってたまるか〟。とうとう、クマファリは少し目をあけてしまった。ハゲタカはそれを見つけて叫んだ。〝だから生きてると言ったじゃないか〟。そして彼は、燃え木を持って飛んで行ってしまった。とうとう、クマファリは大きな平らな石に横たわり、また死んだふりをした。彼は両腕をのばして地面に根のように突き刺した。今度は二本の灌木の姿になった。二つの幹の尖端からそれぞれ五本の枝がつき出ている。ハゲタカが死肉を食いに来た時、それを見てひとりごとを言った。〝こんな枝の多い木は火を置くのにちょうどいい〟。そして彼はその燃え木をクマファリの手の中に置いた。英雄はそれをつかむと飛び上がった。火は彼の手に入ったのだ。だがハゲタカは叫び出した。〝おまえはクマファリおやじの息子だといばっているが、火を作る方法を知らんだろう。その方法はウルクスの木を陽に乾かし、片方をもう一方につき立ててもみ回すのだ〟。〝こりゃいい〟、クマファリは言った。〝よくわかった。だが燃え木はもらっておく。もうおまえには返さんぞ〟(10)。

中央ブラジルのインディアン、バカイリ族はこの世界ができたころ、偉大な双児の兄弟、ケリとカミが彼らのおばのエワキに頼まれて、火を手に入れたことを伝えている。その時、火の主は動物学者がカニス・ベトルスと呼んでいる動物であった。この動物は魚を捕えようとして罠《わな》をしかけた。ケリとカミが罠の所へ行くと、ジュジュという魚とカラムジョというカタツムリがかかっている。そこで彼らは変身し、それらの動物の中にもぐりこんだ。ケリは魚になり、カミはカタツムリになった。やがて、火の主が歌いながらやって来て火を燃やした。罠をのぞいて見ると魚とカタツムリがいた。彼はそれを取り出し、火の上にのせてあぶった。姿を変えていた二人の兄弟は火に水をかけた。火の主は怒って、カタツムリをつかまえようとしたが、川の中に飛びこみ、もっと水をかけたので火はほとんど消えかかってしまった。彼はカタツムリをつかまえ丸太で叩きつぶそうとした。カタツムリはその手をぬけ出し反対側に落ちた。カニス・ベトルスはとてもがまんがならず、むしょうに腹を立ててかけまわった。ケリとカミは消えそうになっている火に息を吹きかけて燃え立たせ、おばさんのエワキの所へ持って帰った[11]。

グラオ・パラ州にある北東ブラジルのインディアン、テンベ族によると、昔はハゲタカの王が火を持っていた。だからテンベ族は肉を食べようと思う時は陽にさらさなければならなかった。そこで彼らはハゲタカから火を盗むことに決めた。そのためにまず、バク(貘)を殺して捨てておいた。三日後に、それは腐って、うじ虫がいっぱいにたかった。ハゲタカの王は一族をひきつれてやって来た。彼らは羽根の装束を脱ぎすて、人間の姿になった。彼らは燃え木をあつめてきて大きな火を燃やした。それからうじ虫を集め、葉にくるんで焼いた。待ち伏せしていたテンベ族は襲いかかった。しかし、ハゲタカたちは飛び上がり、火を安全な所へ持って行った。インディアンは三日間全力を尽したがだめだった。そこで、彼らは腐肉のそばに狩り小屋、つまり、隠れ場所をつくり、一人の老まじない師をその中に隠した。ハゲタカはまたやって来て、隠れ場の近くで火をつけた。〃よし、今だ〟、老まじない師はつぶやいた。〝すばやくとびついて火を手に入れてやろう〟。ハゲタカたちが彼らの羽根のきものを傍におき、うじ虫を焼きはじめた時、彼は飛びかかった。ハゲタカは羽根の所へかけつけた。そのすきにまじない師は燃え木をひったくった。ハゲタカたちは残った火をかき集めて飛び去った。老人は火をすべての木の中に入れた。だから今でも、インディアンたちは摩擦によってそこから火を引き出すのである。(12)

北ブラジルのアレクナ・インディアンには次のような話がある。マクナイマという男が兄弟と一緒に暮らしていた。大洪水の前のことだ。彼らにはまだ火がなかったので、食べ物を生《なま》のまま食べねばならなかった。彼らは火を探し、ムシグ (Prionites momota) と原住民に呼ばれている小さな緑色の鳥を見つけた。その鳥が火を持っていると言われていた。鳥は釣りをしていた。マクナイマはそっと、その尾に糸をしばりつけた。鳥はおどろいて尾に糸をつけたまま高く飛んだ。糸は非常に長かったので、そのあとをたどって兄弟は鳥の家に着いた。その家から、彼らは火を持って来たのである。その後大洪水がやって来た。原住民がアクリ (Dasyprocta Aguti) と呼んでいるネズミは木の穴にもぐりこみ、その穴をふさぎ、溺れずにすんだ。その穴の中でアクリは火を作った。しかし、火はアクリのうしろの部分に燃えつき、赤い毛にしてしまった。だからその動物は今でも身体の一部分の毛が赤いのである。(13) 確認されてはいないが、火は大洪水の間消されずに保存されていたと想像していいだろう。

北ブラジルのもう一つの種族、タウリパング・インディアンによると、昔、一般の人間には火がなかったころ、ペレノサモという老女が住んでいた。彼女は身体の中に火を持ち、キャッサバの菓子を焼きたい時、火をおこした。だが、他の人々はキャッサバの菓子を陽にさらして焼かねばならなかった。ある日、一人の少女が老女が身体から火を作るのを見た。そのことを彼女は人々に告げた。そこで、人々は老女の所に行き、火をくれと頼んだ。だが、老女はそんなものはないとことわった。そこで彼らは老女を捕え、腕と足をくくりつけた。それからたくさんの燃料を集めて老女をそれに向かわせ、彼らの手で火が出るまで老女の身体をしめつけた。(14)だが、火はワトという石に変わってしまった。だから、石を打ち合わすと火がでるのである。

英領ギアナ〔現・ガイアナ〕のワラウ・インディアンは、火は木の中に存在していて摩擦によって引き出すことができるという説話をもっている。すなわちマクナイマとピアという双児の兄弟が母から生まれたが、その母親は彼らを生み落とす少し前に死んでしまった。幼児はナンヨボという老婆によって育てられた。ナンヨボとは〝大きなカエル〟のことだ。彼らは大きくなると、水辺に行き、魚を突いたり、遊んだりしていた。彼らが魚を突くといつも、老婆はこう言ったものだ。〝魚を陽にさらしな。火の上においてはいかん〟。だが、おかしなことには、彼女はいつも彼らをたき木をとりにやり、彼らがそれを持って戻ってくると、その間に魚はうまく料理されて彼らを待っていた。真相は彼女がいつも口から火を吐いて、食べ物を料理し、少年たちが戻る前に火をなめつくしていたのだ。彼女は火で料理するところを彼らに見られたくなかった。毎日こんな工合だったので、とうとう彼らは疑うようになった。だが彼らはどのようにして老婆が火を作るのか分からなかったので、彼女を見張ることに決めた。つぎの日、彼らがたき木をとりにやらされた時、双児の一人はトカゲに姿を変え、戻って屋根に登った。そこから彼はすべてをすっかり見ることができた。老婆は火を吐き、使い終わるとまたそれをなめつくしてしまう。彼は証拠をつかんだので満足して屋根からおり、兄のところにかけつけた。彼らは事態を注意深く語り合い、老婆を殺すことに決めた。そこで彼らは広い野原を全部、まん中にりっぱな一本の木を残しただけで切りはらった。その木に彼らは親切な育ての親をしばりつけた。それから彼女と木の回りに材木の束をつみ上げて、火をつけた。老婆がしだいに火に包まれて焼け失せた時、彼女の身体の中にあった火は回りの木材の中に入った。このまき束はインディアンがヒマ・ヘルとよんでいる木である。その木の棒を二つ摩擦させて彼らは今でも火を作っている。(15)

このようにして、ギアナのワラウ・インディアンは、北ブラジルのタウリパング・インディアンが、外からは見えない石の火を同じような物語によって説明しているように、身体の中に火を持っている神話の老女を登場させて、外からは見えない木の中の火を説明しているのだ。

タルマ族は英領ギアナの南東にある森林に住んでいるインディアンのアラワク族の支族である。彼らは彼らの国を貫流していて、涸《か》れることのないエセキボ川で漁をして、相当な生計を立てている。彼らはキャッサバ（根から澱粉がとれる――訳者）の畑をもち穀物も少しは栽培しているが、他のアラワク族ほどには農業に関心をもたず、もっぱら漁業だ。(16)

彼らの話によると、この世の初めには二人の兄弟しかいなかった。兄をアジジェコといい、弟をデュイドといった。彼らの他には全く誰もいなかった。しかし、兄弟はどこかに女がいるに違いないと思った。というのは、川の近くのある岩の所に、魚の骨の破片とか、うろこがおちていたからである。彼らはカエルやフクロウに聞いてみたがわからなかったので、雌のカワウソを捕え、女のいる所を言えとおどかした。彼女が川の中の深いくぼみに住んでいることがわかった。また、彼女を手に入れたいなら、彼女のために魚をとってやらねばならないことも。――彼らはそうした。それから何日もかかって、籠とかハンモックとかいろいろな種類の女の道具を鉤にひっかけて、陸に上げた。とうとう、兄のアジジエコは疲れて寝てしまった。その間に弟のデュイドは女をひき上げ、妻にした。その最初の夫婦から人類は発生した。

デュイドが結婚した後、その二人の兄弟は同じ開拓地の近い所に別々に住んだ。彼らはいつも食べ物を生のまま食べていた。ところが、その女は果物以外は生のままでは何も食べないことに気がつき、彼女がいつも一人で食事をするには何か秘密があるにちがいないと考えた。彼らは彼女が火をどこから持って来たのか、どうしてそれを作るのか教えてくれるようにせがんだが、彼女は彼らの好奇心を満足させることを拒絶した。何年もたって、彼女は老婆になり、多くの子供がいるようになった。ある時兄のアジジェコは、彼女と彼女の夫を訪問した。日暮れになって別れをつげ、家路についた。めずらしく彼は小物入れのかごを忘れていた。ところがすぐ彼は引き返して来て弟の妻をよびつけ、その忘れ物を持って来いと言った。彼女はそれを持って出て、少し離れた所に立って言った。〝はい、これ〟。〝いかん。わしのところまで持って来い〟、彼は言った。彼女は近づき両手をのばしてそれをさし出した。だが彼は〝いかん、いかん。すぐそばまでだ〟と言う。彼女はこわくなって〝では、投げます〟と言うと、〝いや、いかん、こわれてしまう、おれのところへ持って来い〟。彼女がそうすると彼はたちまち飛びかかり、彼女を押えつけた。火の秘密を教えなければおまえを抱くぞとおどかす。彼女はうまく言い抜けようとしたができず、とうとう教えることを承知した。彼女は両足を広くひろげて床にペタリと坐った。下腹の上のほうをおさえて、強くゆすぶると、まるい火の玉が生殖器から床にころがり出た。これは今日われわれが知っているような火ではなかった。燃えもしないし、煮え立たせもしない。女がそれを手放した時、これらの特性はすべて失われてしまったのだ。だがアジジェコはそれをなおせると言い、すべての樹皮、果物やつーんと鼻を焦がすコショウなどを集めた。これらの物と女の火をまぜて、彼はわれわれが今使っているような火を作ったのである。兄弟が火を手に入れたので、だれもかれも火を欲しがった。そして、それは火を守ってくれるようにとその女の夫デュイドに与えられたのである。

ある日、彼は傍に火を置いて土堤に坐っていた。その時、一匹のワニが口でその火をひったくり、運び去ってしまった。しかし、兄がやってきてそのワニを呼び寄せ、火を吐き出させた。火は無事だったが、その火のためにワニの舌が焼けてしまい、それ以来、ワニには舌がなくなってしまった。

それからまもなく、ある日、デュイドが火の番をしていると、マラウデがそれを拾って飛び去った。アジジェコが家にやって来た時、デュイドは火をなくしたと言うと、その鳥は呼び戻され、火は元のまま帰された。だが、その鳥の首は焼けてしまっていた。だから今でもそこが赤い。

また、ある日、デュイドが出て行き、火を家に残したままにした。彼がいない時にジャガー（アメリカヒョウ）がやって来て、あやまって火を踏みつけ、ひどくやけどをしてしまった。ジャガーはそれ以来、地面に足をぴたりとつけることができず、爪先で歩いている。バクもまたやってきて、火を踏みつけてしまった。バクは動作がひどく鈍かったので足のやけどがひどく、それ以来、彼はひづめをもつようになった。(17)

火の起原に関するこの説話をもっているタルマ族が現在どのようにして火を作っているかは、われわれにはまだ知らされていない。だが、おそらく、錐もみ法によっているのだろう。というのは、その方法が同じ地方の親縁関係のワピシャナ族によって用いられているからである。彼らの間では、一人の男が地面に寝かせた棒の片端を足で抑え、他の片端を手助けする人に抑えてもらって、そこに垂直に立てた棒を両手の平にはさんで回してもみこむのだ。ある時は、彼らは手の平を使わずに弓を使ってまっすぐに立てた棒を回す。[18]
東エクアドルの原住民、ヒバロ族には次のような話がある。昔、彼らの祖先は火を使うことを知らなかった。だから彼らは腋《わき》の下で肉を暖めるとか、ユカ（食用になる木の根）を口の中で暖めるとか、強い陽光にさらして卵を料理するとかしていたのだ。だが火を持っている男がただ一人いた。名はタクケア。彼は二本の棒をたがいにこすり合わせて、火を作れることを知っていた。だが、他のヒバロたちとは仲が悪かったので、彼らに火を貸したり、作る方法を教えたりはしなかった。多くのヒバロたちが飛んできて（この当時、ヒバロ族は鳥だった）タクケアの家から火を盗もうとしたが失敗した。というのは、巧妙なタクケアが戸を少し開きかげんにしておいて、鳥が中へとび込もうとした時には戸をピシャリと閉めて、鳥をはさんで殺したのだ。
とうとうハチドリがやってきて彼らに言った。〝わたしが行って、タクケアの家から火を盗んでこよう〟。彼は翼をぬらし、道のまん中に落ちた。寒さのためにこごえ、もう飛べないというふりをしたのだ。タクケアの妻が農場から戻って来て、そのぬれた鳥を見つけて家に持って帰った。火でそのぬれた翼を乾かして〝ペット〟にしようと思ったのだ。

少ししてハチドリは翼が乾いたようなので立ち上がり、飛ぼうとしたがだめだった。タクケアの妻はその鳥をふたたびひろい上げ、今度は火のそばにおいた。ハチドリはとても身体が小さかったので、燃え木をまるごと持って行くことはできなかった。そこで彼は羽に火がつくようにと、尾を火の中でふりまわした。それから、火がついた尾をもってカラカラに樹皮が乾いている高い木へ飛んで行った。その木をヒバロ族はムクナと呼んでいる。今度はムクナの樹皮に火がついた。それから、燃えている樹皮を少し持ってハチドリは家へとびかえり、他の者に叫んだ。〝さあ、火はここだ、早くとって持っていけ。今日からはちゃんと料理ができるぞ、もう腋の下なんかであたためなくともいい〟。

ハチドリが火を盗んで逃げたのを見た時タククアは、とても怒って彼の家族を叱りつけた。〝あの鳥をなぜ家の中に入れて火を盗ませてしまった。これでもう世界じゅうが火を持つようになる、みんなおまえたちの責任だ〟。この時以来、ヒバロ族は火を持つようになった。彼らはまた綿の木(algodon urúchi númi)の二片をこすり合わせて火を作ることも知ったのである。[19]

〈原注〉

1 W. B. Grubb, *An Unknown People in an Unknown Land* (London 1911) p. 97–99.; G. Kurze "Sitten und Gebräuche der Lengua Indianer" *Mitteilungen der Geographischen Gesellschaft zu Jena*, xxiii.

(1905) p. 17.

2 J. G. Müller, *Geschichte der Amerikanischen Urreligionen* (Bâle 1867) p. 120–. 同種のものは他にいくらもある。

3 E. Nordenskiöld, *Indianerleben El Gran Chaco* (Leipzig 1912) p. 21–.

4 ibid., p. 313–.

5 ibid., p. 110–.

6 R. Karsten, *The Toba Indians of the Bolivian Gran Chaco* (Abo 1923) p. 104 (*Acta Acade-miae Aboensis, Humaniora* iv).

7 Bernardino de Nino, *Etnografia Chiriguana* (La Paz, Bolivia 1912) p. 131–133. 私はこの話を *Folk-lore in The Old Testament*, i. 272– に引用した。

8 André Thevet, *La Cosmographie Universelle* (Paris 1575) ii. 913 〔947〕–., 915 〔949〕. 同書のこの部分のページ番号がまちがっている。〔 〕内のが正しい。この引用の一節は A. Métraux の著書 *La Religion des Tupinamba* (Paris 1928) p. 230 に再録されている。Thevet のいうこの動物はナマケモノだと思われる。

9 C. Nimuendajú, "Die Sagen von der Erschaffung und Vernichtung der Welt als Grundlage der Religion der Apapocúva-Guarani," *Zeitschrift für Ethnologie*, xlvi. (1914) p. 326–.

10 Curt Nimuendajú, "Bruchstücke aus Religion und Überlieferung der Šipáia-Indianer" *Anthropos*, xlv–xv. (1919–20) p. 1015. なお A. Métraux の前掲書 p. 48– を参照せよ。私はこれから Gaviao de Anta がハゲタカの一種であることを知った。

11 K. von den Steinen, *Unter den Naturvölkern Zentral-Brasiliens* (Berlin 1894) p. 377. カニス・ベト

ルスのドイツ名は Kampfuchs〔キツネの一種〕。なお著者は Brehm, *Säugetiere*, ii. 57, “*fängt Krebbse und Krabben*” も参照している。

12 Curt. Nimuendajú, “Sagen der Tembé-Indianer” *Zeitschrift für Ethnolgie*, xlvii.（1915）p. 289.; Th. Koch-Grünberg. *Indianermärchen aus Südamerika*（Jena 1920）No. 65., p 186–. なお〝その木から現在火がつくられている〟ということばはこれらのインディアンは錐もみ式で火を起こしていることを意味しているようだ。

13 Theodor Koch-Grünberg. *Vom Roroima zum Orinoco*（Berlin 1916–17）ii. 33–36.

14 ibid., ii. 76.

15 W. E. Roth, “An Inquiry into the Animism and Folk-lore of the Guiana Indians” *Thirtieth Annual Report of the Bureau of American Ethnology*（Washington 1915）p. 133.

16 W. C. Farabee, *The Central Arawaks*（Philadelphia 1918）p. 136（*University of Pennsylvania, Anthropological Publications*, vol. ix）.

17 ibid., p. 143–147.

18 ibid., p. 42. 図版七参照。

19 Rafael Karsten, “Mitos de los indios jibaros（Shuarà）del Oriente del Ecuador” *Boletin de la Sociedad Equatoriana de Estudios Historicos Americanos*, ii.（1919）p. 333–.

第十二章　中央アメリカとメキシコ

グアテマラのキチェ族は、彼らの祖先が火を持たず、寒さに悩まされていたころのことを語る。――トヒルという神が火の創造者であり、それをもっていた。そこでキチェたちは火が欲しいとトヒルに頼み、トヒルはそれを彼らに与えた。だがまもなく大雨がやって来てそれに雹《ひょう》もまじり、その土地の火をみな消してしまった。だがトヒルはサンダルで踏みつけてまた火をつくった。何べんもキチェたちはあらしで火をなくし、トヒルはそのたびに彼らのためにそれを新しくつくった。(1)

メキシコのコーラ・インディアンの話では大昔、トカゲの一種のイグアナ（たてがみのある大トカゲ――訳者）が火をもっていたが、その妻としゅうとめと喧嘩《けんか》したので、空ににげてしまった。イグアナが火を持ち去り空のどこかに隠したので地上にはもう火がなくなった。人々はどうしても火が要るので会合を開き、どうすればそれが得られるかと相談した。老人も若者も、五日間もぶっつづけで飲まず食わず眠らずに、そのことばかり考えつづけた。それからとうとう、火がどこにあるかがわかった。〝あそこだ。空だ。火があるのは。イグアナが隠したのだ。やつは空に行った。そこにいる〟と彼らは言った。そこでまた会議を開いた。〝どうすればあそこの火をもって来られるだろう〟と彼らは言い〝誰かが上って行ってそれを取って来にゃならん〟。——そこで彼らはこの仕事をワタリガラスに頼んだ。〝ワタリガラスよ。ひとつやってみてくれ。空へ登って行けるなら〟。彼らのそばには絶壁があり、ワタリガラスはそれをよじ登って行った。ようやく半分ほど上った時、ワタリガラスは足をすべらせて地べたに落ちて来て、ぺしゃんこにつぶれてばらばらになった。ワタリガラスは失敗した。

それから彼らはハチドリを呼びハチドリは出かけた。だが彼も登れなかった。中ほどまで行くと落ちて来た。落ちたがようやくいのちだけはとりとめた。そこでハチドリはその兄に言った。〝あそこを登るのはむずかしい。あそこには滝がある。とても近よれない〟。そこで兄が行った。同じように登って行ったがそこをのりこえることはできなかった。彼もまた引き返して地面に下りて来た。〝弟よ、とてもだめだ。のりこえる方法がない〟。

こうして鳥という鳥はやってみたがどれも空には登れなかった。そこで彼らはフクロネズミに頼んだ。はじめはうんと言わなかったがとうとう行く決心をし、彼らに言った。〝もしわしがうまくのりこえられたら、みなもつづいて来てくれ。もしもわしが登りきったら注意しろ。わしがなげた火がいつ落ちて行くかよく見張るんだ。それをおまえたちの毛布に包んで待て。火が落ちて行く時、それをそのまま地べたに落とすじゃないぞ。火が地上をみな燃してしまわないようにな〟。

こうしてフクロネズミは出かけた。登って登ってまん中ほどに来た。そこにはテクスカラメの木が生えていた。そこでフクロネズミは休んだ。それからまた登った。道はとてもすべっこく、滝のところまでやって来た。彼はそこをやっとのことで通り抜け、さらに元気を出してびしょ濡れになりながら、上へ上へと登って行った。ようやく上りきって見まわすと火が見えた。フクロネズミはそのほうへ行くと火のそばには老人がすわっていた。〝こんにちは、じさま。こんにちは、じさま〟。老人は身体を起こして言った、〝あい、誰かの〟。フクロネズミは答えた。〝わしさ。おまえの孫さ〟。そして火にあたらせてくれるように頼んだ。はじめは老人はいやがったがフクロネズミはあわれっぽく〝わしは冷えきっているので、どうしても身体を暖《ぬ》くめにゃ〟と言うと老人もしかたなしに、〝じゃ、あたりな。だが火をもって行くんじゃねえ〟と言った。そこでフクロネズミは火のそばに坐り、老人は横になって眠ってしまった。老人が眠っている間に、フクロネズミはしっぽを燃えさしのまわりに巻きつけ、それからそっとそれを火から抜き出した。その時老人は目をさました。〝孫よ。おまえ火をとって行くなんて〟、老人は言った。〝いや。わしは火をかきまわしているだけさ〟。老人はまた眠り、今度はぐっすり眠りこんでしまった。その間にフクロネズミはそっと立ち上がり、火をとってそろそろ引きずりはじめた。ようやくそのようにして深い穴の近くに来た時に、老人は目をさましてすべてを知った。そこで立ち上がって追いかけた。だがもうフクロネズミは穴に着いていたので、火を投げ下した。老人はその時彼に追いつき、もっていた杖でフクロネズミの身体が青黒くなるまでさんざんひっぱたいて地べたに倒した。それから、彼はもどって行きながら言った。〝フクロネズミよ。わしから火を取るんじゃねえ〟。

さて地上の人間たちは火を見まもっているうち、それが落ちて来た。彼らはそれを彼らの毛布の中に包もうと待ち受けていると、火は彼らのところでなく地面に落ち地面はたちまち燃えた。彼らが火をひろっていると、フクロネズミは落ちて来て、死んで地べたに横たわった。彼らは彼を保護し毛布で包んだ。しばらくするとフクロネズミは毛布の下で動き出し、息を吹き返して、やっと起き上がってちゃんと坐った。正気に返ると彼は言った。〝火は来たか。わしはそれを投げ下してよこした。わしのじさまはわしを殺した。わしを棒で打ってこんなにした（フクロネズミには死んだふりをする習性がある――訳者）。人々は答えた。〝火は地べたに落ちた。誰もそれが落ちて来た時つかまえられなかった。それは地面におちて大地は燃えているわい。どうすれば消せるかの。とてもわしらには消すことができん〟。そこで彼らはわれらの母、大地の女神を呼び出し、彼女はその乳汁で火を消した。それで彼らはめいめい火を持ち去り、それは今でもそこに残っている[2]。

このコーラの神話では、火が地上から空に運ばれてからはイグアナはまったく姿を消し、天の火の守護者として老人に置き換えられている。だが老人は人間の形になったイグアナだと見ていいだろう。なぜなら未開人には、動物と人間の間に明確な区別はないのだから。
もっと短いコーラの神話では、フクロネズミに天の火を盗まれたのは〝老いたハゲタカ〟とされている。(3)

〈原注〉

1 H. H. Bancroft, *Native Races of the Pacific states* (London 1875-76) iii. 50 (following the *Popol Vuh*).

2 K. Th. Preuss, *Die Nayarit-Expedition*, i. (Leipsic 1912) p. 177-181.

3 ibid., i. 271-.

第十三章　北アメリカ

1

ニューメキシコのシイア・インディアン族の話によるとスッシイスティナコというクモが人間の、動物の、鳥の、そして全生物の創造者であるという。彼は、地下に住み、そこで先のとがった石をまるい平らな石の上でこすって火を作っていた。火をおこすと彼は家の中に隠し、一番目、二番目、三番目の戸に、それぞれヘビ、ジャガー、クマを見張りにおいて、誰も中に入れず、火を見ることもできないようにした。それで、地上の人々は火を持たなかったし、その秘密も、地上には、もたらされていなかったのである。そのうち、人々はシカや他の動物のように、草の上で、草を食べることにあきてきた。そこで、彼らは、自分たちのために、地下から火を盗むようにコヨーテを送ることにした。コヨーテはこの仕事を承知した。真夜中、彼がクモの館に来ると、彼は、一番目の戸を守っているヘビが、その持ち場で眠っているのをみつけた。彼はその前をこっそりと通り過ぎた。二番目の戸を守っているジャガーも、三番目の戸のクマもまた眠っていた。彼らを通りこして、コヨーテは第四の戸にきたが、そこの見張りも同様だった。その前をそっと通りすぎ、コヨーテは部屋の中に入った。そこで、彼は、ぐっすり眠りこんでいるクモをみつけた。彼は急いで火のところに行き、尾につけておいたセイヨウスギのたき木に火をつけ急いで逃げ出した。クモは目をさまし、目をこすり、誰かが今、この部屋をたち去ったことに気付いた。〝誰だ。そこにいるのは〟とクモは叫んだ。が、彼がどろぼうを捕えるためのそれぞれの戸にいた見張りを起こさぬうち、火をもったコヨーテは、地上への道をどんどん走っていた。(1)

ニューメキシコのインディアン、ナバホー族の話によると、彼らの最初の先祖、六人の男と六人の女は、モンテズマの谷の中にある湖の底からやってきたという。地上にのぼる時、彼らは、セミとアナグマに先を越された。地上につくと、そこにはなんと、当時、創造されていなかったシカやオオジカを除いて、今現在もそこに住んでいるとまるで同じ動物たちがいるではないか。しかも彼らは、ある点では、人間以上に快適に暮らしていた。彼らは、火を持っていたが、人間の男も女もそれをもっていなかったからだ。しかし、動物の中でも、コヨーテ、コウモリ、リスは、ナバホー族の親しい友だちであった。そこで彼らのために、火を手に入れるようお互いに協力することにきめた。そこで、他の動物たちが、火のそばで、モッカシンという靴（北米原住民の用いる革底を爪先にまくり上げた革靴

——訳者）でゲームをやっている時、コヨーテは、そのしっぽに樹脂質の松の木片を結びつけて、そのスポーツの観戦にやってきた。動物たちがその競技に熱中している間、彼は、すばやく、火の中を走りぬけたので、松の木片に火がついた。彼は逃げ出し、動物たちは追っかけた。彼が疲れると、前に打ち合わせていたコウモリがバトンタッチして火をもって逃げ続けた。あちらこちらに飛び、いろいろなところにぶつかりながら、コウモリは、しばらく追跡者の手を逃れた。そして倒れそうになると、火をリスに渡した。リスは、非常なる機敏さと忍耐を発揮して、ナバホー族に、無事に火を届けた。(2)

ニューメキシコ北方のヒカリラ・アパッチ族の話によれば、彼らの祖先が地下の彼らの住居から現われたころは、木は、話すことができたという。しかし、人々は、木を燃やすことができなかった。人々は火を持っていなかったからである。だが結局、人類はキツネの尽力のおかげで、火を得ることができた。というのは、ある日、キツネは、クワックワッという鳴き声のまねをおぼえようと思って、アヒルたちのところへやってきた。アヒルはそれを教えることを約束したが、もし、彼が本当に鳴き声を教わりたいのなら、自分たちと一緒に飛ばなけりゃいけないと言い、キツネに飛べるための羽を与えた。そして、キツネに、飛んでいる時は目を開かないようにと注意をした。アヒルたちが羽をひろげて高く舞いあがると、キツネも彼らといっしょに舞いあがった。暗くなって彼らは、ホタルのすみかの塀囲いの上にさしかかった。ちらつく火のきらめきがキツネの閉ざされたまぶたの中に入りこんで、彼の目をあけさせてしまった。その瞬間、羽は彼を見捨て、彼はホタルのテントのそばの塀囲いの中に落ちた。二匹のホタルが落っこちたキツネを見にやってきた。キツネは、まわりの塀囲いを突破できる場所を話させようと思い、ホタルたちに、ムロの実のネックレスを与えた。ホタルは、倒れかかっていて、誰でもそこが越えられるセイヨウスギをキツネに見せた。夕方、キツネは、ホタルが水をくんでいる泉に行き、そこで塗料になるような色のついた土をみつけた。彼は、その中の一つを使って、自分自身をまっ白に塗った。キャンプにもどって、キツネはホタルたちに、宴会を開いて、踊って楽しもうと提案した。そうすれば、彼らに新しい楽器をくれると約束した。ホタルたちは、この申し出に同意し、大きなキャンプファイアーのためにたき木を集め、彼らは、自分たちの火光で火をつけた。儀式が始まる前に、キツネは、セイヨウスギの樹皮を自分の尾につけた。そして地上最初の太鼓を作って、しばらくキツネはそれをたたいた。それにあきると彼は、太鼓をホタルの一匹にまかせ、火の方に少しずつ、にじりよって、最後に、火の中に尾を入れた。回りにいたホタルは、〝いけない、しっぽが焦げる〟と注意した。〝おれは、まじない師だ。しっぽは焦げないよ〟とキツネは答えた。そしてそれを見まもっているうちに樹皮がよく焼けてきた。キツネは、〝ここは暑くてやりきれない。みんなどいて涼しいところへ行かせてくれ〟と言うと、燃えたしっぽで、逃げだした。ホタルたちはおいかけながら叫んだ。〝とまれ。おまえは道を知らないよ。戻っておいで〟。しかし、キツネは、セイヨウスギの方へと、まっすぐ走り、叫んだ。〝身体をかがめてくれ。おい。かがめるんだ〟。木は彼を持ちあげて、門の外にだした。キツネは走りつづけたがホタルはまだ追いかけてくる。キツネが走りすぎると、両側の茂みや木々が、燃えているセイヨウスギからとぶ火花で、火がついた。このようにして、火は地上に広く広がった。走りつかれたキツネは、とうとう、火をタカに手渡した。タカは、火を運びつづけ、最後に、茶色のツルにそれを渡した。ツルは、火をもって、南方に、飛んでいった。しかし、力が尽きてとうとう一本の木にとどかなかった。だからその木は、今日も燃えていない。この不燃性の木の名前を何というのか、ヒカリラ・アパッチ族は知らない。ホタルたちは、キツネをそのすみかまで追いつめ、彼らの火を盗み、地上にばらまいた罪として、彼自身、けっして、火を使用してはならないと言い渡した。[3]

ユタの北東のウインタ・ユテ族は、火の起原、いや、むしろ〝火盗み〟についての長い物語を語っている。要約するとこうだ。コヨーテは、人々と一緒に住み、その中での首長《かしら》であった。彼らは火を持たなかった。しかし、ある日、テントのベッドで寝ていると、コヨーテは、彼の前に落ちてくる何かを見た。それは、すでに消し炭となって風で運ばれて来た燃えカスの破片であった。コヨーテは、それをひろってそばにおき、おもだった者どもを呼び、彼らに、それが何であるか、また、どこからきたものか知っているかとたずねた。だが、誰も知らなかった。そこで、コヨーテは、その中の一人、フクロウ族のものを指して言った。〝よし、おまえだ。多くのフクロウを集めてこい〟。それからコヨーテは、ワシ族の人々に別の使いをやった。また、カラス族に、ライチョウ族に、ハチドリ族に、使いを出した。コヨーテはまた使者を、スズメガやすべての鳥の部族へ送ったので、みないそいで彼のもとに集まってきた。

そこで、彼はその一人に言った。〝誰か、河へ行って、葦をとってきてくれ〟。男は葦を持ってきた。コヨーテは、棒をとり、葦をおしつぶして細片にし、裂いた葦の皮を高く積みあげた。暗くなると、彼は、ダークブルーの塗料をとって、葦皮がブルーになるまで一緒くたにこすった。とうとう、葦皮は、まっ黒になった。それは、人間の髪の毛のような黒さだった。翌朝、日が出ると、彼の仲間たちを呼んだ。彼は細かにした葦皮を頭の上にのせた。それは、まるで、地まで届く長い髪のようだった。やって来た仲間には、彼は、コヨーテではなく、人間のように見えた。彼らには、どうしてこうなったか、わからなかった。彼らを帰すと、コヨーテは頭から葦皮の毛をとり、それを包んでしまっておいた。

そのうちに、彼が呼びにやったいろいろな部族が到着しはじめた。部族の全員ではなく、有能な者がみなやってきた。彼らは、彼のテントにやってきて、コヨーテの話をきくために、何列かの輪になって坐った。コヨーテは、燃えかすを出し、彼らみなに、それは何であるか、また、いつきたのか、また、どこからやってきたかをたずねた。それは、人から人へと手渡された。しかし、誰も、それが、何なのか知らなかった。コヨーテは〝わしは、このものを、捜し出しに行こうと思う。わしは、これが、どこから、何族から、やってきたか、また、空から来たかどうかを見つけ出したい。おまえたちもめいめい、いちばん適当だと思われる所を、捜してもらいたい。これが、おまえたちを呼んだ理由だ。さあすぐ、今朝から、始めよう〟。

そこで、彼らすべては、西部へと出発した。というのは、風は西から吹いてきており、コヨーテは、その神秘な物は、他の方角から来たものではないと考えたからだった。かくして、彼らは、数日間、丘を登り、谷を下って旅を続けた。ある日、コヨーテは、偵察のため、大きな赤い尾のタカを出してやった。タカは高くとんでいったが、ひどく疲れてもどって来、何も見えなかったと言った。そこでコヨーテは、ワシを派遣した。ワシは、上を旋回しながら、見えなくなり、タカ以上に遠く飛んでいった。しかし、彼もまた非常に疲れて帰ってきて、地上のある場所が少し煙っている以外、何も見えなかったと報告した。他の者はみな、そこにやるにはハチドリがいちばんいいと考え、コヨーテに、ハチドリにそう言わせることにした。〝彼は、ワシ以上のことをするだろう〟と彼らは言ったので、コヨーテはハチドリを送った。ハチドリは舞いあがった。そして、タカよりもワシよりも、長い時間、遠くへ行った。帰って来るとハチドリは言った。〝天と地と合わさる端のところに、わたしは、何か、立っている物を見ました。それは、とても遠い向こうです。突っ立っているのは黒い物で、その先は曲がっていました。わたしが見たものは、それだけです〟。コヨーテは、それをきいて、喜んで言った。〝それこそ、おまえたちの誰かが見つけてくれるだろうと思っていたものだ。わしらが探していたものがそれだ。わしが見つけた、飛ばされてきたものは、あそこにあるのだ〟。

それで、彼らは、山また山を越え、平原に降り、さらにまた、遠く旅を続けた。彼らが、最後の山のふもとにきた時、コヨーテは自分自身を着飾った。彼は、葦皮をとりあげ、その髪にのせ、髪の毛のようにまるく広げた。そして、それをまん中で分け、足元に届くほどの、長い二本のおさげ髪にした。彼は、その髪を葦皮で束ねた。彼は自分を飾りおえる前に、ワシをふたたび送った。ワシが舞いあがり、降りてきて言った。〝われわれは、今そんなに遠くにはいません。ハチドリが見たところのすぐそばに来ています〟。

こうして、彼らは平らな丘の頂上にある村に近づいた。そこでコヨーテは、仲間に話しかけた。〝わしらは、今まで、何も燃やしたことがない。われわれは今、火をとりにやってきた。われわれが苦労してここまでやってきたのは、その火のためだ。わしらは、この人々から火を取っていこう、もうここには何も残さない。火がはじめて燃えた場所には、もうそれはなくなるのだ。わしらは、わしらの住む所へ、それを持っていく。そして、わしらの土地だけで、火を所有するのだ。わしは、彼らから火をとって行くために、わしの髪の毛を使う。わしは、火を持つ人々をだますのだ〟。

こうして、彼らすべては、その村に入った。最初のテントに行って、コヨーテは、酋《しゅう》長《ちょう》の住んでいるところをたずねた。その場所を示され、コヨーテは前へすすみ、酋長に握手を求めた。彼は、酋長に、自分は、酋長に一目会いたいだけの理由で、旅をしてきたと話し、見たいからぜひ酋長に踊りを踊ってくれと頼んだ。酋長は承知し、部落の者を踊りのために集めた。女や子供たちもすべてやってきた。テントの中には、誰も残らなかった。コヨーテが申し出た催しのため、テントの中のすべての火は消され、ただ一つ大きな燃える火だけが、集会場のまん中に残された。コヨーテは、葦皮をほどいてそれを身につけた。人々は、彼がダンスのために、身体を飾っているのだと考えた。彼は、夜じゅう、休みなく、踊り続けた。

葦皮に火がともりはじめると、コヨーテは、仲間の部族たちへの合図に、おうっと叫んだ。火がさらに明るくなると、彼はまん中の火に近づき、そのまわりを踊り続けながら、出発する態勢になった。コヨーテは、今や、自分の葦皮の髪をひきちぎり、それでもってまん中の火を叩き消してしまった。だが、葦皮の細片には火が残っており、それを持ち、それをもって炎に包まれてコヨーテは走り出した。コヨーテの部下もみんな走り出した。だからもうその村の人々には何ものも残らずすべての彼らの火は、消えてしまった。今や彼らは、見知らぬ者が自分たちを裏切る目的でやって来たことに気がついた。そこで彼らを殺そうと追いかけた。逃亡者たちが逃げているうちに、コヨーテは、火をワシに渡して言った。〝おい。これをもって早く逃げてくれ〟。ワシは、それを持って逃げた。しかしとうとう疲れて、ワシは火をハチドリに渡した。ハチドリの息がきれると、スズメガに渡した。のろい鳥たちも、だんだん、疲れてきた。そして、走ることから落伍し、とうとう姿を隠してしまった。いちばん、がんばりがきく、いちばん、早い鳥だけが、残っていた。コヨーテは近づいてくる追跡者をみた。そして彼は、もっとも早い鳥として、チッキン・ホークを選んで、火を渡した。その後コヨーテは、自分自身で火を受け持ち、みんなできるだけ早く、あとについて来いと叫びながら、走り続けた。それから、ハチドリがまたもや火をコヨーテから受けとり飛び進む。だがコヨーテは、彼に呼びかけた。〝とまれ。火が消えかかっている〟。これをきいて怒ったハチドリは、火をコヨーテに返してくるりと背を向けて隠れてしまった。そんなに腹を立てたのだ。

　逃亡者のうち、残ったものは、今や、たった四匹となってしまった。すなわち、コヨーテ、ワシ、チッキン・ホーク、スズメガである。ほかのものはみな疲れきって、ちりぢりになってしまった。最後には、ワシやチッキン・ホーク、スズメガでさえもへたばってしまい、コヨーテだけが火を運んだ。追跡者たちは彼を殺そうと近付いてきた。彼は、穴に逃げこみ、石で、その穴を閉めた。そして、中にある最後の火種を絶やさぬように気をつけた。それから、彼は、穴からとび出し、方向を変更して、彼の後を追う追跡者とともに、峡谷をぬけて走り続けた。だがとうとう追手たちは、彼を捕えることをあきらめた。彼らは言った。〝やつを行かせよう。雨や、雪を降らせようではないか。われわれは、強い嵐《あらし》を起こすこともできるし、彼を凍死させることも、火を消すこともできるのだから〟。すると、雨が降り出し穴という穴は水でいっぱいになり、谷という谷は、ほとんど膝の深さぐらいになった。コヨーテは、火がもうすぐ、消えてしまうだろうと思った。彼は、セイヨウスギが何本かある小さい丘をみつけた、下の方の谷が洪水のあいだ、丘の上のセイヨウスギの下にいれば、安全かもしれないと考えた。

しかし、彼が丘の頂上に着く前に、水の中に坐っている、尾の黒いウサギを見た。コヨーテは、ウサギに、これをもっていろと火をわたすと、ウサギはそれを自分の真下に置こうとした。〝いかん。いかん。おまえは水の中にいるのだぞ。火が消えてしまうではないか〟とコヨーテは言った。すると、ウサギは火をコヨーテに返し(4)、彼に、隠れ場所となるような洞穴がすぐそばにあると知らせた。洞穴に入ると、コヨーテは、乾いたヤマヨモギと横倒しにおかれている乾いたセイヨウスギをみつけた。そこで、彼は、それを積みあげ、運んできた火種でもって火をつけた。彼は、それまで、寒さのためにぶるぶる震えていたが、火が燃え出すと身体が暖かくなり、楽になった。外には、雪が降っていてたいへん寒い。というのは、追跡者は彼を凍死させようとしていたからである。翌朝、空は雲一つなく青く澄み、どこもかしこも氷原であった。だが、南風が吹きはじめると、氷はすべて、溶けてしまった。洞穴を出た彼は、昨晩、自分がちょうど坐っていた同じところに、ウサギが坐っているのを見た。コヨーテは彼を射ち殺した。それから、彼は洞穴に戻り、枯れて、乾いたヤマヨモギの木片をとりあげ、そこに、穴をあけた。そして、その穴を火の燃えさしでいっぱいにして、ふたをした。彼は、この方が安全に持ち運びできると思ったからである。

腰帯の下に火をぶらさげて守りつつ、コヨーテは出発し家にもどって来た。そこで、彼は、火の入ったヤマヨモギの管を横にした。彼は、女や子供たちや、彼らといっしょに、家に残っていた男たちを呼び集めた。彼らがやってくると、彼は、火をとりあげた。それはただの棒のようにみえた。それから、彼はかたいアカザの灌木を少しずつ削った。〃みんな、よく見ろ〃、彼は言った。彼は二人の男にヤマヨモギを地上にしっかりとおさえておくように言いつけ、それから、アカザでヤマヨモギの木に穴をあけた。そして穴から出たくずをつまみあげ、乾いた草の中に突っ込んだ。草に風が吹きつけると、火はすぐに起こった。〃この乾燥した松の実は燃えるだろう。また、乾燥したセイヨウスギも燃えるだろう。火をすべてのテントに持っていけ。どこの家にも火があるようになる〃と彼は言った。さて、追いまわされて、疲れきって隠れていた鳥たちも村にたどりついた。しかし、彼らは、すべて、自分たちが出かけて行った同じところにもどらなければならなかった。それいらい、ずっと、彼らはやはり鳥のままである。(5)

この話は、明らかに、ヤマヨモギのような柔らかい木片の穴の中で、かたいアカザ科の灌木の木片の先をこすることによって、火を引き出す過程を説明している。ここでも、また、多くの神話におけると同じく、その主人公は、ある時には、外見的に男や女として、また、ある時には、動物や鳥として語られている。両者の間の境界線は流動的で不確かだ。なぜならば、話し手の心の中では、これら二つの区分はおたがいに融合されているのだから。

〈原注〉

1 Mrs. Mathilda Coxe Stevenson, "The Sia" *Eleventh Annual Report of the Bureau of Ethnology* (Washington 1894) p. 26-, 70, 72-.

2 Major E. Backus, "An Account of the Navajoes of New Mexico" in H. R. Schoolcraft's *Indian Tribes of the United States* (Philadelphia 1853-56) iv. 218-.

3 Frank Russell, "Myths of the Jicarilla Apaches" *Journal of American Folk-lore*, xi. (1898) p. 261-.

4 この出来事はおそらくウサギのしっぽの黒いことを説明しようと意図されたものだ。それは火の上に坐ったために黒く焦げてしまった。――だがこの説明は記録されたものの中には見えない。

5 A. L. Kroeber, "Ute Tales" *Journal of American Folk-lore*, xiv. (1901) p. 252-260.

2

合衆国の南東部に住むインディアンによって語られたある話では、火どろぼうとしてのコヨーテの役割は、ウサギにとって代わられている。クリーク・インディアンは言う。

――昔、昔、人間はみんな集まって相談した。〝どうしたら火が得られるだろう〟。そしてウサギにみんなのため火をとって来てもらおうということに意見が一致した。ウサギは大洋をこえ、東に向かった。そこで彼は大歓迎をされ、大舞踏会が開かれた。ウサギは、はなやかに着飾ってその舞踏の輪に加わったが、あたまにのせた風変わりな帽子の中には四本のマツヤニの棒がしこんである。人々は踊るにつれて、輪の中心にある神聖な火に近付いていき、ウサギもまた同じように近付いて行った。踊り手はみな聖火に頭を下げはじめ、しだいに低く礼をする。ウサギも同じくだんだん低く頭を垂れた。そしてうんと低くなった時、突然、彼の帽子の中にあるマツヤニの棒に火がつき、彼の頭は、炎に包まれた。人々は、あえて神聖な火にさわろうとした、このよこしまな客人に驚かされ、怒って、彼を追いかける。ウサギは逃げる。彼らはカンカンになってあとにつづく。彼は、海に走りつきザンブと飛びこんだが、人々は岸にとどまってしまった。ウサギは、帽子から炎をなびかせながら大海を泳ぎ渡る。ウサギは人々のところへ帰り着き、人々はこのようにして東方から火を獲得したのである。(1)

この話の〝東方への海〟とは明らかに、大西洋である。コアサティ・インディアンによって語られているもっとくわしい神話にはこの話との一致が認められる。彼らは、自分たちの国には、昔、火はなかったという。大洋の向こう側にのみそれは見られた。人々は、火を欲しがった。しかし、火の所有者は、彼らに火を持たせようとはしなかったので、コアサティ族は、それなしで、暮らさねばならなかった。〝わしが火を取ってこよう〟、ウサギが言った。多くの娘をもつ男が人々の間に坐っていたが〝向こう側に渡って、火を持ち帰った者にはわしの娘の一人を与えよう〟と言った。だがウサギは言った。〝一人では不足だな〟。でっかい人食いが〝わしならもって来れる〟と言うと、その男は答えた。〝そうか。では行って火をもって来るんだな〟。でっかい人食いは、女がほしくて出かけた。彼は大洋に飛び込み、消えてもう帰らなかった。

　そこでウサギは言った。〝誰もうまくできない。だがわしならどうすれば成功するか知っている〟。そこで男は、ウサギをやることにした。〝よかろう。では、火を取ってこよう。そして、あんたの娘たちみなと一緒に寝るぞ〟とウサギは言い、男は承知した。そこで、ウサギは出発した。海にくると、彼は、シャツを脱ぎ、それを投げ、その上に木をおき、その上に坐って海をのりきった。旅は続いた。ウサギがそこの人間たちに火を欲しいと言って、彼らにことわられると、ウサギは少しの火をつかんで逃げさり、人々は彼をおいかけた。ウサギは、火を持って森を通って逃げた。海までやってくると、ウサギは立ち止まった。それから彼は、頭のうしろのマツヤニをこすった。追跡者の一人が彼に追いついた時、ウサギは、海に飛びこみ、波より上に、一方の手で火を持ち上げて泳いだ。しばらくたつと、ウサギは疲れてきて、火を頭のうしろにおいた。マツヤニに火がつき、彼は、それを燃やし続けながら泳いだ。彼は、大洋をのりこえ、火をみな、もって、彼を送り出した男のところに戻って来た。男はウサギに言った。〝さあ、この娘たちはおまえのものだ〟。そこでウサギはいつまでも幸せに暮らした(2)。

ヒチティ・インディアンも、また、いかにしてウサギが火を盗み、すべての人々に火を分けたかを語る。そのころは彼らは火をもたず、それは全然、知られていなかった。そして、神聖な儀式が行なわれ、厳粛な踊りが披露されるような正式の場所以外では、火を燃やすことは慣習によって禁じられていた。さて、ウサギはこの神聖な場所以外で踊りが行なわれることを知って考えた、〝火をとって逃げてやろう〟。彼はこれについて考えをめぐらせ、なすべき行動を決めた。彼は、自分の毛を逆立てるために頭をマツヤニでこすった。そして、出発した。彼がその神聖な場所にやってくると、群衆がいっぱい集まっていた。人々は踊り、ウサギは坐った。すると彼らがやってきて、ウサギに踊りの先頭に立つように言った。ウサギは承知して立ち上がった。彼は、火のまわりを歌いながら踊り、人々は彼に従った。踊りがだんだん早くなり、ウサギは火の回りを回るたびに、いつも、いかにもそれをとるように、炎の方に頭をひょいと下げた。人々は、〝ウサギが踊りの先導をする時は、いつも、ああやるんだ〟と言って気にしなくなった。とうとう、ウサギは、炎の中に、まっこうから自分の頭を入れ、頭を炎だらけにして逃げ出した。人々は〝おーい。やつをつかまえて、やっつけろ〟と叫びながら追いかけた。ウサギは追いかけてくる人々をずっと引き離したので、人々は彼をつかまえることはできず、とうとう彼らの視界から消えてしまった。すると彼らは、まる三日間、雨を降らせ、四日目に〝この雨で、火は消えたにちがいない〟と言った。すると、雨はやみ、日はふたたび輝き出していい天気になった。だが、ウサギは火をくぼみのある木の中に入れ、雨が降っているあいだ、そこにとどまった。太陽がふたたび照り出すと、ウサギはそこから出て火をとり出した。すると、また雨が降り出し火をみな消してしまったがウサギが木の穴においておいたたった一つだけが残った。こんなことは何べんも起こった。雨はひどかったのだが、彼らは全部の火を消すことはできなかった。日が照っている合間に、ウサギが木のくぼみから火をもち出したからである。そして、人々は、くすぶっている燃えさしを拾いあげ、それらを運び去った。このようにして、ウサギはすべての人々に火を分け与えた。(3)

アラバマ・インディアンは、火の起原に関して、ちょっとちがった神話を持っている。それによれば、昔、クマたちが火をもっていて、たえず、それを持ち歩いていた。ある時、彼らは、火を地下において、遠くへ出かけて、カシの実を食べていた。そのために、残された火は、ほとんど消えかかり、苦しくなって、大声で叫んだ。〝燃料を下さい〟。それを、何人かの人間がきいて助けにやってきた。彼らは、北の方へ行き、木を手に入れて来て火の上にのせ、西でまた得た棒をその上にのせ、また、南の方、東の方からの木を次々にのせたので、火はまた燃えあがった。クマたちが、火をとりにもどって来ると、火は、言った。〝もう、あなた方とは縁切りです〟。そこで、クマは火をとりもどすことができず、今は、それは人間のものとなっている。(4)

シャイアン・インディアンは、世界の初めのころ、スウィート・ルートという祖先が錐もみ式の方法で、火の作り方を雷神に教わったという伝説を持っている。それによれば、雷神は、火を引き出すもととなる木のきれはしを水牛からもらった。彼は、スウィート・ルートに話しかけ〝棒をとって来い。おまえの仲間たちを暖かくし、食べ物を調理でき、物を焼くことのできる何かをわしがおまえに教えてやる〟と言った。スウィート・ルートが棒を持ってくると、雷神は、〝木のまん中に、尖ったやりを置け。そして両手の間にそれをもって、早く、くるくると回せ〟と言った。スウィート・ルートが何回か、そうすると、木片に火がついた。このように、雷神のおかげで、ホ・イム・ア・ハ（それは、一般に、寒気や雪を持ってくる力、すなわち、冬将軍や嵐として知られている）に対して、人々は、自分たちを暖かくする手段を得ることができた。(5)

ミシシッピーの谷に住む、スー族、メノモニ族、フォックス族、その他、いくつかのインディアンには、一人の男と一人の女を除くすべての人間を溺死させた大洪水の伝説がある。残された生存者は、逃げて、高い山の上で休んでいた。絶望的状態の中で彼らが火を必要としているのを見た〝生命の主〟は、それを彼らのところに運ぶよう、白いワタリガラスをつかわした。しかし、ワタリガラスは途中で、腐肉を貪《むさぼ》り食ってひまどったために火を消してしまった。ワタリガラスは、もう一度、火をとってくるために天に戻った。しかし、神は、彼を追放し、身体を白ではなくまっ黒にする罰を与えた。それから神は、小さな、灰色の小鳥エルベッテを、地上の男女へ火を運ぶ使者としてつかわした。彼は、命ぜられたとおりにし、報告しに戻ってきた。神は、彼の目の両側に小さい黒の二本の横すじを与えて、ほうびとした。それ以来、インディアンたちは、この小鳥に尊敬を持ち、彼らはけっして、これを殺さず、子供たちにも射つことを禁じている。その上、彼らは、自分たちの目の両側に二本の小さい黒い横すじを描いて、それをまねている。(6)

オマハ・インディアンの話によると、昔、彼らの先祖は火を持たず、寒さに苦しんだという。彼らは、どうすればいいかと考えた。一人の男が、よく乾いたニレの根を発見して、その根に穴をあけ、その穴に棒をあてがってこすった。すると、煙が出てきて、においがした。そこで、人々は、それをかぎつけて、近寄ってきた。彼らも、こするのを手伝った。とうとう、火花が飛び出した。彼らは炎になるまで、それを吹いた。そうして、火は、人々を暖かくし、食べ物を料理できるようになった。(7)

中央アルゴンキン族に属する、大きな部族、チペワ族、または、オジブワ族は、大昔は、人間は、りこうではなかったと言っている。彼らは衣服もなしで、何もせず坐っていた。造物主は、彼らを教育するために一人の男をつかわした。この使者は、オッカベウィスといった。古代の一部の人々は、南方に住んでいたので、衣服の必要がなかった。だが、北方に住む人々は、寒くて、どうすればよいか困っていた。使者は、裸で家を持たない南方の人はそのままにし、人々が困って、彼を必要とする北方にやってきた。〝なぜ、何も着ないで坐っているのか〟、彼はたずねた。〝どうすればよいかわからないから〟、彼らは答えた。オッカベウィスが教えた最初のことは、弓と棒と朽ちた木を使って火をおこすことだった。そして、この火のおこし方は、いまでも、チペワ族が使っており、つい最近まで受け継がれていた。その後、使者は人々に、火を使っての料理法を教えた。(8)

チェロキー・インディアンの話によると、太初、どこにも火はなく、世界は冷たかった。だがとうとう雷が光を送り、その島に生えていたカエデの木の穴の底に火をおいてくれた。動物たちは火がそこにあるとわかったのは、天からそこへ降ってくる火を見たからであるが、だがそこは海にかこまれているのでそれを手にいれられなかった。そこで、彼らは、どうすべきかを決めるために会合を開いた。

飛んだり、泳いだりすることのできる動物は、みな火をとりにいくことを望んだ。ワタリガラスも申し出た。彼は、たいへん、強く、大きいので、確実に仕事をやり遂げるだろうと彼らは考えた。そこで、彼は、最初にやらされた。彼は、空高く飛び、海を越えて、カエデの木に火をつけた。しかし、その熱が彼の羽をみな焦がしたので、驚いて、火を持たずに帰ってきた。次に、小さなコノハズクがそれを志願し、彼は、無事に現地に着いた。しかし、彼が、その木のくぼみをのぞくと、熱い炎がのぼってきて彼は、失明するところだった。彼は、帰途につくことにしたが、目がよくなるには、だいぶ、日にちがかかった。だから、今でも、コノハズクの目は赤いのである。次に、フクロウとミミズクが出かけた。しかし、その木に到着するまでに、火は、急激に燃え上がったので、煙のために彼らは、見ることができず、灰が風に運ばれて、その目のまわりに、白いクマを作った。彼らも、また、火を持たずに、帰らねばならなかった。だが、どんなにこすっても、もはや目の白いクマをとることは不可能になってしまった。

もはやどんな鳥も冒険しようとしなくなった。そこで黒いレーサー、ウクスヒという小さなヘビが海を渡り、火を持ち帰ろうと言い出した。そして、彼は、その島まで泳ぎつき、草の中をくぐりぬけて、その木まで這いつき、根元の小さな穴から、するすると木の中に入ってしまった。しかしながら、熱と煙が、彼にとっても困難なしろものだった。灰の中で目をあけられず、いろいろなものにぶつかりながらも、最初に入った穴の入口に、ふたたびたどりついた時にはたいへん喜んだ。しかし、彼の身体は、今や黒焦げとなってしまった。それ以来、まるで狭いところで、何かから逃れようとするように突進し、自分の通った跡をすばやく戻るのが習慣になった。その後、インディアンたちが、グレギ、または、〝登るやつ〟とよぶ大きな黒へビが火をとりにでかけることを申し出た。彼は島に泳ぎつき、いつも彼がしているように、木の上をはい登った。しかし、彼が、頭をその穴につっこんだ時、煙が彼を襲い、燃えている根元に落っこちた。そして、彼がふたたびはいのぼった時には、小さなヘビ、ウクスヒと同じくらい、まっ黒くなっていた。そこで、動物たちは、また会合を開いた。まだ、火が得られず、世界は寒かったからである。けれども、鳥類、ヘビ類、そして獣類は、今や、すべて、この燃えているカエデの木に近付くことを恐れた。最後に、ミズグモが申し出た。これはカのようではなく、黒い柔らかな毛をもち、身体に赤い縞《しま》のはいったミズグモである。彼女は、水の上を走ることができ、海底にも潜行できる。だから、島に渡ることは簡単だったが、火をどうやって持って帰るか、それが問題であった。〝なんとかやってみましょう〟とミズグモは言うと、身体から糸を吐いて、ツチという空気玉を織り、背に固定させた。そして、島に泳ぎ渡り、火がまだ燃えている木まで、草の中を分けてたどりついた。彼女は火の燃えさしを空気玉に入れ、それを持ち帰った。おかげで、われわれは火を持つことができ、ミズグモは、いまだにツチという空気玉を持ち続けている(9)。

この神話は、ある動物や鳥たちの独特な外観、または、歩行ぶりなどを主に説明しようとしているものだ。火の起原の説明は第二次的で、木や石の中に埋まった火の問題を解決しようという試みがなされていない。

カリフォルニアのカロック・インディアンは、彼らの先祖が火を持たなかった遠い世界のころを語る。人間と動物を創った創造主、カレヤは彼らに火を与えなかった。それどころか、火を小箱に隠し、カロック人が盗まないように年老いた二人の魔女に守らせた。コヨーテはカロック人と親しく、彼らに火を持ち帰ると約束をした。そこで彼は出かけ、ライオン[10]からカエルまでのあらゆる種類が各一匹ずつ加わっている動物たちの大集団を同行させた。これらを彼は、カロック人の住家から火が隠されているはるかかなたまで、道にそって一列に配置した。動物たちの力量に応じて、すなわち、力の弱いものは住家の近くに、強いものは火の近くにといった具合に配置されている。それからコヨーテは、一人のインディアンを連れてきて、丘のふもとに隠し、小箱を持っている魔女たちの戸がしまっている家に行って戸を叩いた。魔女の一人が出て来た。〝今晩は〟、彼がいうと、彼女らは、〝今晩は〟と答えた。そこでコヨーテは言った。〝どうも寒い晩ですな。あなた方の火のそばに坐らせてくれませんか〟。〝いいとも、お入り〟と魔女たちは答えた。そこで彼は中に入り、火のほうに身体をのり出した。そして鼻を炎に近づけクンクンと火のにおいをかいだ。とても暖かくていい気持だ。とうとう彼は、鼻をのばして前足にのせ眠くなったふりをした。だが、片目を少しあけて魔女たちのようすをうかがっている。彼女らは昼も夜も眠らなかった。彼は目的が達せられず、ひと晩じゅう見張ったり、考えたりしてすごした。

翌朝、コヨーテは出かけた。彼は丘のふもとに隠しておいたインディアンに、自分が小屋の中にいる間に、おまえはあたかも火を盗むようなふりをして、魔女のところに攻撃をかけろと言いつけた。それから彼はもどってまた、小屋に入れてくれるように魔女たちに頼んだ。彼女らはコヨーテが火を盗むなどと考えてはいなかったので、中に入れた。彼は火の小箱のそばに立った。インディアンが小屋を襲い、魔女たちがコヨーテを残して入口にかけつけた時、コヨーテは燃え木を口にくわえ、も一つの戸口から逃げ出した。彼は飛ぶように地面をかけた。魔女たちは飛びゆく火花を見て彼を追いかけた。たちまち彼を捕えたが、彼は息がきれながらも、ライオンのところに到着していたので、ライオンは燃え木をとり、次の動物のところまで走った。同じようにして、魔女たちがやって来ないうちに、めいめいの動物が力を尽して火を次の走者へと渡した。

列の最後から二番目はリスだった。彼は、燃え木を持ってたいへん早く走ったので、尾に火がついてしまい、彼の背中のほうにそれが巻き上げられた。そして、今日、彼の前肩のところまでみられる黒い斑点はそのためである。列の最後は、カエルだった。彼は全く走れなかった。それゆえ、彼は、口を大きく開き、リスはその中に火を投げいれた。するとカエルはそれをひとのみした。そしてカエルは進路を変えて、大きく跳躍した。しかし、魔女たちが彼のすぐそばに近付いていたので、魔女の一人が彼の尾を捕え(というのは、彼は、その時、オタマジャクシであった)、それをグイとむしりとった。今日、カエルに尾がないのはそういうわけである。カエルは息の続くかぎり、水の中を泳ぎ、そしてひょいと現われて、流木に火を吐いた。そしてそれ以来、そこに住んでいる。それゆえ、インディアンが二本の木をこすり合わせると、火は出てくるのである。(11)

〈原注〉

1 John R. Swanton, *Myths and Tales of the Southeastern Indians* (Washington 1929) p. 46 (*Bureau of American Ethnology, Bulletin* 88).

2 ibid., p. 203-.

3 ibid., p. 102-.

4 ibid., p. 122.

5 G. B. Grinnell, "Some early Cheyenne Tales" *Journal of American Folk-lore*, xx. (1907) p. 171.

6 François-Vincent Badin, in *Annales de l'Association de la Propagation de la Foi*, iv. (Lyons and Paris 1830) p. 537-.

7 Alice C. Fletcher and Francis la Flesche, "The Omaha Tribe" *Twentyseventh Annual Report of the Bureau of American Ethnology* (Washington 1911) p. 70.

8 Frances Densmore, *Chippewa Customs* (Washington 1929) p. 98. 発火の方法については前掲のp. 142 (*Bureau of American Ethnology, Bulletin* 86) を参照。問題の発火法は弓もみ式として知られている。すなわち直立する矢のまわりにまかれた糸は弓にくくりつけられ、弓を動かすとその糸のおかげで矢は早く回転してやわらかな木片の中にはいっていく。なお Walter Hough, op. cit., p. 96-98.

9 James Mooney, "Myths of the Cherokee" *Nineteenth Annual Report of the Bureau of American Ethnology*, Part i. (Washington 1900) p. 240-242.

10 このライオンはピューマのことである。

11 Stephen Powers, *Tribes of California* (Washington 1877) p. 38-. (*Contributions to North American Ethnology*, vol. iii).

3

カリフォルニアのトロワ・インディアンは、いちばん高い山の頂上に避難したために助かった一組の男女を除いて、すべてのインディアンが溺れ死んだ大洪水のことを語る。水がひいた時、生存者たちは火を持たなかった。やがて、地上は彼らの子孫でいっぱいになったが、まだ人間たちには火が欠けていた。彼らは羨望の目で月をながめ、月は彼らに授かっていない宝をもっていると考える。そこで、クモ・インディアンとヘビ・インディアンは一緒になって月から火を盗む計画をたてた。これを実行に移すべく小グモの糸で気球を織り、長い綱でそれを地上に固定させ、気球に乗って月に出発する時、それを繰りのべさせた。とうとう目的地に着いたが、月のインディアンは、彼らの用件は何だろうと思いながら、彼らを横目で見た。しかし、クモ・インディアンは、月の居住者たちと賭博をやるためにだけやってきたのだと信じさせようとした。それを聞くと、月のインディアンは大喜びで、すぐゲームを始めるように申し出た。だが火のそばに坐って賭博をしている間に、長いロープを登ってきた一人のヘビ・インディアンはその場に到着し、一直線に火を通りぬけ、月のインディアンがびっくりしておろおろしているうちにすばやく逃げてしまった。地上に戻ると、岩や木や棒の上をまわって歩くことが彼のしごとになった。この時から、彼の触るもののすべてが火を持つようになり、インディアンたちの気持はすっかりうれしくなった。それ以来、火は保持されているので、ヘビ・インディアンは自分たちの成功を喜んでいる。(1)

カリフォルニアのパオム・ポモ・インディアンは、稲妻が地上の火の源だと信じている。天から落ちた原始の電光が木の中にその火花を置き、だから今でも二本の木をこすり合わせると火花がでてくるのだ。(2)

カリフォルニアのガリノメロ・インディアンは、その前足の中で二本の木をこすって、火を最初におこしたのはコヨーテであり、このかしこい動物は、今日まで、木の根元に、神聖な火花を保存し続けているという。(3)

カリフォルニアのアチューマウィ・インディアンは、この地球は、コヨーテとワシによって創造された、いや、むしろ、コヨーテがまず手をつけ、ワシがそれを完成したと思っている。このしごとのいちばん最後に、コヨーテは火を地上に持って来た。というのは、インディアンはみな凍えていたからだ。コヨーテは、はるか西方の火のある所に旅をして、それを盗み、耳の中にいれて持ち帰った。彼は山の中で火を燃やし、インディアンたちは、その煙を見てやってきて、火を得た。そこで彼らは自分たちを暖め、楽になり、それ以来、それを持ちつづけている。(4)

カリフォルニアのニシナム・インディアンはコヨーテが世界とその居住者を創造した後、

まだ足りないものがあった。それは火であったという。西の国には、それがたくさんあったが、誰も、それを手に入れることができなかった。というのはそれはとても遠いところでしかも厳重に隠されていたからである。そこでコウモリがトカゲに、おまえ行って少し盗んで来いと言いつけた。トカゲはそれをやりとげ、立派な炭火を手に入れたが、それを持ち帰るのがなかなか容易でないとわかった。というのは、誰もが、彼から、それを盗もうと思っているからだ。とうとう、トカゲは、サクラメント峡谷の西方の端に到着し、その地方を燃やさぬようたいへん気をくばって、谷をこえた。乾いた草に火がつかぬよう、また、貴重な宝をどろぼうに盗まれないようにと用心しながら、トカゲは、夜旅を続けなければならなかった。ある晩、谷の東方の丘に到着しようとした時、運悪く、夜中あつまって賭博をしていた、砂丘のツルの一団を照らしてしまった。トカゲは、火を手に持ち、丸太にそって、こっそり這っていったのだが、彼らはそれをみつけて、追いかけて来た。ツルの足はたいへん長いので、トカゲは逃げる望みを失い、草の上に火をおかねばならず、山中は火の海となった。ぼうぼうと音を立てて火は燃え、トカゲはそれに追いつかれまいとあらんかぎりの力で走りつづけた。コウモリは見たことのない火を見たため目が見えなくなり、鋭い痛みがその目を襲った。彼はトカゲに、自分の目がつぶれてしまったと叫び、上にマツヤニをかぶせてくれと頼んだ。トカゲは承諾した。だが、マツヤニは厚すぎて、いくらこすっても、コウモリは何も見えなかった。失明したコウモリは、ピョンピョン跳んだりはねたり羽ばたきしたり、あらゆる方法で飛び、頭を焼き、しっぽも焼かれてしまった。それから、西に向かって飛び、大声で叫んだ。〝風よ吹け〟。風はそれを聞いて、彼の目の中に吹きつけた。しかし、彼のマツヤニを吹き払うことは不可能だった。いまでも、コウモリの目がかすんでいるのはこういうわけである。火の中にいたので、あんなに黒くなり、まるで焼き焦がされたようにみえるのだ(5)。

カリフォルニアのマイドゥ・インディアンの話では、ある時、人々が火を発見し、それを使おうとした。しかし、雷おやじは、火を持つべきは、自分一人だけでありたいと思い、それをとりあげようとした。彼は、もしこれができたら、すべての人間どもを殺すことができるだろうと考えた。とうとう彼は、成功し、火を遠い南の果ての自分の家に持ち運んできた。雷おやじは、ウォスウォスィム（小鳥）に、火を守らせ、それを盗むものがないよう見張らせた。雷おやじは、人間どもは食べ物を料理できなくなるから、自分が火を盗んだ後、みな死んでしまうだろうと考えた。しかし人間たちは、何とかしてやっていこうとした。彼らは、ほとんどの食べ物を、生のまま食べたが、時々は、トエスコム（他の小鳥）に肉片を長い間、みつめさせた。というのは、この鳥は、たいそう赤い目を持ち、その目で肉を長い間みつめると、火と同じように焼くことができたからだ。だがそうやって料理できるのは、酋長《しゅうちょう》たちだけであった。

すべての人々は、湿気のある大きな家に一緒に住んでいた。家は、山ほど大きかった。

人々の中に、トカゲとその弟が住んでいた。彼らは、いつも夜が明けるとまっ先に外に出て、家の屋根の上で日光浴をした。ある朝、彼らがそこで日光浴していると、西のレーンジ海岸の方角に煙が見えた。彼らは皆を呼び起こし、西のずっと向こうに煙をみたと言った。しかし人々は、彼らの言を信じようとしなかった。そしてコヨーテが出て来て、ちりやほこりをいっぱい、彼らにあびせかけた。しかし、ある者は、これをいやがり、コヨーテの態度は無礼だと抗議した。すると人々は二匹がかわいそうに思えてきた。彼らは、二匹のトカゲたちに何を見たかをたずね、煙のほうをさし示すようにと言った。トカゲがさした西のずっと向こうに、たち上るうすい柱状のものを人々は見た。ある者は言った〝どうすれば、あそこの火を持ってこられるだろう。どうやって、雷おやじから火をとりかえせるだろう。やつは悪者だとしても、そこから火をとってくることがよいことかどうかわからない〟。すると酋長が言った。〝おまえたちの中でいちばん強い者が行ってやってみろ。雷おやじがたとえ悪人でも、われわれは火をとってこなけりゃならん〟。ネズミ、シカ、犬、コヨーテがやってみようとすすみ出たが、ほかの人間たちも負けてはいなかった。彼らは一本の横笛をもった。その中に火を入れて来ようと思ったのだ。

彼らは長い間旅を続け、とうとう火のある雷おやじの家の近くまでやってきた。家の中で火を守っていると思われるウォスウォスィムが歌いはじめた。〝おれは、けっして眠らない！　けっして眠らない〟。雷おやじは、彼に報酬としてビーズを与えていた。小鳥は、それを首や胴のまわりに巻きつけていた。小鳥は家のいちばん高いところの煙突の近くに坐っていた。まもなく、ネズミが中に入れるかどうかを見にやって来た。ネズミは、そろそろ這って、とうとうウォスウォスィムのそばに来てみると、小鳥の目が閉じられているではないか。歌と反対にやっこさんは眠っていた。ネズミは、見張りが眠っているのがわかると入口からしのびこんだ。ところで雷おやじには、何人かの娘がおり、彼女たちも眠っていた。ネズミはこっそり近づき、めいめいの娘のエプロンのひもを解いた。突然急を知って娘たちがとび起きた時、エプロンやスカートがずり落ち、立ち止まってひもをしめなくてはならないようにである。こうしておいてネズミは、笛をとり出し、それに火をつめこみはい出して、外で待っている人々とふたたび一緒になった。火が少し持ちだされ、犬の耳の中にいれられた。笛の中の残りの火は、いちばん足の速い走者に渡された。シカはそれを受け持ったが、足のくるぶしにのせて運んだので、今日も、そこに赤みがかった斑点がある。

しばらくの間はすべていい調子だったが、帰り道を半分ほど来たころ、雷おやじが目をさまし、何か悪いことが起こったと疑って、〝わしの火はどうした〟とたずねた。そして彼は、すごいうなり声をあげてとびあがると、娘たちも飛びあがったひょうしにエプロンが落っこちてしまったので、それらをつけるためにもう一度坐らなければならなかった。彼らは、仕度ができると、彼女らも雷おやじといっしょに追跡に出かけた。彼らは、大風と大雨と大雹《ひょう》をもって出かけたので、人々が持ち去ったどんな火をも消すことができた。雷おやじと娘たちは急いだ。そして、まもなく逃亡者たちをつかまえた。しかし、スカンクが雷おやじを打ち殺してしまった。スカンクは叫んだ。〝今後、おまえは、人々を追いかけたり、殺したりしてはいけない。天にいて、雷になるんだ〟。雷おやじの娘たちは、つづけて追おうとはしなかった。そこで、人々は火を持って無事に家に帰りついた。それ以来、人々は、火を持っている。(6)

ブリティッシュ・コロンビアに隣接した、ワシントン州の北西海岸と、ヴァンクーバー島の南西端に住む、または、住んでいたインディアンはウレムークという種族名で知られている(または知られていた)。彼らの中の年老いた人々は、彼らの先祖が火もなく、食べ物を生のまま食べたり、夜を暗いまま過ごしたりしていたころのことを語る。ある日、彼らが草の上に坐って生肉を食べていると、輝く尾をもつ、きれいな小鳥がやってきて、彼らのまわりを飛びまわった。このみごとな羽毛に感嘆して、一人が〝きれいな小鳥よ。おまえは何が欲しいか。かわいい小鳥よ、どこからきたのかね〟と言うと、小鳥は〝ずっと向こうの美しい国から、あなた方に火(hieuc)のお恵みをもって来たのです〟と答えた。〝あなた方が見ているわたしの尾が、その火なのです。わたしは、火をウレムークの子供たちに、条件つきであげようとやってきました。まず第一にその貴《とうと》さを知るためにはそれをあなたたちで得るようにしなければなりません。いいですね、悪いことをした罪ある者や、卑しい行ないをした者は、そうする資格がありません。今日はまずあなた方は、めいめい、マツヤニ（chummuch）を用意してください。明日の朝、ここで会いましょう〟翌朝、小鳥が来て〝皆、マツヤニを用意しましたか〟とたずねると〝はい〟と皆が答えた。〝わたしは空へ飛びます〟、小鳥は言った。わたしをつかまえ、もっているマツヤニをわたしの尾にのせた人なら誰でも、お恵み、すなわちそれによって身体が暖かくなり、食べ物を料理できるものを受けることができましょう。そして、あなた自身とウレムークの子供たちに、いつまでもたくさんの奉仕ができましょう。さあ、飛びますよ〟。小鳥が舞いあがると、一族のすべての男や女、少年、少女たちがあたふたと追いかけた。辛抱強くないのは、みな引き返して家に戻った。すべての人々が疲れて、お腹がすいてきていた。一人の男が小鳥に近づき、それを捕えようとしたが、小鳥は彼の手をうまく逃れた。〝あなたはけっしてこのお恵みを受けられません。あまりに利己主義だから〟、そう言うと小鳥は飛び去ったが、他の男が追いついた。だが小鳥は彼に捕まることも拒んだ。というのは、彼は、隣人の妻を盗んだ男であったから。それから、病気の老人の看護をしている女のところを通り過ぎると小鳥は言った。〝いいおひと。あなたは、自分の義務と思っていつも善いことをしている。木を持っていらっしゃい。そして、わたしの尾にそれをおけば、火がつきます。その火こそ、まさしく、あなたのものです〟。木が小鳥の尾に置かれると燃えあがった。すべての人々は、自分たちのマツヤニを持ち寄って彼女から火をもらった。

この時以来今まで、インディアンは、火なしで過ごしてはいない。しかし、火をもたらした小鳥に関しては、彼はどこか遠くに飛び去って、もうけっして見ることがなかった[7]。

ヴァンクーバー島西海岸のヌートカまたはアハト・インディアンが語る火の起原は、独自の探究者によって、少なくとも三種の異なる話が記録されている。その三つを記載し、比較することも無益ではないだろう。これらのうちの最初の話は、これらインディアンと長年いっしょに暮らし、彼らをよく知悉《ちしつ》しているＧ・Ｍ・スプロート氏によって発表された。氏は、バークレイ・サウンドのアルバーニに住み、その島の西海岸の部落の文明化に尽した。まわりの地方は、岩が多く、山が多く、深いマツの森でおおわれていた。スプロート氏が彼らの中に住んだ時には、最初の土着のインディアンの状況は、ほとんど、いや全くわからなかった。氏が記録した彼らの火の起原の話はこうである。

いかにして、火は得られたか。――クアウテアートは、地球を作り、すべての動物も創ったが彼らに火は与えなかった。火は、水陸両方に棲むコウイカ（テルフープ）の住家にのみ燃えていた。森のすべての獣たちは一団となって、その必要物（当時、動物たちの身体の中にインディアンがいたので火が欲しかったのだ）を探しに出かけた。とうとう火は発見され、テルフープの家からシカ（ムーク）が盗み出した。語り手が、ことばやしぐさで奇妙に語るところによれば、シカはそれを、後足の関節のところに入れたという。この話は、話し手によって少しずつちがっている。ある者は、火はコウイカから盗られたと主張し、他はクアウテアートから持ち去られたという具合だ。が、それが贈り物として与えられたものではなく、不正に得られたのだという点では、意見が一致している〟(8)。

アメリカの優れた民族学者、フランツ・ボアズ博士によって記録された、ヌートカの別の話は、こうである。

昔、火は、オオカミたちによってのみ所有されていた。他の動物や小鳥が、それをひどく欲しがった。いろいろと無駄な試みをしたあげく、酋長のキツツキはシカに言った。〝オオカミの家へ行って踊れ。わしらは、皆おまえのために歌おう。おまえの尾にセイヨウスギの樹皮をくくりつけろ。そうすれば、おまえが火に近付いた時、樹皮に火がつく〟。そこでシカは、すぐにオオカミの家に走っていき、尾につけた樹皮に火がつくまで踊った。彼は、おもてに飛び出そうとしたが、逃げる前にオオカミたちに捕えられ、火も彼らにとられてしまった。それからキツツキは、小鳥のツアトシスクムスを送り出して言った。〝わしら部族全体でおまえのために歌を歌おう。そうすればおまえは、火が手に入れられる〟。そして、すべての動物や鳥は、キツツキとクォーティアトに先導されて、オオカミたちの家へ出かけた。彼らは、家に入る前にある歌を歌い、中に入った時には、また別の歌を歌った。そこで彼らは踊りまわった。一方、オオカミたちは、火のそばに横になって彼らを眺めていた。鳥のあるものは、たる木の上の高いところで踊った。しかし、オオカミたちは、それに気づかなかった。火のそばの踊りを警戒するのにいっしょうけんめいだったからだ。とうとう、たる木の上の鳥たちは、そこにあった火を作る器具に、火をつけた。彼らはそれを取り、踊りながら戻って、それをキツツキとクォーティアトに渡し、他の動物や鳥たちは彼らが無事に家に帰りつくまで、そのままさかんに踊り続けた。クォーティアトは、家に帰ると火を作る器具を摩擦させとうとう火花がとび出した。そして彼は、それを頰においたので、そこが焦げた。それ以来、彼の頰には穴がある。オオカミの家で踊っている者はクォーティアトが家に帰ったことを知ると、叫びをあげて、家から逃げ去った。このようにして、オオカミたちは火を失ってしまった。(9)

ヌートカの神話のもっと充実したものは、ジョージ・ハント氏によって記録されている。昔々、オオカミ族の酋長のキツツキがいて、クワティヤットという奴隷を持っていた。家の中で火を持つのは、世界で彼一人であった。同じ部族の者でさえ、それを持っていなかった。彼に対抗するモワトカス族の賢い酋長、エベワヤクは、オオカミ族の酋長、キツツキから火をもらう方法がわからなかった。

ある日、モワトカス族は、秘密の会合を開いた。というのは〝冬の儀式〟がキツツキの家でとり行なわれるということをきいたからである。彼らは、火のあるキツツキの家に行くことを決めた。キツツキは、戸の近くの床の上に、たくさんの先の尖った棒をおかせた。そのために人々は、足をきずつけないでは、外に出られなかった。酋長、エベワヤクは、会合の席で話した。〝みなの衆、おまえたちの中で、キツツキから火を盗むことをやってみようというのは誰かね〟。シカが言った。〝わしに行かせてください〟。すると酋長は、海藻のビンに入った髪油をとり出して言った。〝これと、それから、この櫛《くし》とこの石ころを持っていけ。火が手に入ったら、どんどん逃げるんだ。オオカミらがおまえを追いかけてきたら、石をおまえとオオカミ族の間に投げろ。すると、そこには大きな山ができる。やつらが、またもや、そばまで来たら、おまえの後に、櫛を投げな。櫛は、深いやぶに変わるだろう。やつらがそのやぶを越え、追いせまって来たら、今度は髪油を投げるんだ。それは、大きな湖となる。そこでまた逃げろ。すると、道端に巻き貝のタマキビがいる。そいつに火をくれてやるんだ。そうしてつっ走れば助かる。さあ、火がつきやすいセイヨウスギのやわらかい樹皮をおまえに着せてやろう〟。酋長は、柔らかいセイヨウスギの樹皮をとりあげ、一つの歌が終わるまで立って火のまわりで踊らにゃならんぞと言いながら、シカの両肘《りようひじ》に、樹皮の束を結びつけた。彼はさらにつづけて〝その歌が終わったら、新鮮な空気を入れるためだと言って煙穴を開けるよう頼むんだ、彼らがそれを開けたら、さア、みんなで二曲目を歌おうといって、その最中に、おまえの肘に火をつけて、その煙穴から飛び出せ。わしは、この堅い、黒い石をおまえの足につけてやる。そうすれば、酋長の家の床の先の尖った棒で足を傷つけることはない〟と言うと、彼はシカの足につけた石をなでた。

会合が終わらないうちに外は暗くなっていた。モワトカスの人々は、歌いながらオオカミ族の家に向かった。シカは彼らの前で踊った。彼らが戸口にやってくる前に、オオカミ族の酋長、キツツキが言った。〝モワトカスのやつらを家へは入れてはいかんぞ。やつは、わしらの火を盗《と》ろうとしているのだ〟。ところが彼の娘が言った。〝わたし、踊りが見たいわ。シカは踊りがうまいというじゃない。外に踊りを見に行かせてくれたことなんて一度もないんだから〟。すると彼女の父は言った。〝戸を開けてやつらを中に入れろ。だが、シカをよく見張って、火のそばで踊らせてはいかん。彼らが中に入ったら、戸を閉めてかんぬきをするのだ。やつらが逃げられないように〟。酋長は、部下にこのように言い渡した。

こうして、オオカミ族は戸をあけて、人々を招き入れた。彼らは歌いながら入ってきた。彼らがみな入ってしまうとオオカミ族の主だった戦士たちは、戸を閉め、かんぬきをして、その前に立った。モワトカスたちは、シカの最初の踊り歌を歌いはじめ、シカは、火のまわりをなよなよと踊りはじめた。最初の歌が終わるとシカは言った。〝ここは、とても暑い。煙穴をあけて新しい空気と入れ替え、わしを冷やしてくれませんか。すっかり汗をかいてしまった〟。オオカミ族の酋長、キツツキは〝あいつは、そう高くは飛びあがれまい。事実、暑いのだから、煙穴を開けてやりな〟と言って、部下に煙穴を開けさせた。その間、訪問者たちは、静かにして、シカを充分、休養させた。

煙穴が大きく開くと、訪問者たちの歌のリーダーが歌いはじめた。そして、シカは、火の回りで踊りはじめ、時々、火のそばに行こうとした。酋長は、彼が火のそばに行くのをみるたびに戦士の一人をやって〝近寄るな〟と言わせた。その歌が半分ほど終わったころ、シカはとび上がって煙穴を通り、森の方へ逃げ、オオカミ族の戦士たちは彼を追いかけた。大きな山のふもとまできた時、彼は、オオカミ族がすぐ後に近付いてくるのを見た。そこでシカは、小石をとりあげ後の方に投げた。するとその石は大きな山となり、オオカミ族の足を引きとめた。シカは、ずっと逃げ続け、オオカミ族がふたたび近付いてくると、櫛を後に投げた。するとそれはとげの多いやぶに変わった。オオカミ族はまたその向こう側でとどまらなければならなかった。このようにして、シカはオオカミ族をうんとリードしたが、やがて彼らはトゲの多いやぶを通りぬけて追いかける。彼らは前の方を走って行くシカを見、どんどん近づくと、シカは地面に髪油を撒き散らした。突然、シカと追手たちの間に大きな湖ができた。そして彼が逃げていく間、オオカミ族はその湖を泳いで渡らねばならなかった。ようやくシカは岸に近づくと、そこでタマキビを見つけたので彼に言った。〝タマキビよ、口をあけて、この火をいれて、オオカミ族から隠してくれ。わしはこれをキッツキ酋長から盗んできたのだ〟。タマキビは、火を口の中にいれて隠し、シカはなおも走りつづけた。

しばらくして、オオカミ族がやってきて、道端に坐っているタマキビをみつけた。彼らは、シカが逃げた道を聞いた。しかし、タマキビは答えられなかった。口を開けられなかったからである。彼は、ただ、口を閉じたままで〝ホーホ、ホ〟とあちこちを指さした。

それでオオカミ族は、シカの行くえがわからなくなり、彼を捕えないまま、家に帰った。それ以来、火は、世界じゅうに広がった。(10)

この最後の話では、オオカミ族からシカが盗んだ火は、酋長がシカの肘に結びつけておいたセイヨウスギの樹皮の束の中に入れて運び去ったとなっているが、ハント氏の話がボアズ博士の話と異なっているのは、キツツキが火どろぼうではなく、その所有者としてあらわれていることである。ある話のクワティヤットは、たぶん他の話のクォーティアトと、同一の人物であろう。一つの話のクワティヤットは、火の所有者の奴隷であり、もう一方のクォーティアトは、火どろぼうの共犯者ではあるのだが——。ハント氏の話は、火どろぼうがシカであるということで、スプロート氏のそれと一致している。ボアズ博士の話では、シカは、火を盗むのに失敗し、実際の火どろぼうは、キツツキとその共犯者たちによって行なわれるとなっている。

〈原注〉

1 S. Powers, *Tribes of California* (Washington 1877) p. 70-.
2 ibid., p. 161.
3 ibid., p. 182.
4 ibid., p. 273.

5 ibid., p. 349-.

6 Roland B. Dixon, "Maidu Myths," *Bulletin of the American Museum of Natural History*, xvii. Part ii. (New York 1902) p. 65-67.

7 James Deans "How the Whulle-mooch got Fire," *The American Antiquarian and Oriental Journal*, viii. (Chicago 1886) p. 41-43. これと同じ話がもっと短縮された形でソンギー族によって語られているという。M. Macfie, *Vancouver Island and British Columbia* (London 1865) p. 456を見られたい。マクフィー氏はこの話をジェイムズ・ディーンズ氏から引用したようだ。それはディーンズ氏に対する氏の謝辞（p. 455）によって察せられる。

8 G. M. Sproat, *Scenes and Studies of Savage Life* (London 1868) p. 178-. スプロート氏はバークレイ・サウンドに入植した最初のヨーロッパ人であった。彼の提示された居住地からは、インディアン・キャンプが一つ立ち退かされていた。そこの風物の荒れはててごつごつした特徴の叙述はその著書のp. 1-, 11-に見られる。北西アメリカのインディアン種族間に見られる火の神話はフランツ・ボアズ博士によって簡明に分析され比較されている。Franz Boas, "Tsimshian Mythrogy," *Thirty-first Annual Report of the Bureau of American Ethnology* (Washington 1916) p. 660-663.

9 Franz Boas, *Indianische Sagen von der Nord-Pacifischen Küste Amerikas* (Berlin 1895) p. 102. クォーティアトは鳥かけもののように思われるが、ボアズ博士は何とも説明していない。この説話の鳥たちとけものたちに適当な集合名詞はクヤイミミト（kyaimimit）である。それははじめは鳥たちとけものたちに相当する用語であったが後に人間に変形してしまった。(ibid., p. 98.)

10 George Hunt, "Myths of the Nootka" in "Tsimshian Mythology" by Franz Boas, *Thirty-first*

Annual Report of the Bureau of American Ethnology (Washington 1916) p. 894-896.

4

ヌートカの北方、ヴァンクーバー島のインディアン、カトロルトク族も、昔、火はなかった。一人の老人に娘があり、彼女は、すばらしい弓矢をもち、それでもってねらうもの何でもを射ち落としていた。しかし、彼女は、たいへん怠けもので、のべつ眠ってばかりいた。父親は怒って彼女に言った。〝寝てばかりいないで弓をとって、大洋のへそでも射てみろ。そしたら、火が得られるかもしれんぞ〟。さて、大洋のへそとは、巨大な渦巻きで、その中には摩擦によって火をおこすための棒きれが漂っていた。娘は弓をとり、大洋のへそを射た。すると、摩擦によって火をおこすための仕掛けは、浜に打ち上げられた。老人は、たいへん喜び、大きな火を作った。それを自分だけのものにしたくて彼は、一つしか戸のない家を建てた。その戸は、まるで口のようにすばやく開け閉めができ、その中に入ろうとする者をみな殺した。しかし、人々は、彼の家の中に火のあることを知り、シカは、彼らのために、火を盗む決心をした。そこで彼は、樹脂質の木を取って、割り、彼の髪に、そのかけらをさしこんだ。それから、二そうのボートを一緒にくっつけて、それらを飾りつけ、老人の家へと舟を走らせながら、その甲板で歌いながら踊った。彼は歌った。〃おお、わしは火をとりに行く！〃。老人の娘は、彼の歌を聞いて、父親に、〃あのよそ者を家に入れましょう。じょうずに歌って、踊っているもの〃と言った。そのうちにシカは上陸し、歌い踊りながら戸口に近づいてきた。彼は、あたかも中に入るようにして、戸の前で飛びあがった。ピシャリと戸は閉まった。ふたたび戸口があいた時、シカは、家の中にとびこんだ。そこで、彼は、まるで自分を乾かすように火のそばに坐り、そして歌を続けた。同時に彼は、自分の頭を、火のほうにかしげた。とうとうそれは黒くすすけ、髪にくっついている木のかけらに火がついた。それから彼は家から飛び出して逃げ、人間どもに火を届けた。(1)

ヴァンクーバー島の北東端に住んでいた(2)、クワキウトル・インディアンのトラトラシコアラ族も、大昔、どのようにして、シカが火を盗んで彼らにもって来たかを語る。彼らは昔、火を持たなかった。というのは、ナトリビカクがそれを隠していたからである。そこで、クテナがそれをとってくるためレレコイスタを送った。その使者は、炭火を口にくわえ、急いで去ろうとした。その時、ナトリビカクが見て、〃口にくわえているものは、何か〃とたずねた。どろぼうは答えることができず、火の持ち主は、彼の口をたたいたので、火がころがり落ちた。次に、クテナは、火を盗みにシカを送った。シカは、髪の中に乾いた木をさしこみ、ナトリビカクの家にかけて行った。そして、戸口に立って歌った。〃わしは、火をもらいにきた、火をもらいにきた〃。それから彼は、中に入っていった。火のまわりで踊ったあと、彼は頭を、火の中に突っこんだ。すると、髪にさしこんでおいた木片に火がついた。彼は逃走した。ナトリビカクは、盗まれた火をとり戻そうと追跡した。シカはそれは覚悟の前、ちゃんと準備ができている。ナトリビカクがもう少しで彼を捕えようとした時、シカは、あぶら身をとって後方の地面に投げた。脂肪は、たちまち、大きな湖となり、追手は、ずっと遠まわりしなければならなかった。しかし追跡者はあきらめず、またもや逃亡者に追いついた時、シカは後方の地面に髪の毛をばらまいた。髪は、すぐに、若樹でいっぱいの深い森となり、ナトリビカクは、そこに入りこむことはできなかったので、そのまわりを一周せねばならなかった。こうして、追手とシカとの距離はうんと離れた。もう一度、追手が、すんでのところで、シカを捕えようとしたとき、シカは、四つの石を後に投げた。すると石は四つの山となった。ナトリビカクがそれを越さぬうちに、シカは、クテナの家に到着した。ナトリビカクは戸口に立って、〝わしの火を返してくれ。半分でよい〟と頼んだがクテナは承知しなかった。そこで、ナトリビカクは、むなしく引き返さねばならなかった。こうして、クテナは、火を人々に与えた(3)。

ヴァンクーバー島の東北岸と、クイーン・シャルロット海峡を越えて、ブリティッシュ・コロンビアの対岸に住む、クワキウトル・インディアンは、シカが、いや、シカの姿をした英雄がいかにして最初の火を人々のために獲得したかを語る。ヴァンクーバー島に住む、この部族の話によれば次のとおりだ。火を盗み、インディアンに与えたのはカニ・

ケ・ラクであった。火をもっていた酋長は、〝日のはずれ〟に住んでいた。そこは、すなわち、太陽の昇るところである。この酋長の友人たちが火のまわりで踊っていた時、カニ・ケ・ラクはシカの姿となり、角の間に樹脂質の木片の束をはさんで、踊りに加わった。外にいた彼の友人からの合図で、彼は頭を火に突っこみ、木片には火がついた。彼は、火を飛び越して、家から逃げ出し、盗んだ火をあちこちにばらまいた。彼は追いかけられたが、友人たちはその道にオヒョウを置いておいたので、追手は、つまずいてしまった。シカの尾が短くて黒いのは、その火で焼けてしまったからである[4]。

クワキウトルの神話の別の話では、人々のために火を最初にもたらしたのは、シカではなくミンクであるとされている。ミンクは幽霊（ラレノク）たちと戦うために、出かけていった。彼は、幽霊族の酋長の家に、こっそりしのび入り、ゆりかごから、酋長の子供を運び去った。酋長はそれに気付くと、追手を出したが、逃亡者をとらえることができなかった。ミンクは自分の家にもどり、戸にかんぬきをかけた。幽霊族の酋長は、ミンクに懇願して言った。〝わしの子供を返してくれ〟。しかし、ミンクは、酋長が代わりに火を持ってくるまで、うんと言わなかった。このようにして、人々は、火を獲得した[5]。

ブリティッシュ・コロンビアの岸から、クワキウトルの北に住むインディアン、アウイケノク人は、最初の火どろぼうとしての功績はシカだとしている点で、ヌートカ族やヴァンクーバーのクワキウトル族と一致している。ワタリガラスが、監禁されていた太陽を自由にしてやった後、ノアカウア（知者）とマサマサラニクという二人が、地上に、すべてのよいもの美しいものを作ろうと、天から降りてきた。ノアカウアの希望により、マサマサラニクが陸と海を分け、太った魚オオラチャン(6)を創り、セイヨウスギをきざんで、男と女を創り出した。その後、ノアカウアは考えた。〝あのマサマサラニクなら、火をとってくるだろう〟。しかし、彼にはできなかった。そこで、ノアカウアは、まず火を守る人の家にエゾイタチを送った。エゾイタチが、こっそり火を口の中に盗みとって逃げ出そうとすると、火の持ち主がたずねた。〝どこへ逃げて行くのか〟。しかし彼は口の中に火があるので答えられなかった。すると、火の持ち主は、彼の頭をピシャリと打ったので火がころがり落ちた。こうしてエゾイタチは役目に失敗したので、次に、ノアカウアは、同じ任務でシカをつかわした。シカは、まずマサマサラニクのところに行き、足をほっそりと早く走れるようにしてもらった。そこで、ノアカウアは考えた。〝マサマサラニクなら、シカの尾の中にモミの木片をさしこむだろう〟。すると、マサマサラニクは、シカの尾の中にモミの木片をさしこんだ。シカはすばやくかけ去った。彼は、火のある家にやってきて、火のそばで、踊りながら歌った。〝火をみつけたいなア〟。突然、彼は、炎の方に背を向けた。尾の上の木片に、火がついた。それから彼は、逃げた。燃え木の火は、あちこちに、彼の尾から地上に落とされ、人々は、注意深く、それを保存した。シカは、走りながら、通り過ぎていく木々に叫んだ。〝火を隠してくれ〟。すると、木は火を受け取った。それ以

来、木は燃えやすいのである。(7)

ここでも、他の多くの神話と同様、火を盗む話が、どうやって、木の摩擦によって火が作られるようになったかを説明するものとして、用いられている。

ブリティッシュ・コロンビア沿岸の、アウイケノクの北にいる他のインディアン、ヘイルック〔ベラベラ〕族の間では、シカは、人間として、火運びという意味の名前で呼ばれていた。彼は尾に結びつけた木によって、火を盗んだからである。(8)

実質的には同じものが、ブリティッシュ・コロンビア沿岸の他の部族で、ヘイルックの北に住む、ツィムシャン族によって語られている。昔、テグザムセム、または、巨人という巨大な人物がいて、彼は、とてつもないこと、たとえば、世界がまっ暗闇の時に、日の光を得るなどということをしたと言われる。父親から、彼は、ワタリガラスの毛皮を受け取り、それをつけると、まるでワタリガラスのように、空をとべるのだった。たしかにその巨人は、われわれが現在見るようなワタリガラスそれ自身に違いないと結論できる。彼は、さらに北方のインディアンの神話でも、重要な役割を果たしている。ともかく、ツィムシャン族は、地上に人間が増えはじめた時、彼らは料理したり、冬には、身体を暖める火がなかったので、とても困ったことを語るのだが、それを見た巨人は、動物たちが火をその村に持っていたことを思い出し、それをみんなのためにもって来ようとした。そこでワタリガラスの毛皮をつけて村にやってきたが、村の動物〔村人〕たちは、彼に火をくれることを拒み、遠くへ追い出した。彼は、あらゆる方法をやってみたが、すべて失敗だった。村人たちは、彼に火を持たせまいとしたからである。

最後に、彼は、従者の一員であるカモメに村人たちへの伝言をもたせてやった。それはつぎのとおりである。〝カッコいい若い酋長が、おまえたちの酋長の家に踊りに参上する〟。それから部族全体は、若い酋長を歓迎するための準備をした。巨人は、シカを捕え、そのシカの皮をはいだ。その頃は、シカは、オオカミのように、長い尾があった。巨人は、シカの長い尾にマツヤニの木片を結びつけた。彼は、大きなサメのカヌーを借りて、村にやってきた。村の酋長は、家の中に大きな火を持っていた。大きなサメのカヌーは、カラスとカモメでいっぱいであった。そして、巨人は、シカの毛皮を着てそのまん中に坐っていた。さて、すべての村人が（酋長の家に）入ってきた。彼らは、前よりもさらに大きな火を作り、酋長の大きな家は、部族の人々でいっぱいになった。すべての新来者は、家の一方に席を占め、歌う準備を整えた。まもなく、若い酋長が踊りはじめ、彼の仲間はみな、棒で叩いて拍子をとった。一人は太鼓を持っていた。彼らは、みな一緒に歌を歌い、小鳥たちは、手を叩いた。

シカは戸から入った。あたりを見まわし、飛びあがり踊りながら中に入り、大きな火のまわりをまわった。人々は、彼が踊るのを見てたいへん喜んだ。最後に彼は、尾を火の上にさっと持っていった。すると尾に結んだマツヤニの木片に火がついた。彼は尾が燃えるまま逃げ出し、海を渡った。そこで、すべての彼の仲間は、その家から逃げ出した。オオザメのカヌーは、村を離れた。人々は、シカを捕えて殺そうとした。シカは、飛びあがり、早く泳いだ。尾のマツヤニの木片は燃えていた。島の一つにたどりつくと、彼は、急いで浜に上がり、尾でモミの木をたたいた。そして〝寿命のあるかぎり、燃しつづけるんだ〟と言った。シカが、短く黒いしっぽをもっているのはこうしたわけだ。(9)

この話には、二つの異なった火の神話が混合されている。一つは、シカによって盗まれる話、一つはワタリガラスによって盗まれる話だ。語り手は、踊るシカによって盗まれると明白に話す一方、そのちょっと前には、踊っているのは実際には、いつもは、ワタリガラスの毛皮をつけているが、その時だけシカ皮をかぶった巨人であると語っている。このような混同は、ツィムシャン族の地理的状況によって説明される。すなわち、彼らは、南方インディアン(ヌートカ族、クワキウトル族、その他)と北方インディアン(ハイダ族、トリンギット族、テイネフ族)の居住する地域の間にある海岸の一地域に住んでいるからだ。そして、南方インディアンの間での、火の神話の英雄は、いつもシカであり、北方インディアンのそれは、ワタリガラスである。かくして、ツィムシャン族の話の中に、われわれは、二つの異なった話の出会いとそれらを調和するための試みを見るのである。

われわれが、北方インディアンの火の神話の考察にすすむ前に、ブリティッシュ・コロンビアの南方インディアンのそれとの関連を示すことが残されている。彼らの大部分は、その地域の内側に住んでおり、セイリッシュ族に属する。このセイリッシュ族の種族であり、一般的には、トンプソン河の渓谷に彼らが住むことから、トンプソン・インディアンと呼ばれる彼らのことから始めよう。

トンプソン・インディアンの話では、昔、人々は火を持たず、食べ物を調理するのも、太陽にたよらなければならなかった。当時、太陽は、今よりずっと熱かった。そして、人々は、食べ物を太陽に近く持ちあげたりその光線の下にひろげたりすることによって、調理することができた。けれども、これは、火ほどの効果はなかった。そして、ビーバーとワシは、この世界に火があるのだったら、そして、もしできたら、それを人々のために得られるなら、それを見つけ出そうと思った。彼らは山にこもり、自分たちが〝魔力〟でいっぱいになり、そのおかげで、世界すべてを隅々まで見渡せるようになるまで、山の中で彼ら自身を訓練した。彼らは、リットンの小屋の中に火があるということを発見し、計画を練った。彼らは、フレーザー河の河口にある家をあとに、河沿いに上る旅をつづけ、とうとうリットンに着いた⑽。ワシは、空へ舞いあがり、最後に、きれいな水に住むピノスガイの貝殻を発見し、自分のものとした。ビーバーは、人々が入江から水を汲んでいる場所にあらわれた。村の人々は、地下にある小屋に住んでいた。朝、水くみにやってきた娘たちが、水をくむ所にビーバーがいるのを認めてかけもどった。若い男たちが、弓矢をもってやってきてビーバーを射ち、家に連れてきた。彼らは、ビーバーの皮をはぎとりはじめた。ビーバーはその間〝兄者よ！　まだ来んのか。わしはもうだめだ〟と思った。ちょうどその時、ワシが梯子《はしご》のいちばん上に止まって人々の注意をひくようにした。人々は、ワシを射ようという気持にまぎれて、ビーバーのことをすっかり忘れてしまった。彼らはワシを射たけれど殺すことはできなかった。一方、ビーバーは、家の中に洪水を起こさせた。この混乱の中で、ワシは、ビノスガイを火の中に落とした。ビーバーは、ただちに、それを火でいっぱいにして、彼の腋《わき》の下にはさみ、水の中に逃走した。彼は国じゅうに火を広げた。それ以後、インディアンは、木から火を作ることができるようになった。ビーバーは、そのすみかの近くに生えるすべての木の中に火を入れ、ワシはその地域の高いところとか、遠いところ、また川や湖から離れたところの木々に火をしまいこんだと語る者もいる。(11)

〈原注〉

1　Franz Boas, op. cit.（1895）p. 80-.

2　F. W. Hodge, *Handbook of American Indians of Mexico*（Washington 1907-10）ii. 763.

3　Franz Boas, op. cit., p. 187.

4　George M. Dawson, "Notes and Observations on the Kwakiool People of Vancouver Island" *Transactions of the Royal Society of Canada*, vol. v. section ii.（1887）p. 22.

5　Franz Boas, op. cit.（1895）p. 158.

6 oolachan または ouluchan は北西アメリカのローソクウオ (Thaleichthys pacificus)。
7 Franz Boas, op. cit. (1895) p. 213-.
8 ibid., p. 241.
9 Franz Boas, op. cit. (1916) p. 63. なお巨人とワタリガラスの毛皮、または獣皮、彼が日光を獲得したことなどについては同書五八ページ参照。
10 James Teit, "Mythology of the Thompson Indians" *The Jesup North Pacific Expedition*, vol. viii. Part ii. (Leyden and New York 1912) p. 229-. (*Memoir of the American Museum of Natural History*).
11 James Teit, *Traditions of the Thompson River Indians of British Columbia* (Boston and New York 1898) p. 56-, with note 181 on p. 112.

5

トンプソンの説話の別の話では、細部の点で最初から少し異なっているのがある。ニコラとスペンセス・ブリッジの人々は、火も、それを作る器具も持っていなかった。当時、木材は燃えなかったからである。人間の中で、リットンにいる人々だけが火を持っていた。トンプソン河の河口の近くの小さな泉のほとりに住むリットン人から、火を盗もうと計画したのは、ビーバー、イタチ、ワシである。ビーバーはそこに、最初に出かけて水をせきとめた。一方、ワシとイタチは、山中で訓練をするために出かけた。四日目に彼らが汗を流しにやってきた時、イタチの守り神が、イタチの姿をしてその浴場に入ってきた。そして、彼は、自分の身体を切りひらいてイタチをその中に入れて動物を装った。ワシの守り神も、ワシの形をして、浴場に入り、彼もまた、彼の身体に、ワシをいれて、鳥の形になった。

ワシは言った。〝わしは遠くへ飛んで行って弟のビーバーを見てこよう〟。イタチは言った。〝わしは、高い山の峰に沿って登り、ビーバーが何をしているかみてこよう〟。リットンが見えるところまで来ると、もはや猶予がならなかった。というのは、ビーバーは、人々の手に捕われており、殺されようとしていた。ワシは上から飛びおり、地下の家の梯子のいちばん上に席を占め、一方、イタチは、家の土台に、水が氾濫《はんらん》するような穴を作って、自分自身を隠した。人々は、ワシを射とうと、いっしょうけんめいになっていたので、ビーバーのことはすっかり忘れ、イタチも、全然、視界に入らなかった。だが、彼らは、ワシを射ることはできなかったので、おたがいがその失敗を相手のせいだと怒った。一方、ビーバーがせきとめていた水が、イタチの作っておいた穴からあふれはじめ、この混乱の中で、ビーバーは燃え木をひっつかみ、それを貝殻につめて、もって逃げた。

三匹が家につくと、ビーバーは人々のために火を作った。ワシは、彼らに料理法や、食べ物の焼き方を教えた。そしてイタチは、石をつかって食べ物を煮る方法を教えた。彼ら

は火を、それぞれ違う種類の木に投げつけた。それ以来、すべての木は燃えることになった。(1)

この話において、われわれは、ワシやイタチが、実際のワシやイタチではなく、たんにワシやイタチという名の人間だったのだという説明で神話を合理化しようとする試みを発見することができる。彼らは火を盗むという目的のために仮にこんな姿をしただけだった——神話のこのような解釈は、人々は、動物が火を使ったり、火をおこしたりする可能性に疑問を持ちはじめた後期の思考段階を示すものだ。

トンプソン・インディアンはまた、昔、先祖たちが、太陽から火を獲得したという伝説をもっている。昔、ビーバーとワシが火を盗む前、そして、木の中に火が隠される前、人々は、火を作ることができなかった。とても、寒くてたまらないので、彼らは、火をもらおうと太陽に使者を出した。使者は長い旅行をしなければならなかった。使者によってもたらされた火が使われてしまうと、彼らは、さらに火を欲しがり、使者をふたたび太陽に出した。ある人によれば、使者は火を貝殻の間にいれて運んだり、その他適当なものの中に入れたという。太陽からもってきた火はすごく熱かった。ある人々は、わざわざ太陽に行かないで、その熱と火を地上にひきよせる力を持っていたとも言われている。彼らは日光を引っぱりおろしたのであった。(2)

トンプソン・インディアンには、また、多少違った話もある。そこでは、コヨーテは、火どろぼうの一番手にあげられている。話はこうだ。山の頂上からコヨーテは、南のずっと向こうにある光を見た。最初、彼は、それが何であるかわからなかったが、だんだんと考えているうちに、それが火だとわかるようになった。彼は、そこへ行って、火をとってこようと決めた。多くの人々が彼に同行した。キツネ、オオカミ、レイヨウ、その他優秀な走者が彼とともに出かけた。長い旅行の後に、彼らは、火を持つ人々の家に到着した。彼らは、人々に言った。〝わしらは、踊って、遊んで、賭博をするために、やって来た〟。人々はその晩の踊りの準備をした。コヨーテは、地につくくらいの長いセイヨウスギの樹皮のふさかざりをもつ、粘っこい、黄色いマツの削りくずの髪かざりを作った。火族の人々は、最初に踊った。火はたいそう小さかった。それから、コヨーテとその仲間が、火のまわりを輪になって踊ったが、暗くてよく見えないと文句をつけた。すると火族の連中は大きな火を作った。コヨーテは、四回も文句を言ったので、とうとう、炎は高くあがった。コヨーテの仲間たちは、たいへん熱がる様子を見せ、外に涼みにでかけた。彼らは逃げる用意を始めたのだ。コヨーテだけが残った。彼は、髪飾りに火がつくほど荒々しく踊った。彼は、こわくなったふりをして、火族の人々に、火を消すようにたのんだ。彼らは、彼に、火にあまり近よって踊らないようにと注意した。戸の近くまで来ると、コヨーテは、髪飾りの長いふさかざりを火の上にふりかざして、逃げ出した。人々は、彼を追った。彼は、頭のバンドをレイヨウに与え、レイヨウは走ってそれを次の走者に渡す。このようにリレーして火を運んだ。火族の人々は、動物たちを捕えて次々と殺し、コヨーテだけが残った。彼らは彼を捕えそうになったが、彼は木の後に走っていき、火を木にあずけた。人々は、彼を探したが彼を見つけることができない。彼らは、風を生じさせた。あちこちに落とされた樹皮の炎が草についた。〝コヨーテは焼け死んでしまうだろう〟、彼らは言った。ひどい煙がたちこめ、コヨーテは、コヨーテは逃れた。火は国じゅうに燃え広がり、多くの人々を焼いてしまった。コヨーテは、豪雨と洪水を起こして、火を消しとめた。それ以来、火は木の中にある。そして草や木は火を作る際に使用されるようになったのである。こんなわけで、乾いたセイヨウスギの樹皮は火を運ぶものとして、またゆっくりした導火材料として使われている。同じような理由で、ピッチの木も熱しやすく、発火材料として使われる。それ以来、世界には、火と煙があり、この二つは離すことができない。(3)

この話は、明らかに、さらに南方のニューメキシコとユタとカリフォルニアのインディアンの神話の中に、われわれが発見するのと同種のものである。この神話の型の特徴は、火どろぼうがコヨーテであり、彼は盗んだ火を次々と動物の走者に手渡し、彼らは互いに交代して、火を受け持ち、前任者が疲れてしまったら走り出すということである。(4)

西側でトンプソン・インディアンと隣接するリルウェット・インディアンのそれはトンプソン・インディアンによって語られるものと、ほとんど同じである。(5) 物語が似通っていても驚くには値しない。リルウェット族は、トンプソンの近接した隣人というばかりでなく、同じセイリッシュ族に属し、言語もほとんど同じだからだ。(6)それによれば——

ビーバーとワシは、彼らの妹とともにリルウェットに住んでいた。彼らは火を持たず、生ものを食べていた。その妹は、いつも泣いて、不平を言っていた。火がないので、干したサケの皮を焼くことができなかったからである。とうとう兄弟が、かわいそうに思って言った。〝もう泣くな。火をとってきてやる。わしらそのため長い間習練せにゃならん。わしらがいない間、泣いたり、不平を言ったりするんじゃない。こう言うのも、もし、おまえがそんなことをしたら、わしらの計画はだめになってしまうし、わしらの訓練もうまくいかんことになる〟。

彼女と離れて、兄弟は山にでかけ、そこで四年間の修行をした。これが終わると彼らは、妹のところに戻ってきた。彼らの留守中、彼女は一度も泣かなかった。彼らは彼女に、火のありかがわかり、その獲得法がわかったのでとりに行くことを告げた。

五日間の旅の後、彼らは、火の持ち主の家に到着した。(7)それから、兄の一人はワシの姿となり、もう一人はビーバーの姿となった。ビーバーを装った兄が近くの川をせきとめ、その晩、人々の家の地下に穴を作った。翌朝、彼は、せきとめて作られた水たまりで泳ぎまわったが、一人の老人が彼を見て、射てしまった。老人はビーバーを家に持ち帰り、火のそばに寝かせ、人々にビーバーの皮をはぐように言った。彼らが、彼の皮をはいでいる時、彼の腋《わき》の下に、何かかたい物があるのをみつけた。それは、貝殻で、ビーバーが、そこに隠しておいたものだった。ちょうどその時、人々は、とても大きく立派なワシが、近くの木にとまるのを見た。彼らは彼を殺して、立派な羽根を得ようといっしょうけんめいになった。そこで彼らはみんな走り出し、彼を目がけて射はじめたが、誰も彼を射とめることができなかった。その間、ひとり残されたビーバーは、彼の貝殻の中に火を入れ、彼が作っておいた穴から逃げだした。まもなく水際に着いた。そして、彼の獲物とともに泳ぎ渡った。

ワシは、弟が無事だとわかるとすぐに飛び去り、彼と一緒になった。彼らは家への旅をつづけ、ワシは疲れると、ビーバーの背にのって休んだ。このようにして、彼らは火を持ち帰り、妹に与えた。彼女は、たいそうよろこんで、満足した(8)。

これと少しちがったものが、リルウェット族にある。ワタリガラスとカモメは友だちどうしであり、リルウェットに住んでいた。ワタリガラスには、ミミズ、ノミ、シラミ、小シラミと呼ばれる四人の召使がいた。当時、世界は暗闇であった。というのは、カモメが日光を所有し、箱の中に納めて、私用に使う以外何人にも出させなかった。けれども、ワタリガラスは一計を案じ、箱をこわして、日光を世界じゅうに散乱させた。このようにして、ワタリガラスは、光をもつことはできたが、火はまだ持つことがなかった。

とうとう、家の屋根の上から見渡すと、南の向こうの海辺の方で、煙がたちのぼるのが見えた。翌日、召使のみなを引きつれ、小シラミのカヌーで船出をした。だが、舟があまり小さかったので転覆してしまった。翌日は、大シラミのカヌーで試してみた。だが、それも小さかった。このように、召使みなのカヌーを試したが同じ結果だった。そこでワタリガラスは、妻に、火をとりに出かけるから、カモメの大きなカヌーを借りたいと頼んでくるように言いつけた。翌日、カヌーが手に入ったので、召使とともにそれに乗った。四日間も流れを下り、とうとう火を持っている人々の家の近くに着いた。

ワタリガラスは、召使たちに、誰か、行って、人々の女の赤ん坊を盗んで来いと言った。小シラミが、自分が行こうと申し出た。けれど他のものは〝おまえは、少し、騒々しいから、みんなを起こしてしまう〟と言った。大シラミが申し出たが、同じように反対された。そこで、ノミが言った。〝わしが行こう。わしなら、一跳びで赤ん坊のところへ行って盗み出し、一跳びで帰ってこられる〟。あいつらだってわしを捕えられない〟。しかし、他のものは言った。〝おまえも物音をたててしまいそうだ。やつらに知られてはまずい〟。するとミミズが言った。〝わしがゆっくりこっそり行って地下に穴をあけよう。わしは、赤ん坊のゆりかごのある、すぐ下のところの地下から出て、赤ん坊を盗み、人々に感づかれないようにして戻って来る〟。みんなはそれがいちばんいいと、ミミズのプランに同意した。そこでその晩、ミミズは秘密の地下道を作り、赤ん坊を盗んだ。彼は赤ん坊を仲間のところへ持ち帰ると、彼らは、赤ん坊をカヌーにのせ、すばやく、家に向かってこいだ。

翌朝早く、人々は、赤ん坊がいないことを知り、分別のある者は何が起こったかを理解した。彼らは追手を出したが、ワタリガラスと召使たちを発見することも、捕えることもできなかった。チョウザメ、クジラ、アザラシは、長い間探したが、とうとうあきらめて引き返した。ただ、小さい一匹の魚[9]だけが、カヌーが通ったと思われる跡を発見し、それをつけた。魚はかいにしがみついて、カヌーが進むのをじゃましようとしたが、とうとうくたくたになって、家に引き返してしまった。赤ん坊の母親は、雨がどろぼうの足止めとなると考えて、大雨（それは彼女の涙かもしれない）を降らせた。が、すべて無駄だった。ワタリガラスは、赤ん坊をつれて自分の土地にもどった。そして、赤ん坊がどこに連れ去られたかきいた赤ん坊の親戚《しんせき》は、多くの贈り物を持って、ワタリガラスの家にやってきた。しかし、彼は、それら贈り物は、彼の望んでいるものではないと言ったので、赤ん坊の親戚は、子供を連れもどすことができずに引きあげた。

それから二度、彼らは、贈り物をもってやってきたが同じことだった。回を重ねるごとにより高価な贈り物を持ってきたが、四回目の訪問でもまた、ワタリガラスは拒んだ。その時、彼らが、何が欲しいかをたずねると、彼は、火だと答えた。彼らは〝なぜ、もっと前にそれを言ってくれなかった〟と言って、喜んだ。なぜなら、彼らには火が豊富にあり、あまり価値のないものと思っていたからである。そこで、彼らは、火を持ってきて、赤ん坊は、彼らの手に戻った。人々はワタリガラスに、乾いたコットンの木の根から火を作る方法を教えた。ワタリガラスは喜んでカモメに言った。〝わしが、おまえから光を盗まなかったなら、火がどこにあるか、見つけることができなかったろう。さて、わしらは、今、火と光を持っている。どっちもなかなか便利なものだ〟。その後、ワタリガラスは、希望すれば、どんな家族にも火を売った。そして、火を得た家族は、若い女で支払った。このようにして、ワタリガラスは、多妻家となった[10]。

クワキウトルには、ミンクが同じように赤ん坊を盗みそれを火と交換して、欲しがっていた火を手に入れた話があることは前見たとおりである[11]。

ボアズ博士によって記録されたフレーザー河下流の、他のリルウェット族の話は、いかにして、火が、物々交換の同じ原則のちがった適用によって得られたかを関連づけて示している。すなわち――

ビーバーは幽霊族に火を与えた。人々は、それをつくる方法を知らなかった。そして最後に彼らは、小カワウソ[12]にとりに行かせた。小カワウソは、祖母のナイフを借りてマントの下に隠し、幽霊族の家をめざして出発した。彼らの家に着いて、家の中に入ると、彼らが踊っているのが見えた。踊りが終わると、幽霊族は、水浴びして身体を洗おうとした。

〝お待ち。わしが水を持ってきてあげよう〟。小カワウソは言い、バケツを持って、河の堤に降りて行った。彼は、バケツをいっぱいにして戻り、家の中に燃えている火の一つのそばを通るとき、つまずいたふりをして、燃えている火に水をこぼし、火を消してしまった。

〝ア！　つまずいてしまった〟と言いながら、バケツに水を入れるため、ふたたび川の方へ戻った。家に帰って、べつの火のところに通りかかった時、また、水をかけて消してしまった。家の中は、まっ暗になってしまった。小カワウソはナイフをつかんで、幽霊族の酋長の首を切りとった。そして彼は、血が首の切り口からたれないように、切り口にほこりをふりかけ、その首をもって逃走した。人々が、もう一度火をつけないうちに、ほこりは血でぐっしょりになってしまった。酋長の母は、それに気がついた。ふたたび火が作られると、彼らは酋長の首が切り落されたことを知った。そこで、死んだ酋長の母親は言った。〝明日、小カワウソのところに行って、首を請け戻して来な〟。彼らは、言われたとおり、彼の家にやってきた。さて、小カワウソは、家を十軒つくり、祖母に十着のさまざまな衣服を作らせていた。幽霊族が到着すると、小カワウソは、次々と別の家の屋根の上に、とっかえひっかえ違う服であらわれた。そこで彼らは、そこに多くの人間がいるのだと考えた。幽霊族はやってくると、小カワウソの祖母に〝わしらは、かしらの首と交換に、衣服をやる〟と言った。しかし祖母は〝わしの孫は、服などほしがらん〟とことわった。彼らは、弓と矢ではどうかと言った。しかし、祖母はまたことわった。そこで幽霊族は泣いた。木々はもらい泣きした。それほど彼らは悲しんだのだ。そして、木々の涙は雨となった。とうとう、彼らは、小カワウソに火おこしドリルをさし出した。祖母は、これを受けとり、酋長の首を返した。それ以来、人々は、火をもった(13)。

ヴァンクーバー島の南東部のナナイモ港とナナイモ湖の地域に住むセイリッシュ族の一

部族スナナイムク、またはナナイモ族は、(14)同様にどのように火を幼児と交換して得たかを語っている。昔、人々に火はなかった。ミンクは火を得たいと思い、火を持っている酋長のところに祖母と出かけた。彼らは人の目につかずに上陸し、酋長とその妻が眠っている間にこっそりと家の中に入った。しかし、小鳥のテグヤがゆりかごの赤ん坊をついた。ミンクは、ドアを少し開いたままにしておいた。小鳥はドアのきしる音をきくと、酋長を起こすために、〝クックー〟と鳴いた。しかしミンクが、〝眠れ、眠れ小鳥よ〟とささやくと、小鳥は眠ってしまった。それから、ミンクが家に入って、ゆりかごから酋長の赤ん坊を盗んだ。そして、すばやくボートに戻った。そこには、彼の祖母が待ち受けていた。彼らは一緒にかいをこいで船を走らせた。村を通るたびに、祖母は、赤ん坊をギャアギャア泣かせるために、つねらなければならなかった。とうとう二人は、ミンクと祖母だけが住んでいる大きな家のあるトラルトク（ガブリオラ島で、ナナイモの反対側）に着いた。

翌朝、酋長は、子供が盗まれたことに気づき、たいへん悲しんだ。彼は、カヌーをこいで探しに出かけた。そして村に着くと〝わしの子供を知らんか。誰かがさらっていったのだ〟と言った。人々は〝昨晩、ミンクがここを通って、カヌーの中で子供が泣いていた〟と言った。こうして最後に、酋長は、トラルトクへ行く道をみつけた。ミンクは、彼を待っていた。そして、彼が遠くに見え出すと、たくさんの帽子の一つをかぶってそれを叩き、外に出て、家の前で踊った。祖母は、拍子をとって歌った。それから彼は、急いで家にもどり、二つ目の帽子をかぶって頭を叩き、他の戸口から違う姿であらわれた。最後に、彼は、子供を抱きかかえながら、まん中のドアから踊り出た。酋長は、家の中には、多くの人がいると考え、あえて、彼を襲うことはしなかった。彼は〝わしの子供を返してくれ。おまえに、たくさんの銅製の皿[15]をやる〟と言ったが、ミンクの祖母は、〝うんと言ってはいけない〟と叫んだ。最後に、酋長は火おこし器をさし出した。ミンクは、祖母の助言でそれを受けとった。酋長は、彼の子供をとりもどして帰途につき、ミンクは大きい火を作った。このようにして、人々は、火の恩恵を受けた。[16]——この話は、より簡単な形で報告されているクワキウトル族の話とおおむね一致する。[17]

ブリティッシュ・コロンビアのセイリッシュ族の極東部を構成するオカナゴン・インディアンにも説話がある。だが彼らはその地域だけに限定されているわけではない。彼らは南方に、合衆国まで広がっている。だが両者〔カナダとアメリカ合衆国〕の境界線は、この地域を公平に等分している。[18]

昔、火がなかったころ、人々は会合を開き、火の獲得法について議論をした。彼らは、どうやって高い世界にうまく上がれるかを思案した。とうとう彼らは、矢で鎖を作ることにした。そこで、彼らは、空に矢を放った。しかし、なかなか突きささらなかった。彼らはみんな、つぎつぎに、矢を空に命中させようとしたが、すべて失敗した。最後に、ある小鳥（チスカケナ）が矢を射ているうちに、最後のやつが命中したので、それにつけておいた彼らの矢もぶら下った。たちまち矢の鎖が完成したので、彼らはそれを登って行った。つぎに彼らは、どうすれば火が得られるかを相談した。ビーバーが水中にもぐり、そのそばで魚つりをしている火族の人間に捕えられる、ということにきまった。そして、ビーバーが彼らに皮をはがされる時ワシが上を飛んで、人々の注意を引き、ビーバーから彼らを遠ざけ、ビーバーは、火を少しとって逃亡するという段取りである。そこでビーバーは、人々が魚つりをしている川に入って、火族の人間に捕まった。彼らは、すぐに彼を家に持ち帰り、皮をはぎとりはじめた。彼らが胸の部分の皮をはいでいるちょうどその時、ワシがその上を飛びまわり、彼らの注意を集めた。誰もが、弓と矢をもって、ワシを射ち落とそうと追いかけた。そのすきに、ビーバーは飛びあがり、開かれていた毛皮の内側に火を入れ、仲間の方へと急いでワシと落ち合った。はしごのいちばん上では、誰が先に降りるかでもめていた。彼らがおしあいへしあいしたために、彼らが降りる前に、矢の鎖は切れてしまった。そして、彼らの何人かは、飛び降りねばならなかった。ナマズは、穴に落ちて、あごをメチャクチャにしてしまった。ヌメリゴイは頭を打ち、その中の骨がすべて割れてしまった。そのため、すべての他の動物たちは、彼らに新しい頭を与えるために各々が骨を供出しなければならなかった。ナマズがあんなにおもしろい口をしているのも、ヌメリゴイがあんなへんな顔をしているのもそういうわけだ[19]。

ほんの少し違うが、同じような話が、セイリッシュ族に属し、ワシントン州[20]のビッグ・

ベンドの下流のサン・ポイル河やコロンビア河の辺に住む、サンポイル・インディアンにもある。昔、地上のすべての火が消えるまで、雨が降ったという。動物は寄り集まって、火をとり戻すために、天と戦うことを決定した。春になって、彼らは行動を起こし、彼らの矢を天に向って放った。コヨーテが最初にやったが失敗であった。最後にシジュウカラが矢を放ち、天に命中した。彼は、続けて矢を放ち、動物たちが登れるような矢の鎖にした。最後に登ったものは、灰色グマであった。しかし、彼の体重で鎖は切れてしまった。おかげで、彼は、天に登ってしまった他の動物たちに加われずじまいだった。

動物たちが天に到着すると、そこは湖のそばの谷で、天の人々が魚つりをしていた。コヨーテは、そこらを偵察しようとしたが捕まってしまった。ジャコウネズミは、湖の岸辺にそって穴を掘り、ビーバーとワシは火をとりに出かけた。ビーバーは、魚のわなの穴の一つから入って、死んだふりをした。人々は、彼を酋長の家に運び、皮をはぎはじめた。ちょうどその時、ワシが、そのテントの近くの木にとまった。人々は、ワシをみつけると追いかけた。その時、ビーバーは、貝殻に燃えさしを詰めて逃げだした。彼は湖に飛びこみ、人々は彼を網で捕えようとしたが、ジャコウネズミが作っておいた穴から、水が流れ出した。動物たちは、矢の鎖に急いでもどったが、鎖がダメになっているのに気付いた。そこで、鳥たちは、背中に獣をのせて飛びおりた。コヨーテとヌメリゴイが残った。コヨーテは、野牛の毛皮を両足に結んで飛びおりた。彼は毛皮に乗って漂流し、最後に、マツの木に到着した。翌朝、コヨーテは羽を脱ごうとしたがもうまくとれなかった。そこでしかたなく、コウモリになってしまった。ヌメリゴイは飛びおりねばならなかった。そしてこなごなに砕けてしまった。動物たちは、彼の骨をつなぎ合わせた。それでも、足らぬところがあったので、彼らは、そのシッポにマツの針の葉をくっつけた。それだから、ヌメリゴイは、たくさんの骨を持っている。(21)

〈原注〉

1 James. A. Teit, op. cit. (1912) p. 338-.

2 James A. Teit, "Thompson Tales" in *Folk-tales of Salishan and Sahaptin Tribes*, edited by Franz Boas (Lancaster, Pa. and New York 1917) p. 20- (*Memoirs of the American Folk-lore Society*, vol. xi).

3 ibid., p. 2.

4 本書二一七ページ以降、二三二ページ以降、二三八ページ以降。

5 本書二六六―二七一ページ。

6 James Teit, "The Lillooet Indians," *The Jesup North Pacific Expedition*, vol. ii. Part V. (Leydeu and New York 1906) p. 195 (*Memoir of the American Museum of Natural History*).

7 多くのインディアンの語り手たちは家は地下にあったことで一致し、ある人々によればそれは海の近くであった。

8 James Teit, "Traditions of the Lillooet Indians of British Columbia" *Journal of American Folk-lore*, xxv.（1912）p. 299–.

9 海にいる小さなトゲのある魚だと言われる。

10 James Teit, op. cit.（1912）p. 300–303.

11 本書二六一ページ。

12 Kaig, ドイツ語では Nerz.

13 Franz Boas, op. cit.（1895）p. 43–.

14 F. W. Hodge, *Handbook of American Indians*, ii. 23.

15 銅板は北西アメリカインディアンにとってはきわめて貴重であったし、現在でもそうである。

16 Franz Boas, op. cit.（1895）p. 54. ボアズ博士は二つ目のこれとほとんど同じ神話を同書の p. 54–に記録している。

17 本書二六一ページ。

18 C. Hill Tout, "Report on the Ethnology of the Okanaken of British Columbia" *Journal of the Royal Anthropological Institute*, xli.（1911）p. 130.

19 ibid., p. 146.

20 F. W. Hodge op. cit., ii. 451.

21 Marian K. Gould, "Sanpoil Tales" in *Folk-tales of Salishan and Sahaptin Tribes*, edited by Franz Boas, p. 107–.

6

さて、ここで、ブリティッシュ・コロンビアの南部に住むセイリッシュ族を離れて、もう少し北方の部族の大アサパスカン族のことにふれよう。彼らはチルコティン、または、ティルコティンと言い、彼らがそう名付けた河の谷に住んでいる。彼らの居住地は、ブリティッシュ・コロンビアの内よりで、北緯約五十二度のところである。(1) 彼らのもっている話は、次のとおりである。

昔、火は、一人の男の家にある以外はどこにもなかった。彼は、火を誰にも与えようとしなかった。そこである日、ワタリガラスがそれを盗むことに決め、兄弟や友人を集めて、その家に出かけた。火は家の片側の方で燃えていた。火の所有者は、火を守りつつ、かたわらに坐っていた。ワタリガラスとその仲間は、中に入るとすぐ踊りはじめた。さて、ワタリガラスは、彼の髪にマツの木の削りくずを結んでいた。踊りながら、彼は何度も火に近よったので、その削りくずは熱くなって発火せんばかりになった。けれど、火男は、そんなことにならないように厳重な見張りをつづけていた。それゆえ彼らは、踊りに踊った。とうとうおたがいへトへトになり、脱落してしまった。だがワタリガラスだけはがんばった。昼も夜も踊りつづけ、あくる日もまる一日踊った。とうとう火男でさえ、見張りに疲れて眠ってしまった。ワタリガラスはそれを見ると頭を下げて火に近付け、マツに火がついた。そこで、その家をとびだし、いろいろな地点で火をリレーしながら国じゅうを走った。火男は目をさまし、あたりが煙っているのを見て、すぐ、何が起こったかを知り、火をとり戻そうといっしょうけんめい追いかけたが、だめであった。というのは、もう、いたるところで、火は燃えていたからである。その時から、人々は火を所有するようになった。さて、木々が燃えはじめると動物は逃げ出した。そして、早くは走れないウサギを除いてすべて、逃げ出した。そしてウサギは火に追いつかれ足をやけどしてしまった。今日、彼らの足の裏に黒い斑点があるのはそのためだ。木に火がついた後に、火は木の中に留まった。今日、木が燃えやすいのも、二つの木片を一緒にこすりあわせると火がつくのもそういうわけである。(2)

アサパスカン族の他の部族、カスカ・インディアンは、ブリティッシュ・コロンビアの北の奥地で、チルコティン・インディアンの居住地よりもさらに北寄りの山の、アークティクの斜面側に住んでいる。(3)彼らによれば——

昔、人々は火を持っていなかったが、ただクマだけが火を所有していた。クマは火打ち石をもっており、それでもって、いつでも火を作ることができた。彼は、用心深くこの石を見張り、自分のベルトにいつも結びつけてもっていた。ある日、彼は、小屋の火のそばで寝ていると、小鳥が入りこんで火のそばに近寄った。クマは〝何がほしい〟ときくと小鳥は答えた。〝凍えて死にそうだ。暖まらせてくれ〟。クマは、自分のところにきて身体のシラミをつつくようにと言った。小鳥は、承知し、シラミをつつくために、クマの身体の上でピョンピョンと飛んだ。こうしている間に、小鳥はクマのベルトに結んである火打ち石のひもをつついた。ひもが二つに切れてしまうと、小鳥は突然、石をとって飛び出した。さて、動物たちは、火が盗まれるのがわかっていたのでその準備をし、一列に並んで順番を待っていた。クマは小鳥を追いかけた。そして、小鳥がいちばん初めの動物のところまで来た時に、やっとそれを捕まえた。小鳥は火を走者に投げ、彼は走り出した。クマがようやく彼を捕えると、火はもはや、次の走者に渡されていた。最後に火はキツネに渡され、彼はそれをもって、高い山にかけあがった。クマは、もう息が切れてしまったので、キツネを追いかけるのをあきらめて引き返した。キツネは、火打ち石を山の頂上でバラバラに砕き、その砕片を各部族に投げ与えた。このようにして、多くの地球上の部族は火をもった。現在、火が岩や木の中にあるのは、そういうわけである。(4)

アサパスカンの他の部族で、ブリティッシュ・コロンビアの北の奥地のバビネ湖のあたりに住むバビネ・インディアンにも、火の起原の物語がある。昔、世界でたった一つの火が老酋長の手にあり、彼は、それをいつも小屋の中において、自分で見張りをし、他の人々に分けようとしなかった。だから、この老人を除いて、みんなが寒さのためふるえていた。老人が火を欲しいという人々の願いに、耳を貸そうともしなかったからだ。彼らは計略によって彼から火を奪うことにきめた。そこで、カリブーとジャコウネズミが指名された。彼らはカリブーに、削りくずがくっついた樹脂質の木片の髪かざりを与え、ジャコウネズミには、モルモットの皮のエプロンを着用させた。こうして、彼らは、火の持ち主の老酋長の小屋に歌いながら入っていった。カリブーとジャコウネズミは炉の両側に位置し、炉の前には、この家の主人が用心深い目で見張っていた。彼らは、踊りはじめた。カリブーは、いつもやっているように頭を左右に振り、樹脂質の木でできているその髪かざりに、炉の炎をくっつけようとたくらんだ。しかし、油断のない老酋長は、すぐ、この最初の火を消してしまった。すぐその後で、騒がしい歌や踊りの中で、カリブーは、彼の髪かざりに、ふたたび火をつけることに成功した。しかし、この時は、老人は火を消すのにたいへん苦労した。老人がこのように、このことに心をとられている間、地下に穴を掘って時機を待っていたかしこいジャコウネズミは、こっそり燃えさしを少し取って、地下へと消えた。少したつと煙がひとすじ、地平線の山のところから昇るのが見られた。煙は、やがて、炎の舌をともなった。このようにして、人々は、ジャコウネズミが彼らのために火を獲得するのに成功したのを知った。[5]

山からたちのぼる煙と炎を見ることによって、火の恩恵を人が最初に知ったというこの話は重要なことである。それは、これらのインディアンがアメリカのこの地域にある活火山から最初の火を得た、いやむしろ得たと信じていることを暗示している。

クイーン・シャルロット島のハイダ・インディアンの話では、昔、大洪水があって、すべての人々や動物が滅びた中で、一羽のワタリガラスだけが生き残った。しかしこの動物は、ふつうの鳥のようではなく、インディアンの昔話に出てくるすべての動物のように、人間の特性をたくさん備えていた。たとえば、彼の羽の毛皮は外套《がいとう》のように、自由に着たり、脱いだりできるし、彼は、夫のない女から生まれ、彼女は、彼のために弓矢を作ったという話さえあるというぐあいである。大洪水で人類が滅びた後、この特異なワタリガラスは、トリガイと結婚し、彼女は女の子を生んだ。そして、彼は、この子供を妻として、最後には、地上に再植民した。

彼の子孫の代になっても、まだたくさんの必要物に欠けていた。彼らは、火も、日光も、新鮮な水も、オオラチャンという魚も得てはいなかった。これらのものは、すべて、今のナゼ河のほとりに住む、セトリン・キ・ジャシュという偉い酋長、または神が所有していた。これら、すべてのすばらしい物を、りこうなワタリガラスは、所有者から盗んで、人々に与えようと謀った。彼が、火を盗むのに成功した方法とはこうである。彼は、その酋長の家に、あえて現われようとはしなかった。彼は、エゾマツの針の葉となって、その家の近くの水に漂っていた。酋長には娘がおり、娘が水汲みにきたとき、水おけの中に、一水といっしょにその葉を汲み入れた。そして、水の中に葉が入っているとは知らずに、一緒に飲んでしまった。後にすぐ彼女は身ごもって子供を生んだ。その子供は、他ならぬかしこいワタリガラスであった。このようにして、ワタリガラスは小屋の家族の一員となった。そして機会をねらっているうちに、ある日彼は、燃えさしをつまみ、羽の毛皮をきて、小屋のいちばん高いところにある煙突から飛び出した。そして火を運びながら途中いたるところに火を広げていった。彼が最初に火を持っていった場所の一つは、ヴァンクーバー島の北端で、そのためにそこの多くの木は黒っぽい色をしている[6]。

マセット地方に残っている他のハイダ説話は次のとおりである。

昔、ワタリガラスが旅をしていた時、火は全然見えず、だから人々は、そのことを知らなかった。ワタリガラスは、北方の海の上を飛んだ。海のはるか向こうに、大きな海藻灰が成長して海の上に出ていた。その海藻灰の頭は見えなくなり、たくさんの火花がそこからとび出した。これが、ワタリガラスが見た最初の火であった。そこで彼は海の底にもぐりこんだ。彼がいくと、大きな魚たち——黒クジラ、コククジラ、カサゴ、その他——が彼を殺そうとした。火の持ち主は、彼がたずねて行ったそのひとであった。

彼が家に入ると、火の持ち主は言った。〝酋長、ここに来て坐れ〟。ワタリガラスは〝火を少しくれないか、酋長〟と言うと彼は、ワタリガラスが望んだだけの火をくれた。火を彼に与えようとした時、〝火の持ち主〟は、石の盆にそれをのせ、上にふたをかぶせた。ワタリガラスは、それを持ってそこを去った。浜辺に出てから、彼は、浜辺にあるセイヨウスギの中に燃えがらの破片を入れた。そして、彼の妹の住む家に入った。チョウチョウが彼女と一緒にいた。それから彼は、家の中に火をともした。彼は、セイヨウスギの中には、少しだが火をいれておいたので、人々は、火おこしドリル法で、セイヨウスギから火をつくろうとすると、火はすぐとび出す。(7)

アラスカのトリンギット・インディアンにも、昔の世界でのワタリガラスのすばらしい行動の話がある。それによると、当時、地上に、火は存在しなかったが、一つの島にだけあった。ワタリガラスはそちらへと飛んでいき、くちばしに燃えさしをはさんで、非常な速さでもどってきた。しかし、距離がとても遠かったために、彼が地上に戻った時には、燃え木はほとんど消えかかり、彼のくちばしは、半分やけどしてしまった。彼が浜につくとすぐ、地上に燃えさしを落とし、その散らばった火花は石や木に落ちた。だから、石や木は、まだ火を持ち続けているのだとトリンギットの人は言う。石を鋼《はがね》で打つと、石から火花が散り、二つの木片をこすり合わせると、木から火ができるのはそのためである。(8)

トリンギットの神話はほかにもある。

昔、人々は火を持たず、ワタリガラス(イエトル)は、海の奥深く住む白フクロウが火を守っていることを知った。彼は、当時まだ動物の形をしていた人々に、次々と火をとりに行くようにと命じたが、誰も成功しなかった。最後に、シカ——その時は、長い尾を持っていた——が言った。〝わしが火の燃えさしをとって、尾につけてこよう〟。彼はそのとおり白フクロウの家に行き、炎のまわりで踊った。最後に、彼の尾を炎の近くに近付けた。

するとその木片に火がつき、彼は逃げ出した。こんなわけで、彼の尾は焼きとられ、その時以来、シカは太くて、短いシッポになった。(9)

この話では、尾に燃えやすい木を結び、火のまわりで踊って火を盗んだのは、ワタリガラスではなく、シカである。あきらかにこれと同じ話が、ヌートカ族、クワキウトル族、その他ブリティッシュ・コロンビアの南方部族でも語られていることは前に見たとおりである。(10)

三番目の、トリンギットの話もまた記録されている。その中での火どろぼうは、ワタリガラスでもシカでもない。旅行中、ワタリガラスは、浜から、そんなに遠くないが、しかし、けっして近づけないところに何かが漂っているのをみかけた。彼は、すべての鳥類を集めた。夕方になって、彼は、ある物を見た。そして、それが火に似ていることを知った。そこで、彼はとても長いクチバシを持つ、チッキン・ホークにそれをとりにでかけるようにと命じた。〝元気で行ってこい。少しでも火が得られたら、けっして放すな〟。チッキン・ホークは現地に着き、火をつかみ、できるだけ早くもどった。しかし、彼がワタリガラスのところへ持っていくまでに、そのくちばしは焦げてしまった。だから、チッキン・ホークのくちばしは短いのである。それから、ワタリガラスは、浜辺にあった、赤いセイヨウスギと白い石をとった。そしてそれらに火をいけた。そのようにして、火はその後、どこにでも見られるようになった。(11)

さらに北の、冷たいベーリング海峡の浜辺に住むエスキモーの間では、ワタリガラスはいろいろなことの起原に関連して語られ、神話の中では、大きな役割を果たしている。[12] 彼らによると、最初の人類の出現の後すぐに、ワタリガラスは人々に、茂みや、穴を掘らせ、丘の上の自分が隠れて住んでいた小さい木から、材料をあたえ、火おこしドリルや弓を、乾いた木や綱で作ることを教えている。彼はまた、彼らに火おこしドリルで火を作る方法を教え、乾いた草の束の中に、火口《ほくち》の火花をいれ、それが燃えあがるまであおいで、そして燃えている草の上に乾いた木をおかせた。[13] ワタリガラスが、ここでエスキモーに示したと言われている火おこし器具は、明らかに弓形ドリルで、弓のつるで、ドリルのまわりを巻いて、弓によって引っぱるこの方法では、[14] 一本のひもの両はしを人の手で引っぱる方法より、もっと強い回転をドリルに起こさせる。[15] この火おこしドリルの改良された形は、[16] 実際に、ベーリング海峡のエスキモーによって、そしてエスキモー族全体にも、また北アメリカ・インディアンの種族[17]にも、使用されている。

〈原注〉

1 Livingston Farrand, "Traditions of the Chilcatin Indians" *The Jesup North Pacific Expedition*, vol. ii. Part i. (New York 1900) p. 3 (Memoir of the American Museum of Natural History).; F. W. Hodge, op. cit., i. 109.

2 Livingston Farrand, op. cit., p. 15.

3 James A. Teit, "Kaska Tales," *Journal of American Folk-lore*, xxx (1917) p. 427-.

4 ibid., p. 443.

5 Le R. P. Morice, *Au pays de l'ours noir, chez les Sauvages de la Colombie Britannique* (Paris and Lyons 1897) p. 151-153. この著者によれば同じ説話はバビネ・インディアンがその支族だとされるキャリアーあるいはタクリ・インディアンにも発見されるという。F. W. Hodge op. cit., i. 123 ii. 675を参照のこと。

6 George M. Dawson, *Report on the Queen Charlotte Islands, 1878* (Montreal 1880) p. 149B-151B (*Geological Survey of Canada*).

7 John R. Swanton, "Haida texts-Masset dialect" *The Jesup North Pacific Expedition*, vol. x. Part ii. (Leyden and New York 1908) p. 315-. (Memoir of the American Museum of Natural History, New York).

8 H. J. Holmberg, "Über die Völker des Russischen Amerika" *Acta Societatis Scientiarum Fennicæ*, iv. (Helsingfors 1856) p. 339; Alph. Pinart, "Notes sur les Koloches," *Bulletins de la Société d'Anthropologie de Paris*, IIme Serie, vii (1872) p. 798-.; Aurel Krause, *Die Tlinkit-Indianer* (Jena 1885) p. 263. クラウゼによればこの説話の出所は古いロシアの宣教師ウェニアミノフらしい。

9 F. Boas, op. cit. (1895) p. 314.

10 本書二五一—二六五ページ。

11 John R. Swanton, *Tlingit Myths and Texts* (Washington 1909) p. 11 (*Bureau of American Ethnology, Bulletin* No. 39).

12 E. W. Nelson, "The Eskimo about Bering Strait" *Eighteenth Annual Report of the Bureau of American Ethnology*, Part i. (Washington 1899) p. 452-.

13 ibid., p. 456.

14 E. B. Tylor, op. cit., p. 246.

15 E. W. Nelson op. cit., p. 75-., with plate xxxiv. fig. 2.

16 W. Hough, "Fire-making Appartus in the United States National Museum" *Report of the National Museum*, 1887–1888 (Washington 1890) p. 555-.; id., op. cit. (1926) p. 96-.

17 E. B. Tylor, op. cit., p. 246.; W. Hough op. cit. (1926) p. 97-.

第十四章　ヨーロッパ

次のような話がノルマンディーに伝わっている。

はるか昔、地上には火がなく、また火を手に入れる方法も、人々は知らなかった。それで、神さまのところに行って、それをもらって来る必要があるということになった。だが、神はずっと遠い所にいた。誰がこの長旅を引き受けるだろう。人々は、大きな鳥に頼んだがことわられてしまった。普通の大きさの鳥もことわり、ヒバリもことわった。彼らが相談している時、小さなミソサザイ（rebette）がそれを聞きつけた。〝誰も行かないのならわたしが行こう〞。〝おまえの羽では短すぎる。着く前に疲れて死んでしまうぞ〞と人々は言った。〝とにかくやってみよう。もし途中で死んだとしてもそれだけのこと〞。彼女は言った。

ミソサザイは、非常に遠くまでとんで神の所に着いた。神はその姿を見てたいへん驚いた。神は彼女を自分の膝《ひざ》の上で休ませた。しかし、彼は火をあたえることはためらった。〝地上に着かないうちに焼け死んでしまうぞ〞と神は言った。しかし、ミソサザイは強くせがんだ。〝よしよし〟、とうとう神は言った。〝おまえが欲しがっているものをあげよう、だが、ゆっくり時間をかけるのだ。あまり早く飛んではいけないぞ。羽に火がついてしまう〟。

ミソサザイは、気をつけますと言って、喜んで地上へと飛び去った。はじめのうちはゆっくりと飛んだが、地上の近くまで来た時、人々がみんな自分の帰りを待ちこがれ、声を上げているのを見るとたまらなくなって、速力を早めた。やはり神の言ったとおりだった。彼女は火を運び、人々はそれを手に入れたが、かわいそうに羽はすっかり焼けてしまい、一枚の羽毛も残らなかった。鳥たちは、彼女のまわりに心配そうにあつまった。みんなはすぐに、彼らの羽を一本ずつ抜いて彼女のきものをつくった。それ以来、ミソサザイの羽毛には小さい斑点がいっぱいあるようになったのだ。だが、ただ一羽何も出さない悪い鳥がいた。それはコノハズクであった。鳥はみな、コノハズクの冷酷さをこらしめるために彼のところに押しかけたので、コノハズクは隠れねばならなかった。コノハズクが夜だけ現われるのはこのためである。もし日中にでて来たりすると、鳥たちは彼にとびかかり、その穴に追いかえすのだ(1)。今でもミソサザイを殺したり、あるいは、巣を荒らしたりする少年たちの家には、天の火がおりてきて家を焼いてしまうという言い伝えがある。自分のいたずらの罰として、少年はみなし児になるか、家をなくしてしまうかという破目になるのだ(2)。もっとありふれた話は、次のとおりだ。ノルマンディーではミソサザイ (rebet)

は〝空から火を持ってきた〟と言われ、とても尊敬されている。人々はその鳥を殺すと、きっと不幸がふりかかると信じている。(3)

同じような話が北部ブルターニュにもある。そこでも、ミソサザイは天から火を持ってきて、コノハズクを除いたすべての鳥からその返礼に羽をもらった。コノハズクは自分の羽はあまりきれいで、やるのが惜しいと言ったのだ。それで（今でも）彼は、他の鳥たちとか、とくにカササギにはいつも追いかけられている。それ以来、ブルターニュでは、ミソサザイを傷つけてはいけないということになっている。火を地上にもたらしたのは彼らの先祖だから。ドル付近では、もし誰かがミソサザイの巣を荒らしたり、卵やひなを盗んだりすると、その手の指は不自由になると信じられている。サン・ドナンでは、もし幼児がミソサザイのひなにさわると、聖ローレンスの火でやられるとされ、その顔や足や身体の他の部分に、にきびやいぼができると言われている。(4)ロリアンの近くの説話ではミソサザイは天にではなく、地獄へ火をとりに行った。そしてカギ穴を通る時にその翼を傷めてしまった。(5)

だが、ブルターニュの他の地区の説話では、火を運んだのはミソサザイでなく、胸赤コマドリであった。このコマドリが火を取りに行った時、羽をすべて焼いてしまい、鳥たちは彼に同情し、めいめいの羽を一本ずつ抜いて、彼のきものを新しくすることにした。高慢で、心の冷たいコノハズクだけは羽を与えようとはしなかった。だからコノハズクが昼日中現われると、小さな鳥たちはみな彼を責めたてるのだ。とくに胸赤コマドリはコノハズクの声を聞きつけると、この高慢ちきなやつを非難するのである。[6]ブルターニュでは、一つの試みがなされている。それは地上に火をもって来たのは自分だという、これらの二羽のライバル同士の権利要求を調停しようとしたものだ。そこで火だねをとりに行ったのはコマドリで、それから火を起こしたのはミソサザイという説話が生まれた。[7]

ガーンジーでは、赤胸のコマドリが、その島に火をもたらした最初のものであったと言われている。彼が海を渡っていた時、火が身体に燃えついたので、それ以来胸が赤くなった。その島の原住民の老婆は、その話をしたあとつぎのようにつけ加えた。〝うちの母はとてもコマドリをあがめていた。火がなければ、どうしようもないからね[8]〟。

ロワレ県のル・シャルムでは、天の火をミソサザイが盗んで、地上に持ち帰ろうとしたが、羽に火がついて、赤胸のコマドリに大事な品物をあずけねばならなくなった。コマドリは、それを胸に抱いたために胸が焼け、こんどは彼が火の運び役をあきらめねばならなくなった。その時、ヒバリがやって来て、その神聖な火を受けとり、地上へ無事に運んで人々にその大事な宝を渡したという。[9]この話はアメリカ・インディアンの多くの火の神話と似ている。そこでは、盗まれた火は次々に動物の手に渡されて運ばれたと言われている。[10]

ドイツでは、火をもたらした最初のものはミソサザイであるという神話はまだ発見されていない。[11]

〈原注〉

1 Jean Fleury, *Littérature orale de la Basse-Normandie* (Paris 1883) p. 108-. この話は実質的には同じ形で Amélie Bosquet, *La Normandie romanesque et merveilleuse* (Paris and Rouen 1845) p. 220-にしるされている。

2 A. Bosquet, ibid., p. 221.

3 Alfred de Nore, *Coutumes, Mythes, et Traditions des Provinces de France* (Paris and Lyons 1846) p. 271.

4 P. Sébillot, *Traditions et Superstitions dela Haute-Bretagne* (Paris 1882) ii. 214-.

5 E. Rolland, *Faune populaire de la France*, ii. (Paris 1879) p. 294.; P. Sébillot, *Le Folk-lore de France* (Paris 1904-1907) iii. 157.

6 P. Sébillot, op. cit. (1882) ii. 209-.

7 ibid., ii. 214.

8 Charles Swainson, *The Folk-lore and Provincial Names of British Birds* (London 1886) p. 16.

9 E. Rolland. op. cit., ii. 294.; P. Sébillot, op. cit. (1904-1907) iii. 156.

10 本書二二七ページ以降参照。

11 J. W. Wolf, *Beiträge zur deutschen Mythologie* (Göttingen 1852-57) ii. 438.

第十五章　古代ギリシア

古代ギリシアで一般的に知られている話は、偉大な天つ神ゼウスは人々から火を隠した。それで、知恵に長《た》けた英雄、プロメテウス——ティタン神族の一人イアペトゥスの息子——が天つ神から火を盗み、地上にもって来てウイキョウの幹に隠したというのである。この盗みの罰として、ゼウスはプロメテウスをカウカサスの山頂に釘づけし（あるいは鎖でしばり）ワシをつかわして毎日彼の肝臓（または心臓）を食い荒させた。夜になると、日中に失われた諸器官はすべて回復するのである。プロメテウスの拷問は三十年（あるいは三千年）続き、ようやく、ヘーラクレースによって解き放たれた(1)。

しかし、プラトンによれば、プロメテウスはゼウスからではなく、火の神ヘーパイストゥスと学術の女神アテーナの仕事場から盗んで、人々に与えたのだと言う。この哲学者はわれわれに次のように伝えている。神々は、人間や動物を含めたすべての生物を、冥府の世界で、土や火をこね合わせて作り上げた。時がたって、これらの新しく作られた生物が地上に現われるようになった。神々はプロメテウスやその兄弟のエピメテウスに、人間や動物を管理し、それぞれの機能と力に適した仕事をさせる役目を命じた。だが、おろかなエピメテウスは賢いプロメテウスを説得して、そのむずかしい仕事を自分一人にまかせるようにさせた。しかし、彼はうまくやれなかった。というのは、彼は動物たちに最上の能力をさずけ、人間を裸な、まるで無防備の者にしてしまったからである。人間の味方のプロメテウスは、これらの欠陥を正そうといろいろ考えた。人間が地中から外に出る運命の日が間近に迫っていたので、彼はひどく考えこんでしまった。そのあげく彼は人間に火をさずけることにした。それを技術的にうまく使えば、分別のない弟が動物たちに与えてしまった貴重な能力が人間には欠乏しているのを、充分埋め合せることができると計算したからである。だがプロメテウスは、天から火を持ってくるためにゼウスの宮居には入れなかった。恐ろしい番人たちが見張っていたからだ。そこで彼は、ヘーパイストゥスとアテーナが一緒に働いている仕事場へそっと入って、ヘーパイストゥスの火とアテーナの道具を盗んで人間に与えた。(2)——このプラトンの神話はルーキアノスに知られていた。というのは、彼はプロメテウスがその火を盗み、炉を冷たくさせてしまったことを怒っているヘーパイストゥスを描写しているからである。(3)キケロはプロメテウスがひどく罰せられた〝レムニアンの盗み〟について語っている。(4)このことは火がレムノス島のヘーパイストゥスの炉から盗まれたことを意味している。ヘーパイストゥスがゼウスによって天からほうり出された時、落ちたのがこの島であった。(5)おそらく、別の神話では、地上における火の起原はヘーパイストゥスが天から墜落した時、火をもっていて、島での彼の仕事場の炉に火をつけるため、それを使ったからだと説明されていたであろう。

ある説明によると、プロメテウスは天に昇り、太陽の火輪束でたいまつに火をつけて、聖火を手に入れたという。(6) 合理主義的ギリシアの歴史家、ディオドロス・シキュルスはプロメテウスが二本の棒をこすり合わせて火を作ることを発明したのだと想像することによって、プロメテウスの神話と火の盗みを説明した。(7) しかし、ギリシアの伝説では、火をつくる棒を発明したのはヘルメスだということになっている。(8) ルクレティウスは、風のある所で木の枝が互いにこすり合い、火がついたのを見て、人間たちは火をつける方法を知ったのだと推測している。あるいはまた、われわれの原始時代の祖先が、稲妻のためにひき起こされた大火事から最初の火を手に入れたのかもしれない。(9)

プロメテウスが盗んだ火を運んだ木（ナルテクス）は、一般的には巨大なウイキョウ(10)(Ferula Communis) と同一視されているものである。その木はギリシアのどの地方でも育っており、アテネの近くのパレノンに特に豊富に見られる。(11) フランスの旅行家、トゥルヌフォールは、このウイキョウがナキソスの南にある無人島、スキノス、すなわち、古代のスキノッサで繁茂しているのを見つけた。(12) 幹は高さが約五フィート、太さが三インチあり、節があり、約十インチごとに枝が出ていて、かなり堅い樹皮で全体がおおわれている。〝この幹は髄が白く、乾ききると、灯心のようにすぐ火がつく。火は幹の中でも完全に燃えていて、ほんの少しずつ髄が減っていく。樹皮に傷がつくようなことはない。人々は火をどこかに運ぶ時、この木を使う。われわれの船の水夫たちも同じようにした。この習慣は非常に古いもので、プロメテウスが天から盗んだ火を、ウイキョウの幹に入れて運んだというヘシオドースの記述を説明するのに役立つかもしれない[13]〟。

ナキソスで、英国の旅行家、J・T・ベントはたけの高い葦の生垣でへだてられているオレンジの庭を見た。彼は言う。〝レスボスでは、この葦は今でもナルテカ（νάρθηξ）――と呼ばれている。葦の古い呼び名がそのまま残っているのだ。この葦で、プロメテウスは天から火を持ってきたという。その考え方はよく理解できる。今でも、農夫はある家から他の家へと明りを運ぶ時、それが消えないようにこの葦の中に入れる[14]〟――ベントは明らかに巨大なウイキョウを葦ととり違えたようだ。

アルゴス人は、プロメテウスが人々に火をもたらしたことを否定している。火が発見されたのは、彼らの古代の王、ポロネウス[15]のおかげであった。その王の墓には、少なくとも紀元後二十世紀まで、住民たちは犠牲を捧げていた[16]。アルゴスにある狼を御すアポロンの偉大な聖地には火が燃え続けていたがそれをアルゴス人はポロネウスの火と呼んでいる[17]。ポロネウスについて言えば、ポロニスと呼ばれる古い叙事詩があった。だが、今では、ほんのわずかの章句しか残っていない[18]。その詩篇にはその英雄が火を発見した物語は、おそらく詳細に、語られていたのだ。何人かの秀れた言語学者は〝持つ、または運ぶ〟というペレインということばからポロネウスという名を引き出した。[19] もしそれが正しいとするならば、ポロネウスという名を火の〝運搬者〟と翻訳することも可能であろう。アダルバート・クーンはポロネウスの名をサンスクリット（梵語）のブーラリヤ――ヴェーダ讃歌の中の火の神、アグニに固定されている形容詞――と一致させた。それはサンスクリットのbharという動詞から派生したものだと言われていて、ギリシア語のペレイン――持ってくる――と照応している。[20] しかし、神話学においては、語原学にもとづいた比較はまったくあてにならないから大体において避けたほうがよい。

ここに書く最後の観察は、同じく博識で天才的な学者によって提示された、もっと有名な語原学の領域に属するものである。クーンによると、プロメテウスという名はプラマンタ――火おこし錐の上の棒という意味のサンスクリット名――から出てきているものだそうだ。こうして彼は、プロメテウスという名を、火おこしの原始の道具の人格化だと説明しようとした。[21] だが、この由来の説明に対してははげしい反対が起こった。[22] なぜかといえばプロメテウスもそのインドの対応者マータリシュヴァンも同じように、火揉み錐とは何の関係もない。火揉み錐の発明者はギリシアの神話では、ヘルメスになっている。たとえわれわれが前に見たとおり、ディオドロス・シキュルスがそれをよりむかしのプロメテウスにかぶせようとしてもだ。[23] プロメテウスとは明らかに〝Fore-thinker（前もって考える者）〟という意味なのに、ここでそれを放棄する充分な理由がないではないか。ギリシア人自身プロ・メテウス（前に考える者）というのはエピ・メテウス（後で考える者）ということばと対置させたものであると理解していた。――このようにしてかしこい兄とおろかな弟、聖者と愚物とが対比させられたのだ。

未開神話の類似に関しては、われわれがこれまで見たとおり、最初の火がどのようにして、鳥によって人間にもたらされたかが、しばしば述べられている。サロモン・レイナックはプロメテウスを天から最初の火を持ってきたワシとして本源的に説明しようとしているが、ワシは原始神話に関する後世の誤解から、彼自身が犯した罪科に対する報復の代行者に変身させられたのであったというのだ。この理論は、いささか独創的すぎるだろう。事実、博識な作者は、その仮説をトランプカードの家にたとえているが、それはつまり、その説が立っている土台の脆弱《ぜいじゃく》さを率直に告白しているものだ。(24)

〈原注〉

1 Hesiod, *Works and Days*, p. 47-., *Theog*. p. 561-.; Aeschylus, *Prometheus Vinctus*, p. 107-.; Hyginus, *Fab*. 144, *Astronom*, ii. 15.; Harace, *Odes*, i. 3. 25-.; Juvenal, xv. 84-86; Servius, on Virgil, *Ecl*. vi. 42. Hyginus の文章（Fab. 144）ではプロメテウスの難業は三十年にわたっているが他の文献（*Astronom*. ii. 15）では三千年になっている。アイスキュロースはその作品で、苦役の期間を長い方にしている。

2 Plato, *Protagoras*, ii. p. 320 D-321 E.

3 Lucian, *Prometheus*, 5.

4 Cicero, *Tusculan Disput.* ii. 10. 23.

5 Homer, *Iliad*, i 590-.; Apollodorus, i 3. 5.; Lucian, *De sacrificiis*, 6.

6 Servius, on Virgil, *Ecl.* vi. 42.

7 Diodorus Siculus, v. 67. 2.

8 *Homeric Hymns*, iv. *To Hermes*, III.

9 Lucretius, *De rerum natura*, v. 1091-1101.

10 L. Whibley, *Companion to Greek Studies* (Cambridge 1916) p. 67.

11 W. G. Clark, *Peloponnesus* (London 1858) P. III.; J. Muir, *Die Pflanzenwelt in der griechischen Mythologie* (Innsbruck 1890) p. 231.

12 Pliny, *Nat. Hist.* i. v. 68.

13 P. de Tournefort, *Relation d'un Voyage du Levant* (Amsterdam 1718) i. 93.

14 J. Theodore Bent, *The Cyclades* (London 1885) p. 365.

15 Pausanias, ii. 19. 5.

16 ibid., ii. 20. 3.

17 ibid., ii. 19. 5.

18 *Epicorum Græcorum Fragmenta*, ed. G. Kinkel (Lipsiae 1887) p. 209-212.

19 Adalbert Kuhn, op. cit., p. 27.

20 ibid., p. 27-.

21 ibid., p. 14-20, 35.

22 K. Bapp, s. v. "Prometheus" in W. H. Rotcher's *Lexikon der griechischen und römischen Mythologie*, iii. (Leipzig 1897–1909) coll. 3033–3034.; E. E. Sikes "The Fire-Bringer" in his edition of Aeschylus, *Prometheus Vinctus* (London 1912) p. xiii–xiv.

23 本書三〇三ページ。

24 Salomon Reinach, "Aetos Prometheus" *Cultes Mythes et Religions*, iii. (Paris 1908) p. 68–91.

第十六章　古代インド

　ヴェーダの神話では、火はマータリシュヴァンによって、天からもたらされたものだと言われている。彼は多くの点でギリシアのプロメテウスに相応する。彼は、最初の犠牲者であるヴィヴァスバントの使であった。彼は犠牲を捧げるための火を取ってきたのである。ヴェーダの詩人たちの意見では、火の第一の効用は、身体を暖めたり、料理するためではなく、神々に捧げた犠牲を焼き尽くすためであった。(1) アグニ（神聖な火）とソーマ（酒の原料である神聖な植物）に捧げられている『リグヴェーダ』の讃歌では、次のように歌われている。*

　〝アグニとソーマは、互いに作用し合い、天に輝く光を起こした。

呪いや非難を意とせずアグニとソーマよ、おんみらは足かせをはめられた河たちを解き放った。

おんみたちの一人（アグニ）をマータリシュヴァンは天から連れてき、ファルコン

（大ワシ）が山からもう一人（ソーマ）をもぎ取ってきた。(2)

アグニだけに捧げられた讃歌の中では次のようにうたわれている。

〝いわばみずから走り去り、かくの如く隠れたるアグニを、マータリシュヴァンは遥かなるところより導き来たれり。神々のもとより奪いたる彼を〟(3)（辻直四郎訳）

また、アグニだけに関する別の讃歌によれば、

〝大神は洪水のただ中で彼を捕えた人々は賞讃さるべき王を待望した。ヴィヴァスヴァーンの使節としてマータリシュヴァンはアグニ・ヴァイシュヴァー**ナラをはるばる彼らのところへ連れ去った〟(4)

同じくアグニだけの讃歌にはつぎのようなものもある。

〝財宝の中にて富める、火の獲得者なるマータリシュヴァンは彼の泉へ行く道を見出した。

われわれ人間の守護者、天と地の父（なる彼）神々は富を与えるアグニをもった(5)〟

さらに、

〝われわれのそばにいますマータリシュヴァンに、うつくしきつばさもてる朝の出現するごとく堂々と
ブラーフマンはその犠牲に近づき祭官の下に坐す(6)〟

またヴィシュヴェーデーヴァに関する讃歌は、

〝二つの完璧な熱の泉を三界に浸み通らせ、人間によろこびを与うるもの、それこそマータリシュヴァン。
天の乳を懇願しつつ神々はあらわれる。彼らは讃歌と唱詠をよく知るゆえに(7)〟

マータリシュヴァンに対するヴェーダの詩人たちの記述では、彼の性格は悪者のようにきめられている。だが彼のギリシアの対置者プロメテウス同様、彼はその無知な仲間たちに火を与えた聖者としてでなく、天からそれを彼らに持って来た半神半人としてつねに考

えられていた。彼は神々[8]からそれを盗んだという何のヒントも、その伝説には見られないにかかわらず、『リグヴェーダ』の中では、時に彼はアグニと同一視されている。すなわち彼は、火をもっていたるところにあらわれるのだ。[9]『アタルヴァヴェーダ』や梵書《ブラーフマナ》やそれ以後の文書ではマータリシュヴァンという名は、奇妙に意味がとりちがえられ、風（ヴァーユ）とされている。だがこのことばの意味での彼は、『リグヴェーダ』にはついぞ見当らないようだ。[10]

もしわれわれが、マータリシュヴァンがどんな自然現象とかかわりがあるかを問うならば、もっとも一般的な回答は、彼は根元的には天からおりてきて、地上に火をつけた電光の擬人化であったらしいということである。この見解は、何人かの高名な[11]学者によって容認されている。おそらく天からヘーパイストゥスが落ちてきた[12]というギリシアの伝説も、これと同じ自然の、そして、しばしばくり返される現象の神話的な表現であったと想像していいだろう。もしそうだとすれば、われわれは、ギリシアの神話に姿をあらわすヘーパイストゥスを、人間に火をもたらした最初の者として考えてもよいかもしれない。だが、私の知っている限りではそのようなギリシアの神話は伝わっていない。われわれが今まで見たとおり——たとえそれがプラトンの説によるものではあっても、プロメテウスが人間に与えた火を盗んだのはヘーパイストゥスの炉からであった。[13]

〈原注〉

1 H. Oldenberg, *Die Religion des Veda* (Berlin 1894) p. 122-.

2 *Hymns of the Rigveda*, translated with a popular Commentary by Ralph T. H. Griffith. Second Edition (Benares 1896-1897) vol. i. p. 120, Hymn, i. 93. 5-6.

3 ibid., p. 329.

4 ibid., p. 563.

5 ibid., p. 126. ここのところにグリフィス氏はノートをつけている。〃マータリシュヴァンは通常天からアグニ（火）をもって来た神の名だがサーヤナによればここではアグニ自身を意味している。

6 ibid., vol. ii. p. 515 ホータルというのは讃歌を暗誦し歌う僧である。古い時代にはその讃歌の自作もした。H. Oldenberg, op. cit., p. 129-.; H. D. Griswold, *The Religion of the Rigveda* (Oxford University Press 1923) p. 48.

7 Griffith, op. cit., vol. ii. p. 557.

8 J. Muir, *Original Sanskrit Texts, collected, translated and illustrated*, vol. v. (London 1872) p. 204-.

9 A. A. Macdonell, *Vedic Mythology* (Strassburg 1897) p. 71.; J. Muir, op. cit., v. 205 に引用されている Roth の説。H. Oldenberg, op. cit., p. 122. note.（氏はマータリシュヴァンとアグニの同一説をしりぞけている)。

10 J. Muir, op. cit., vol. v. 204.; H. Oldenberg, op. cit., p. 122. note.; A. A. Macdonell, op. cit., p. 72.; H. D. Griswold, *The Religion of the Rigveda*, p. 163.

11 A. A. Macdonell, op. cit., p. 72. H. D. Griswold, op. cit., p. 163-. マータリシュヴァンについては A. Kuhn, op. cit., p. 8-. 氏はマータリシュヴァンはもともと火そのものであったと言っている。

12　本書三〇二ページ。
13　本書三〇一―三〇二ページ。

〈訳注〉

＊　インドの宗教文献中もっとも古いのが『リグヴェーダ』（『梨倶吠陀』とも書かれる）で、西紀前一五〇〇年ごろインド西北部に侵入して来たアーリア人のもっていたものに、その後さらに多くが加えられ、改変され、欠落部分も生じて、現存するものが十巻、一〇二八の讃歌から成っているとされる。だがその讃歌がどこの国々でも、完璧に全部が訳されているとは言えず、わが国では大正十年、世界聖典全集刊行会版の『印度古聖歌』（高楠順次郎博士訳）のほかには、辻直四郎博士の『リグ・ヴェーダ讃歌』（一九七〇年、岩波文庫）があり、外に同博士の筑摩書房『世界文学大系・第四巻インド篇』（一九五七年）と『インド文明の曙』（一九六七年、岩波新書）などがあるが、高楠博士と辻博士のそれでは、採録されているものがずいぶんちがうし、フレイザーはそれらの幾つかを引用しているが、ヨーロッパ諸国のそれらもおたがい、それぞれちがっているようだ。フレイザーはそれらの幾つかを引用しているが、インド国内に散在しているまことにおびただしい群小諸民族のそれにはまったくふれておらず、ことにアーリア民族の侵入以前、インドに土着していて独自の文化をもっていたドラヴィダ族が疎外されているのが惜しい。東南アジア全域にひろがっているとされる〝インド文化〟はじつはアーリア的なものより、ドラヴィダにその根原をもつものであった。

『リグヴェーダ』におけるアグニ（火）讃歌はその五分の一を占め、雷電であるインドラのそれについで第二位を占めているとされるが、それだけに国によって採録がちがい、本書に引用されているものを邦訳に求めてわずかに辻博士の一句を発見するにすぎなかった。そこで参考のため本書に引用されていない邦訳の讃歌をここに集録する。

犠牲の標幟として、第一の首座祭官（プローヒタ）として・アグニ・（火）を・三座の祭壇に於て・人々は点じ了れり。インドラ諸神と車を倶にして来り・彼は供養せん為に・智力に富める祭官（ホートリ）として薦席（こも）の上に坐せり。（『梨倶吠陀』五・一一・二）

アグニは・直《ただち》に我々の犠牲に来るべし・人々はアグニを家々に分ち運べり・アグニは祭供を運ぶ天使となれり……（同四）

アグニよ・你が隠れて木々に住へるを・アンギラサス（祭火僧）は見出せり。かくて你は・摩擦せらるるや・偉大なる力として生まれ出でたり・アンギラス（アグニ）よ・人々は你を勢力の子なりと言へり（同六）（高楠博士訳）

清掃せらるることなくして〔しかも〕清浄なる汝は両親（二片の鑽木）より生まる。ヴィヴァスヴァット（最初の祭祀者）の快き詩人として、汝は立ちあがりたり。人々はグリタをもって、汝を増大せしめたり、供物を捧げられたるアグニよ。煙は汝の・天に達する旗印となりぬ。（同三）（辻博士訳）

五・一一節の六つの歌は高楠、辻両博士ともに訳しているが第三だけ辻博士のものをもって来たのはこの方が高楠博士のそれよりわかりやすいからである。グリタは高楠訳では酥油《そゆ》となっている。

三　（ヴァルナの言葉）われらは汝をさまざまに探し求めたり、ジャータ・ヴェーダス（アグニの称呼）よ、水の中に、植物の中に入りたる〔汝〕を、……

（辻博士、リグ・ヴェーダ讃歌、一〇〇ページ）

古代インドではアグニは、天上の酒ソーマとしばしば並べて、あるいは混合されていたことはフレイザーも指摘している。酒の酔いが人間をつねに燃焼させることから来たのかもしれない。アグニがしばしば水に隠れるという発想も、当時すでに石油が燃えるのが見られたというよりも〝酒―燃焼〟という感覚の拡大されたものと見るべきであろう。こういう意味でつぎの讃歌は注目されなければならない。

四　直路に飛ぶ鷲は、彼（ソーマ）を高き天の背より、インドラが信者のもとにもたらせり……

（辻博士、前引書一一九ページ）

＊＊　ヴァイシュヴァーナラを高楠博士は〝遍一切人火〟と訳している。民間にひろく行き渡っている火のことで、祭祀のための火と区別する必要がある時、この語をアグニに添加する。

第十七章　要約と結論

1　三つの時代

これまで述べてきた物語を見てみると、火と、それを燃しつける方法を発見したということは、あらゆる時代にわたって、世界じゅういたるところで、人間の好奇心をかきたて、工夫しようとする力を育ててきたことがわかるであろう。総体的には、火に関して、人類は、その発展の途上、三つの段階を経ていることが認められる。第一は、火を使うことも、あるいは火の存在すらをも知らなかった段階、第二は、火を知るに至り、それで身体を暖め、料理をしたが、火をたきつける方法を知らなかった段階、その第三は、火をたきつけることを発見したが、その方法は、現在もあるいはごく最近まで、未開民族に一般に行なわれていたいくつかの方法であった段階、である。これらの話を、この三つの段階をもつ文明として見ると、それは連続した三つの時代に分けることができると思う。すなわち、火のない時代、火を使用した時代、火を燃しつけた時代、である。これらの結論が、推論から得られたとしても、あるいはまた、実際そう語り伝えられた記憶によるものだったとしても、いずれにしても、本質的には正しいものであると言える。なぜならば、今日よく言われているように、人類が、動物的生活様式から徐々に発展していったのだとすれば、われわれの祖先が、火の使用については、現在人間以外のすべての動物がそうであるごとくに、無知であったに違いないからである。そして人類が、人間と呼ばれうる段階に至った時でさえ、人間は火の使用についても、火を燃しつける方法についても、長いこと無知のままであった。そこで、こう結論できる。今までみてきたこれらの神話は、そのほとんどが、むだな空想じみた言葉で美しく飾りたてられ、その姿を損じてはいるにかかわらず、そこには、真実の、本質的な要素が残っている。だから、これをもう一度とり上げて、歴史的事実にもとづいてより詳しく調べるだけの価値がある。

2 火のない時代

今までみてきたように、人間は、どの民族でも、その祖先や人類全体が、昔、火を使うことを知らず、寒気に苦しみ食べ物を料理する方法がなくて困っていて、生《なま》ものを食べなければならなかったと信じている。ヴィクトリアのアボリジニは、昔、火のない時代があってみな困っていたことを語り伝えている。食べ物を料理する方法もなく、寒い季節に身体をあたためる火もなかったからである。英領ニューギニアのマシンガラ族は、昔、火がないころ、食べ物といえば、熟したバナナと日干しの魚だけで、この変化のないまずい食事に飽きてしまった。カロリン諸島の中のヤップ島でも、昔、ヤムイモやタロイモがあったが、まだそれを料理する方法がなかった。そこで彼らは、ヤムイモやタロイモを、砂に照りつける太陽の熱で料理したが、それでもひどく困っていたのである。ビルマのカチン族の伝説は、昔、火がなくて、生ものを食べ、寒さにふるえ、やせほそっていたというものである。同じように、シベリアのブリヤート族も、昔、火がなくて食べ物を料理することができず、寒さにふるえていた。東アフリカのワチャッガ族は、昔、火を知らなかったころ、まるでヒヒのように、腹をすかして、食べ物を、バナナでさえも、生で食べなければならなかったという。白ナイルに住むシルック族によれば、だれも火を知らなかった時代があって、食べ物を日干しにし、上の方の少し焼けたところは、男が食べ、下の方のまだ生のところは、女が食べたそうだ。南アメリカのエクアドルに住むヒバロ族の先祖は、火を使うことを知らず、腋《わき》の下で肉を暖め、食用にする木の根は口（唾液）で柔かくし、卵は太陽の光であぶって食べたのであった。ニューメキシコのシイア・インディアンは、昔、火がなかったころは、シカや他の動物のように、草を食べることにうんざりしてしまったという。オジブワ・インディアンは、昔、人間はりこうでなくて、きものも火もなかった。南部では、衣服をつけずになんとかやっていかれたが、北部の裸族は寒くて困っていたと語る。さらにまたブリティッシュ・コロンビアやワシントンのウレムーク・インディアンの老人たちは、先祖が火を知らず、生ものを食べたり、夜は暗闇で過ごさなければならなかったという話をする。

火のない時代にあった他の苦しみについてはとやかく言わず、食べ物を日光で暖めることをまず考えだした民族はいくつかあるが、火がないために不自由していることが、最もつらくてたえられないことであったかのようである。火がなくてこんなにも苦労しているのだと、それを主張するのは、熱いものが食べたいと望むことが、人間という生きものの本能だからなのであり、それは、科学によって、生理学的に立証されうるであろう。

3　火を使用した時代

いくつかの伝説をみると、火のない時代は、次のこの時代に引きつがれていくようである。つまり、火を知り、それを日常生活に使用するようになったが、それをたきつける方法については、依然として、無知のままであった。クイーンズランドには、黒人の間に、たまたまいなずまが引き起こした大火事ではじめて火を知ったという伝説がある。彼らは、その大事なものを一人の老女に預け、けっして火を消さないよう厳重に言いわたした。老女は何年もの間火を守ってきたが、ついにある雨の夜、消してしまった。老女は火をさがして長いことさまよって、ついにある日、こらえきれずに二本の枝を切りとると、ぷんぷんしながら、力いっぱいこすりつけた。すると思いがけなく、摩擦によって火がおきた。

さらにまた太平洋のマンガイアでは、昔、同じように大火事で火を知り、食べ物を料理したが、その火が消えてしまうともうつけることはできなかった。中央セレベスのトラジャ族は、最初の男と女に、神は火を与えたが、火のおこし方を教えなかった。人々は、炉の火が消えないよう気をつけていたが、不注意からその火が消えてしまい、コメをたくのに全く困ったという。コンゴ川の谷間に住むブションゴ族も、昔人々は、いなずまが引き起こした大火事で火を手に入れたが、自分たちでおこすことはできなかった。

最初、人間はどうやって火を手に入れたのか、という問いに対する答えは、これらの話で充分であろう。彼らは、いなずまが引き起こした大火事で火を手に入れたのである。同じように、コンゴ川下流の谷間にいるバコンゴ族も、最初は、このいなずまから火を知った。いなずまが木を打ち倒し、火をつけたのである。多くの民族や、あらゆる人種にとって、これは真実の答えであると言えるだろう。なぜならば、人類始まって以来、計り知ることのできない大昔から、灌木や草には、幾度となくいなずまが火をつけてきたであろうし、それを考えるとき、人間が自分で火をつけることができるようになるまで、いなずまは、人間が火を手に入れるただ一つの機会であったということは、想像できぬことではない。

火を知るようになってからも、長いこと人間は、いなずまがつけた火に対して、特別の怖れと尊敬の念をもって見がちであった。インドのチョータ・ナグプールのオラーオン族は、べつに火を神聖なものと考えていたわけではないが、雷の火（bajar khatarka chich）は、天から送られたものと考えていた。そう遠い昔のことではないが、ハリルの村に、一本の木があり、オラーオン族の農夫が、とり入れた稲の束を枝に干していた。ところがその木が雷に打たれて燃えてしまった。そこで村人たちは集会を開き、神が〝雷の火〟をくれたので、地に今まであった火は皆消えてしまったのだ。だから、この〝天からの火〟を少しずつ家にもって帰り、大事に残して、あらゆるものに使わねばならぬと決定した。そしてこれはそのとおり実行された(1)。しかし、この同じオラーオン族は、ずっと以前から火を知っていて、マッチが輸入されるまで、彼らは火おこし錐で火をおこしていた。実際今でも、森で火をおこす時、人々は同じことをやっている。それには、火のつきやすい木の枝を二本使って、一本を地面において足でしっかりおさえ、そこにあけた穴にもう一本の枝を垂直におろして、ぐるぐるとまわす。すると、できたおがくずに火が出はじめ、枯れ草や下においたぼろに火がつくのである(2)。

ある民族は、別のごく自然な方法で火をおこしている。それは、風に向かって枝をこすり合わせることである。太平洋のヌクフェタウ、つまりド・ペイスター島では、二本の重なり合った枝が、風に吹かれて摩擦し、煙を出しているのを見て、人々が火を発見したのである。北ボルネオのキアウ・ドゥスン族も、こういう話をする。風に吹かれてこすり合った竹に火がおきた。通りかかった犬が、燃え出した竹をとって主人の家に持って帰った。すると火は燃えあがって、家の中にあったトウモロコシを焼き、水につけておいたジャガイモを煮た。こうして、ドゥスン族は、火のおこし方と料理の仕方を一度に知ったのである。

先に見たと同じく、ルクレティウスはすでに、人間は最初、いなずまによる大火事から火を知り、また、風に吹かれてこすり合った二本の枝に火がついたのを見て、火のおこし方を考えたことを暗示している。この詩人の言葉を、未開の人たちが、はっきり証拠だててくれたのだ。私は、何年か前、オックスフォードのピットリバー博物館で、ヘンリー・バルファー氏と、原始時代の火の起こし方について議論したことがあったが、彼はその時、私にこう言った。火は、最初人間の力を借りず、二本の枝が風に吹かれて摩擦して、おきたこともあったに違いない、これは、今まで何回となく観察されてきたことである、と。

ほかに、人間がはじめて火を手に入れた自然源として、太陽や月や星があった、と考えている民族もある。ヴィクトリアでは、一人の男が、槍《やり》に綱を結んで空にむかって投げた。その槍は雲につきささった。男はその綱をよじ登り、太陽から地上へ火を持ってきた。クイーンズランドには、また別の方法で、太陽から火を獲得したという話がある。まっ赤な太陽が、西に沈もうとして、地平線からその姿を消そうとしているとき、追いかけていってその表面を打ち、燃えている太陽のかけらをキャンプに持ち帰った。ギルバート島では、火は太陽の光から手に入れたという。一人の勇士が、その光を口でつかまえたのだ。ブリティッシュ・コロンビアのトンプソン島では、昔、人々は火をおこすことができず、寒さにふるえていた。そこで、太陽に使いを出して火を持ってこさせた。たくわえがなくなると、また新しい火をとりに、使いを送った。彼らは長い旅をして、火を貝殻に入れて持ってきた。またある話によると、プロメテウスは、太陽の火の輪からたいまつに火をつけ、それを人々に与えたという。カリフォルニアのトロワ・インディアンは、大洪水で、地上の火がすっかり消えてしまうと、人々は、月から新しい火を手に入れたと言い、長いロープで地上に結んだ気球に乗って、月まで行ったのである。

また、火の起原は太陽や月でなく、星であるという神話もある。タスマニア人は、地上において最初の火を作ったものと、二つの星、カストールとポリュデイケスとを同一視している。ヴィクトリアのブナウロン族は、彼らが火を手に入れたのは、空に住む一人の男のおかげであると言い、彼はその働きのために、火星になった。ヴィクトリアのウランジエリ族は、最初に火を手に入れた女たちは、空に上ってプレイアデス星になったと考え、北西ヴィクトリアのブーロン族は、火は最初カラスがもってきたと言い、このカラスを、カノープス星と同一視している。

この最後の話は、われわれを、最初の火を人間にもたらしたのは、鳥や動物たちであるという、おびただしい数の神話に導いていく。というのは、不思議なことに、未開人の多くは、火は、人間が発見して使用するようになる前に、動物が持っていたと信じているのである。ブリティッシュ・コロンビアのツィムシャン・インディアンは、地球上に人間が多くなったころ、火がなくて、食べ物を料理することも、冬、身体を暖めることもできずに困っていたのに、動物たちは、そのすみかに火を持っていたという。だが、どの動物も一様にそれを持っていたのではなく、いくつかの種類とか、その種類のなかでも、特にあるものが持っていたのであった。ヴィクトリアの説話では、昔、火はグランピアン山脈に住むカラスだけのものであり、けっして他の動物が火を持つことを許さなかった。オーストラリアには、至るところに、昔、火を持っていたのはフクロダヌキだけだったが、一人占めにしてどこへでも持ち歩き、誰にも貸そうとしなかったという話がある。ニュー・サウス・ウェールズでは、昔、ドブネズミと(魚の)タラが火の所有者で、マーレー川の葦床の広い空地に隠して、厳重に見張っていた。クイーンズランドのカビ族によると、口のきけないヘビだけが火を持ち、それを体内に大事に入れていた。南オーストラリアのブーアンディック族によれば、火は、はじめて一羽のバタンインコの赤い冠羽にできた。この貴重なものを持ったしあわせなバタンインコは、自分のためだけにそれを使い、他のバタンインコに分けてやろうとしなかったので、彼らはそのわがままぶりに、腹を立てた。中央オーストラリアのアランダ族は、遠い昔のアルチェリンガと名づけた時代に、巨大なエウロが、体内に火を持っていた。ところが、この動物を追いかけていた男には火がなかった。だが、男はエウロを殺し、その身体から火をとりだしたのだという。トレス海峡のバドュ島では、ワニが、島のはずれで火を持っていたが、もう一方のはずれにいた男には、火がなかった。

グラン・チャコの南アメリカ族の一つであるタピエテ族によると、昔、彼らには火がなかったが黒いコンドルは火を持っており、それはいなずまから手に入れたものであった。グラン・チャコのマタコ・インディアンによると、人間が自分で火を手に入れる前から、ジャガーが火を持っていた。中央ブラジルのバカイリ・インディアンは、動物学者たちがカニス・ベトルスと名づけている動物が、火の神であったと言う。北東ブラジルのテンベ・インディアンによると、火を持っていたのは、ハゲタカの王であった。人間は、火がないために、食べたいと思う肉を日干しにしなければならなかった。北ブラジルのアレクナ・インディアンは、大洪水前は、火がなくて生ものを食べなければならなかったが、学者がプリオニテス・モモタと呼んでいる緑色の小鳥が、火を持っていたという。メキシコのコーラ・インディアンの話では、トカゲの一種であるイグアナが火を持っていたが、彼は妻と義母を相手にけんかをして、怒って空に戻っていった。それで、地上には、火がすっかりなくなった。ニューメキシコのヒカリラ・アパッチ族は、地下からはじめて出てきた時、火がなかったが、ホタルは火を持っていたという。ヴァンクーバー島のヌートカ、またの名アハト・インディアンは、天地が造られてまもなく、火はコウイカの巣にだけ燃えていたというが、彼らの話す他の神話では、最初火を持っていたのは、オオカミであった。

だが、火はある種の動物だけのもので、彼らはそれを意地わるく保管していたという多くの話があるいっぽう、動物や鳥たちは人間の代理であって、人間は、その動物のおかげで火を知り、それを使用することができたのであった。その動物は、獣であれ、鳥であれ、神であれ、火を最初にもっていたものから盗んだり、苦労して手に入れたあとで、それを人間に与えたのである。ともかく、あらゆる場合、動物がこれを使っていたので、人間もその恩恵を共にすることができたのであった。

ヴィクトリアのある種族は、人類にはじめて火をもたらしたものは、火の尾をもつミソサザイや、火の尾をもつスズメなどの小鳥であり、彼らはその火を空からもってきたり、ただひとりでそれを持っていたカラスから盗んだりしたのであった。この鳥は今も背中に赤いしまがあるが、それは火でやけどをしたところだと言う。またほかの話では、小鳥はタカになっており、人類のために、苦労して火を手に入れた。それらと同じ役をしているものに、バタンインコがある。またヴィクトリアのブーロン族によると、人間に火を与えたものは、カラスであった。オーストラリアのほかの物語にも、このカラスは出てきている。

ニューギニアから遠く離れたキワイ島では、最初の火は黒バタンインコがもたらしたと言い、口のまわりの赤いしまは、くちばしにまっ赤に燃えているつけ木をくわえて、やけどをしたからである。英領ニューギニアのほかのところでは、人間に火を運んできた動物としてしばしば出てくるのは犬である。ダントル・カストー諸島の小さな島ワギファの住民も、火を持ってきたのは犬で、しっぽに火を結んで、海峡を泳いで渡ってきたのだと語っている。アンダマン島民によれば、カワセミが、ビィリクという不思議な生きものから火を盗み、人間に火をもたらした。だが、ビィリクがこのどろぼうに火を投げつけ、それが首のうしろにあたったので、そこの羽はいまでも赤く、それはそのやけどのあとである。アンダマンの他の話では、ビィリク(52)から火を盗んで人々に与えたのは、青銅の羽をもったハトであった。マレー半島のメンリ人は、最初の火はキツツキが持って来たと言う。だから彼らはけっしてキツツキを殺そうとしない。この鳥が、身体を暖め、料理をする火を彼らにさずけたからである。マレー半島のセマン族には、ココナッツザルが、空で雷を作っている神から火を盗んだ、と信じているものがいる。この盗んだ火で、サルはサバナ草原に火をつけた。火は、こうして人間の手のとどくところまでやってきたが、その大火事から逃げおくれた小人族は火にやられ、髪の毛がこげてしまい、だから、小人族の髪は今もちぢれている。シベリアのブリヤート族によると、一羽のツバメが、空にいて人類に火をもたらしたテングリから、火を盗んだ。テングリは怒って、ツバメに弓をはなち、矢はツバメの尾につきささった。ツバメの尾が二つに分かれているのはこのためである。セイロンでは、青黒い、ツバメのような尾を持つヒタキが、天から人間のために火をとって来たのである。

西アフリカのバコンゴ族では、まだ地上に火がなかったころ、一人の男がジャッカルを使いに出して、沈む太陽から火を取ってくるよう言いつけた。しかし、ジャッカルは帰らなかった。白ナイルのシルック族は、まだ火のなかったころ、犬の尾にわらを巻きつけて、神の国に火をとりにやった。犬はしっぽに火をつけて帰ってきた。こうしてシルック族は火を知った。

ボリビアのチリグアノ族は次のように言う。大洪水で地上の火がすっかり消えてしまったので、彼らは、ヒキガエルから火を手に入れた。ヒキガエルは、洪水が起きる前に穴に隠れていて、洪水の間じゅう、火のついた燃えがらに息を吹きかけてもやし続けた。グラン・チャコのチョロテ・インディアンは、大洪水のあと、同じような羽目になって、黒いコンドルから火を手に入れた。コンドルは、火を水のとどかぬ巣の中に守っていたという。グラン・チャコの別の部族のタピエテ・インディアンの話によると、昔、黒いコンドルは火をもち、彼らにはなかったころ、カエルが気の毒に思い、黒いコンドルが身体を暖めていた火を盗んで、口にくわえてもってきたのであった。同じくグラン・チャコの一族であるマタコ・インディアンによれば、彼らは、モルモットのおかげで火を手に入れたのである。モルモットは、人間が自分で火を手に入れる前から火を使っていたジャガーから、その火を盗んだ。しかし、この貴重なものを、人間に分け与えたのではなく、自分の食事を料理しているとき、うっかりして草に火をつけてしまった。こうして、偶然に起きた大火事から、マタコ・インディアンははじめて火を手に入れることができた。中央ブラジルのバカイリ族は、最初の火は、一匹の魚とカタツムリが人間にもたらしたという。というより、双子の兄弟が、この動物にちょっと姿を変えて、火の神であった動物(Canis vetulus)から火を盗んだのであった。エクアドルのヒバロ族によると、最初の火は、ハチドリがもたらした。ハチドリは、火を一人占めにしていた男から盗んできたのである。

ニューメキシコのシイア・インディアンは、火をコヨーテから手に入れたと言う。コヨーテはクモから火を盗んだ。そのクモは、地下の家に住んでいて、ヘビや、ジャガーや、クマを見張りにたてて、火を誰からも盗まれないようにしていたが、コヨーテは、その見張りやクモが眠っているのを見て、目をさまさないうちに火を取って逃げたのである。合衆国の南東の地に住むインディアンの話では、人類のために火を手に入れた動物はウサギである。ミシシッピーのスーやほかのインディアンの伝説によれば、大洪水のあと、この大変事を無事に生き残った男と女が、灰色の小鳥から火を手に入れた。守護神が彼らをあわれんで、数多くの恩恵とともにその小鳥を与えたのである。それ以来、インディアンたちは、けっしてこの種の鳥を殺さず大事にし、この鳥をまねて、目の両側に小さな黒い線を描く。ヴァンクーバー島のヌートカ、またの名アハト・インディアンは、最初の火は、昔コウイカやオオカミが持っていたものを、シカが盗んでくれたのであるという。また北西アメリカのほかのインディアンの話でも、同じようにシカが、最初に火を盗み、人間に与えた動物として描かれている。そして、シカの尾が黒くて短いのは火に焦げたからであった。シカの話をするインディアンは、ヴァンクーバー島のクワキウトルにもいるが、彼らによれば、人間のために火を手に入れたのはミンクであるという。ミンクは、幽霊族の酋長から子供を盗み、子供のかわりに火をよこせと言った。ヴァンクーバー島のナナイモ族も似たような話をする。ブリティッシュ・コロンビアやアラスカのインディアンたちの中には、最初の火をもってきたのはワタリガラスであるというものがある。このワタリガラスは、北部インディアンの神話では、重要な役を演じている鳥であり、貴重な火を盗もうとしてこの鳥が考えた方法がテーマになっているものには、おもしろいものがいくつもある。ベーリング海峡のエスキモーも同じように、火をおこす方法はワタリガラスから教えられた。

フランスでは、天から最初の火を地上にもってきたのは、ミソサザイや、胸の赤いコマドリである。コマドリの胸の赤い羽毛は、火でやけどしたからだ。

また、最初の火をもってきたのが、一羽の鳥や一匹の動物ではなく、多くの動物たちの協力によるものであるという説話も多い。彼らは一列に並んで、お互いに走るのに疲れてくると、次々に火を渡していく。さらにまた、多くの動物たちが、その困難な仕事をやってみたが失敗し、その中のひとつだけが成功して、火を手に入れたというのも、すでにみてきたところである。この、協力して火を盗んでくる神話には、もう一度くりかえすと、たとえば、オーストラリアには、タカとハトが協力してフクロダヌキから、火を盗むものがあり、トレス海峡には、ヘビやカエルや、いろいろの種類のトカゲが火を盗もうとして失敗し、ようやく大きな長首トカゲが成功して、火を口にくわえて島へ帰ってきたといったものがある。長い首だったので、水の上に頭を出したまま泳ぐことができたからだ。英領ニューギニアのマシンガラ族にも、同じ話がある。ニューギニアの海岸から遠く離れたキワイ島でも、火を本土からもってくることを、動物たちが次々にやってみたが、ワニやヒクイドリや犬は失敗した。鳥がつづいてやったが、やっと黒バタンインコが成功した。だから、現在でも、口のまわりが火にやけて、赤いしまになっている。同じようなものでは、英領ニューギニアのモトゥ族にヘビやフクロダヌキやカンガルーは失敗し、犬が成功したというのがあり、台湾の山に住むツォウ族にも、似たものがある。先祖は大洪水のあとで火を手に入れた。ヤギは勇敢にも、人々のために火を取ってこようとしておぼれてしまったが、タオロンが無事島に火をもち帰った。人々はよろこんでタオロンをなでたので、タオロンは現在のように、つやつやとしてかわいらしい身体になった。シャムのタイ族によれば、大洪水のあとで、人々は消えてしまった火をもう一度燃すのに困っていた。彼らは、フクロウとヘビに火をとりにいかせたが、どっちも途中でぶらついて、目的地に行かなかった。そこでアブが飛んでいって、空から持ってきたのは、火そのものでなくて、火のおこし方であった。アブは、神がその手で火をおこしているのをみて、こっそり盗んできたのである。

アドミラルティ島にある話はこうだ。昔地上に火がなかったころ、一人の女が、オオワシとムクドリを火をとりに天に行かせた。二羽の鳥は空を飛んで行き、オオワシが火を取った。地上に帰る途中でムクドリに火を渡し、ムクドリは首に火をのせて運んできたのでやけどしてしまった。

北ローデシアのバイラ族によれば、地上に火がなかったころ、バルチュア（コンドル）とフィッシュイーグル（魚ワシ）とクロウ（カラス）とメーソンワスプ（ハチの名）は、空のどこかに住んでいる神から、火を取ってこようとした。そこで飛んでいったが、二、三日すると、バルチュアとフィッシュイーグルとクロウは、骨だけになって地上に落ちてきた。メーソンワスプは、ひとりでその危険な仕事をなしとげなければならなかった。天に着くと、彼は親しく神に会った。神は彼に祝福を与え、また、おそらく火も与えたのであろう。

メキシコのコーラ・インディアン。――以前、イグアナだけが火を持っていた。しかし、妻や義母とうまくやっていけず、火をすっかり空に戻してしまった。地上の人々は、こうして生活の必需品をなくしたのである。みんな困ってしまって、鳥や動物たちに、ぜひとも空から火をとってきてくれるようにと頼んだ。ワタリガラスは勇敢にやってみたが、失敗し死んでしまった。ハチドリも失敗した。つづいていろいろな鳥が同じように失敗した後、ついにフクロネズミが、空によじ登ることができ、一人の老人から、その眠っているすきに火を盗んできた。

ニューメキシコのナバホー族。——動物たちには火があって、人間にはなかったころ、コヨーテとコウモリとリスは、親しい友だちのインディアンのために、協力して火を持ってこようと話し合った。そこで他の動物たちが火で遊んでいる時、コヨーテは火のもえさしを盗もうと考え、そのそばをさっと通り過ぎようとしたが、動物たちは大いそぎでコヨーテを追いかけた。コヨーテは疲れてくると、その火をコウモリに渡し、コウモリは火を落としそうになると、リスに渡した。リスは機敏で忍耐強かったので、火をナバホー族のところまで、ようやく運んで来ることができた。——この、動物たちのリレーで火を運んでくる神話は、北アメリカのインディアンたちの間に、広く伝わっている。ユタのユテ族、カリフォルニアのカロック・インディアン、ブリティッシュ・コロンビアのトンプソン・インディアン、また同じブリティッシュ・コロンビアの北部の山岳地帯に住むカスカ・インディアンなどだが細部は少しずつ変わっている。この種のものは、フランスにもある。ミソサザイが天から火を盗んだが、胸の赤いコマドリに渡さねばならず、それからコマドリは、ヒバリに渡し、ヒバリが地上に安全にそれを運んだ。

こういう走者リレーではないが、やはり動物たちの協力するものが、チェロキー・インディアンの間にある。最初地上には、火は、ある島のカエデの木の穴にしかなかった。動物たちも人間と同じく火をほしがっていたので、集まって、それを手に入れる方法を考えた。ワタリガラスは海の上を飛んでその木のところに行ったが、飛びまわっているうち、熱で羽が黒くこげてしまった。それから、コノハズクが次にやってみたが、その木の穴をじっと見下ろしていたので、熱い火気で目がやられ、ほとんど見えなくなってしまった。それで今でも目が赤い。次にはフクロウやミミズクがやったが、やはりうまくいかなかった。燃えている木から吹き出した煙が、視力を奪ってしまったのである。目のまわりに灰が白い輪をつけて、それ以来とれなくなってしまった。鳥たちができるだけのことをやったが失敗したので、小さな黒ヘビと大きな黒ヘビが、つづいて、燃えている木の穴にすべり込んだ。しかし煙にむせて、炎で身体が黒くこげてしまった。それで黒くなった。最後に、ミズグモが波の上をすべっていって島に渡ると、自分の身体から出した糸で作ったいれものに火を入れて、もどって来た。

カリフォルニアのニシナム・インディアンは次のような話をする。世界じゅうの火が、どこか西の方にすっかり隠されていたころ、コウモリが、トカゲに、火を盗んできてくれと頼んだ。トカゲは承知して、火を盗みにいった。しかし帰る途中で、草に火をつけてしまい、命からがら逃げてきた。盗みをそそのかしたコウモリには、正当なむくいがあって、ほとんど目がみえなくなってしまった。トカゲはコウモリの目にマツヤニをぬってやったが、この薬のききめもなく、それ以来、コウモリの目は、すっかりかすんでしまった。コウモリは今もたいへん黒いので、火にやけたのだということは、すぐわかる。カリフォルニアのマイドゥ・インディアンによれば、ネズミやシカや犬やコヨーテは、どこか西の方に雷が隠していた火を盗んだ。この盗みはうまく行なわれた。つまり、犬は耳の中に火を隠し、シカはくるぶしに隠した。今でもそこには赤いしるしがあるが、それは火のためであることはたしかだ。

こういう神話で、現在でも火については全く無知であるとわかっているはずの動物や鳥たちが、最初に火を獲得したと考えられているのはなぜだろう。これに対するしごく妥当な答えは、これらの神話の第一に意図することが、動物の性質や特長を説明するためのものだからである。原始人は、火が原因でそういう特長が生まれたと考える。だから、火の起原や火の発見についての説明は、二義的な問題なのだ。この考え方を正しいとすると、これらの神話の問題点は物理学的であるよりも、むしろ動物学的である。そして、これらに関してはわれわれはつぎのことをはっきり心に留めておくべきだ。すなわち、その粗野な哲学とかかわりをもつこれらの神話を考え出した未開人は、人間と動物との違いをはっきり区別することができず、むしろ反対に、自分とよく似ている同じ生命と知力が彼らにもあると考えた。だから、動物が火を持っていて使用したという考え方にも、また、人間よりも先にそれを知っていたことにも、さらに、動物は、人間がその助けを借りて火を手に入れた人間の代理であったという考え方にさえも、何の矛盾も、愚かしさも感じないのである。

原始人が、自分で火をおこすことを知るようになるまで、火を手に入れていた方法に、火山があるだろうということは容易に考えられる。しかし、この火の起原に関する神話には、火山の噴火作用に関するものがほとんど見当たらないようである。だが、例外もあって、その主なものは、ポリネシア神話の中にみられる。そこでは、最初の火は、一人の英雄が地下からもってきたものとして描かれており、地下で、彼はあるおそろしい火の神、または火の女神に出逢った。サモアの神話では、すでに述べたように、地下の火神はまた地震の神であり、その神が、突然かまどから火を吹き出して、そこらじゅうにまき散らしたという話は、火山の爆発を神話風に物語っているものと言えるであろう。ここから連想されるのは、ハワイが世界じゅうで最も大きな火山のあったところであるという話である。その火山のふもとに住み、恐ろしい爆発を目撃した人々が、火の起原物語を、燃えている山と、溶岩の大きなかまどに結びつけたであろうということは疑う余地がない。

さらにまた、ブリティッシュ・コロンビアの北の奥地に住むバビネ・インディアンが語るところによれば、山から立ち登るひとすじの煙は、火の舌の先から出た。これは、すでに私が言っているように、北西アメリカにある火山が出す炎と煙から連想したものに違いない。

火が、海からやってきたという、おもしろい話が二つ、似たような形で、オングトング・ジャワとギルバート諸島にある。これは、熱帯地方で、遠くの海が青い光を放ってきらきらときらめいている、印象的なすばらしい光景から思いついた話であろう。この光景は、熱帯地方に限ったことではなく、火が最初、カブトイカの家にだけ燃えていたというヌートカの神話や、ワタリガラスが、おそろしい魚におそわれながら、深い海の底から陸にまで持ってきたというハイダの神話の基礎にもなっているのである。

〈原注〉

1 Sarat Chandra Roy, *The Orāons of Chōtā-Nāgpue* (Ranchi 1915) p. 170-.

2 ibid., p. 472 note.

4 火を燃やしつけた時代

すでに見てきたように、火の起原神話が語っていることは、人間が火を知って、それを使用するようになってからも、かなり長い間、火をおこす方法を知らずにいたが、ついに、今日でも未開人の間で行なわれているようないくつかの方法を発見した。そして、その原始的な火のおこし方は、文明がもたらした、よりすぐれた方法にとって変わられるまで、行なわれていたということである。火をおこす原始的な方法のうちで、最も一般的なものは、木を摩擦させるものと、石を打ち合わせるものとである。両方とも、これらの神話に出てきているが、これら二つの方法のうち、より多く使われているのは、木を摩擦するものので、神話でもこの方がはるかに多く述べられている。そこで、この方法から先に考えてみることにしよう。

木を摩擦させて火をおこすには、いろいろある。そのうちで三つが特に目立つ。すなわち錐《きり》もみ〔火おこしドリル〕法、のこぎり法、犂《すき》（棒とみぞ）法である。この中で特に錐もみ法が未開民族の間でより広くいき渡っており、そのため、神話に出てくるのにそれが最も多いことも不思議ではない。

錐もみの最も簡単な形は、二本の棒で、一本は先がとがっていて、それを、地面に平らにおいた方の木に押しつけてたてて持つ。そのたての棒、つまり錐を両手にはさんでいきおいよくまわすと、とがった先はもう一本の木に穴をあける。さらに強くまわすと、熱とそれから火がおこるのである。火がおこると、いろいろな火口《ほくち》を使ってさらに大きく燃え上がらせる。

この最も簡単なもの、あるいは回転を早くするために、錐にひもや皮ひもを巻きつけて引っぱるような、いろいろな工夫をこらして改良したものは、多くの民族で広く使われており、単にタスマニア、オーストラリア、ニューギニア、アフリカ、アメリカ、アジアなどの未開民族ばかりでなく、古代の、文明をもった民族、また近代のエジプト、インド、日本、*ヨーロッパなどでも、それであった。

では、どのようにして、人類は錐もみ式を発見したか。この問いに対する簡単な、そして妥当な答えを得るには、火の起原の神話を一つでも読めば充分であろう。すでに述べたように、コンゴ川の谷間に住む一群のアフリカ民族、バソンゴ・メノによると、大昔から彼らはラフィアの葉脈で魚捕りわなを作っていた。ある日、一人の男が、それを作るため葉脈の片側に穴をあけようとして、小さな先のとがった棒を使った。穴をあけているうち火が出てきた。こうして人々は、人をおこす方法を発見したのである。金属が発見されるまで、木に穴をあけるには木を使用しなければならなかった。この方法で火ができることは、人類始まって以来、何度となく偶然に発見されたにちがいないし、それだから、多くの民族が、民族ごとにそれぞれ別々にそれを思いついたのでもあったろう。だからわれわれは、火の唯一の発見者である、孤独のプロメテウスに関する仮説にその起原を求める必要はないのである。たとえ全人類が、彼から計り知れない恩恵を受けたとしても。

錐もみ式が、それらの神話の中で、あるきわ立った特徴を示しているばあいがある。すなわち、ある話では、火は女の右手の六番目の指から、女の右手のその指と親指の間から、または左手の親指と人差指の間から、または女の右手の親指と人差指の間から、または男の右手の親指と人差指の間から、または少年の人差指の先から、または火の女神の手の爪と足の爪から、または火の神の指から、出た。このように、火が手から出たという話は、錐もみ込み棒を両手にもってぐるぐるまわすと、その先から火が出てくるということから想像されたものであり、もみ込み棒の先端を、火を持つ指と言って言えないことはない。また親指と人差指の間から火が出るという考えは、火おこし錐をぐるぐる回すところを見るとけっして的はずれな想像ではないのである。

さらに、火が女の身体、特にその性器からおきたという考え方は、すでに述べたように、未開人たちは、錐もみ式の操作と、男女の性行為との間の類似点を感じていたということで充分説明される。すなわちもみ込み棒がはいっていく横木は女体とみなされ、たての棒はすなわち男とみなされた。この類推からすると、もみ込み棒は、女の身体、特にその生殖器から火を発生させたと言えるし、また、女体の性とは、もみ込み棒が回転しながら入ってゆく穴に相当すると考えられた。この類推は、今日でも明らかに認められ、特に儀式において実行されている。すなわち（インドの）バラモン教の火の祭官（Agnihotra）とその妻は、二人の間で錐もみ法で神聖な火をともすのである。その前夜、もみ込み棒（arani）は祭官にあずけられ、下の横木は妻にあずけられる。その夜、夫と妻はそれぞれ、それを持って眠る。これが〝性行為を象徴する火おこしの行程〟である。翌朝、二人は一緒に神聖な火をつける。夫は、棒の先端が、下に置いた木の穴からはずれないようしっかりおさえ、妻は、棒に巻いたひもを引いて錐を回すのである。やがて、火がおこり、火口に移される。夫も妻も、この神聖な儀式をなし遂げる間、特別なタブーを受けなければならない。

　同じ類推から、神話のなかで、しばしば、女が男たちより前に火を持っていたということも説明できる。なぜなら、この、横板の上で棒を回転させておきた火は、棒が引き出す前に、その板の中に入っていると、未開人たちはきわめて自然に考えているからだ。つまり神話風に言えば、火は、男が引き出す前に、女は生まれながらに持っていた。それはまた、火はすべての木の中にあり、その枝をこすり合わせると出てくると考えたこととも共通する。このように、原始的思考にとって、火は男の手に入る前に、すでに女が持っていたという推論が自然であった。

　だが、錐もみ式は最も一般的ではあるが、けっして、未開人が木を摩擦させて火をおこす、ただ一つの道具ではない。ほかにのこぎり法がある。これには固いものとやわらかなものとの種類がある。固いのこぎりは、木の枝または竹でできており、それを木や竹にあてて、のこぎりのように動かし、摩擦で火がおきるまで、強く前後に引く。普通これに使われるのは竹で、そのケイ酸を含んだ表皮は、摩擦で火をおこすのに適していた。削った竹を、丸い竹の表面にあててはげしく前後に動かす。そのおがくずは下に置いた火口に落ちる。ヘンリー・バルファー氏は、これは、火をおこす原始的な方法のうちで最も簡単なものだと私に教えてくれた。彼は自分でやってみて、四十秒で火をおこしたそうである。この道具は、マレー諸島、フィリッピン諸島、ニコバル諸島、ビルマ、インドなどの至るところで、またヨーロッパのある地域で使われてきたし、今もなお使われている。(1)故ウィリアム・クルークは次のように言った。〝摩擦によって火をおこすことは、ジャングルに住む民族ならば、自然に思いついたことであろう。彼らは、夏の嵐で、互いに摩擦した竹に火がつくのを、たえず見ていたに違いない。だから、原始的な錐もみ式、すなわちアスガラが考え出されたのは当然のことであり、ケロス、コルワス、ビュイアス、それからジャングルに住む他のドラヴィダ族たちは、現在もなおそれを使っている。これらの種族には、今でもこうして火をおこす習慣がある。乾いた竹に、固い小さなへこみを作り、そのへこみに、同じ竹のとがったものをあて、二人の男が、空いている方の手でそれを交互に動かす。こうして熱が、ついには火がおこる。その火花を枯れ草や適当な火口にもえ移す〟。

柔らかいのこぎりは、柔らかな細い茎や、つる、あるいは、それに合った材料を使い、それを竹や木にあてて、のこぎりのように前後に引くのである。またその間おがくずは、離しておいて、充分に熱が出てから、おがくずをそこへもっていき、くすぶらせる。おがくずがくすぶってくると、枯れ草とか他の適当な火口を使って簡単に火花にすることができる。この火のおこし方が、地理的にどういうところで行なわれていたかということは、ヘンリー・バルファー氏が細かく調べている。それによると、チッタゴン丘陵、アンナン、マレー半島を通って、アッサムのナガ丘陵から、ボルネオ、ニューギニアに至るまで、その源がたどられ、ヨーロッパでも特にスウェーデン、ドイツ、ロシアにおいて、〝浄火〟として知られている新しい火をおこす儀式にはこの方法が使われているという。(2)

柔らかいのこぎりも、固いのこぎりも、神話に出てくる。柔らかい火のこぎりは、キワイの話で、夢の中で精霊が、弓で木を引いて火をおこす方法をある男に教えたというのがある。またキワイの他の話では、ある少年が竹のロープで木を引いて二つに切っているとき、偶然火をおこす方法を発見したというのがある。一方、固いのこぎりについては、セレベスのトラジャ族に、神が二本の竹をこすり合わせて火をおこしたというものがある。同種のものは、シャムのタイ族にも伝わっている。さらにまた、ビルマのカチン族によると、昔、精霊が一組みの男女に、二本の竹をこすり合わせるように言って、火のおこし方を教えた。北ボルネオのキアウ・ドゥスン族によると、最初の火は、二本の竹が風に吹かれて摩擦しているうち、自然におきたという。すでに述べたように、こういう竹の自然発火は、ジャングルでは絶えず見られたことであろうし、またそれゆえ、未開人が、火と、火をおこす方法をはじめて知ったのは、多くの場合これにもとづいていると言っていいだろう。もしそうならば、火をこの方法で手に入れていた地域は、竹がよく育つところ、つまり熱帯地方であったに違いない。

未開人たちが、木を摩擦させて火をおこすもう一つの方法は、犂法または〝棒とみぞ〟法である。これは一本の棒の先をもう一本の木のきざみにいれてこすると、熱とそれから火がおこるものである。この簡単な道具は太平洋の島々、特にポリネシア、またメラネシア、ニューギニア、ボルネオで最もよく使われており、アフリカやアメリカではめったに見られない。この本に記録されている神話にも、あるものにはそれとわかるのがあるのだが、その報告者は〝木の摩擦〟とか、〝一本の棒をこすり合わせる〟というようなはっきりしない言葉で述べている。しかし明らかに、錐もみ法と違ったものなのだ。

このように、未開人たちは、いつも火をおこすのに、木や竹をこすっていたので、自然に、火はすべての植物の中に入っていると考えていたのであろう。少なくとも、彼らがいつも火をおこしていた木には入っていると考えたのであろう。だから神話の中に、火がどのようにして木の中に入ったのかを説明しようとしているものもあるわけだ。時には、木が雷に打たれて燃えたので、それで火が入ったと言われている。

多くの神話は、火は、木の中でも特別ないくつかの種類のものに入っていて、それをこすり合わせると火が出ると述べている。少しでもそれに関連している木は、グラストリー、竹、ハイビスカス、ユーゲニア、ココナッツ、パンの木、コルディア、ウルティカ・アルゲンテア、バンヤンの木（Ficus Indicus）、ポプラ、ヒマラヤスギなどである。これらのうちでも特に多く出てくるのはハイビスカスである。ダーウィンによると、ハイビスカス・ティリアセウスというごく軽い木だけが、タヒチでは棒とみぞ法で火をつけるために使われていたという(3)。南東アフリカのトンガ族は、ブロロと呼んでいる一種のハイビスカスが火をおこすのに最もよいと言っている。

しかし、未開人たちは、時によると木を摩擦させるだけでなく、石をたたいたり、あるいはもっと進歩してくると、火打ち石と鉄を打ち合わせて火をおこした。その方法はきわめてまれで、木の摩擦ほど一般的ではないようだ。これに用いられた石は、黄鉄鉱（火の石）、あるいは黄鉄鉱と火打ち石である。実際にこの方法で火をおこしたのは、エスキモーや、カナダのいくつかのインディアンや、ティエア・デル・フエゴの未開人たちであり、アメリカ大陸の広大な中央部には知られていないようである。

だが、これまで調べてきたところでは、神話の作者たちが、火とか、少なくとも火花などを得るのに、石を強くたたいたということを知っていたのではないかと思われるようなものがいくつかある。北ブラジルのタウリパング・インディアンは、昔、火は女の身体からワトという石に移されたので、それを打つと火が出てくるのであると伝えている。ニューメキシコのシイア・インディアンの話では、人間と動物の創造主、クモは、自分の地下の家で火をおこすのに、先のとがった石と丸い平たい石をこすって火をおこしたという。

この、タウリパングやシイア・インディアンの二つの神話からすると、彼らが実際に石で火をおこしていたかどうかは別としても、その方法を知っていたことがわかる。さらに、ブリティッシュ・コロンビアのカスカ・インディアンによると、昔、人間が火を手に入れる前には、クマが火の石を持っており、いつもそれで火をおこしていた。しかし、一羽の鳥がその貴重な石を盗んだ。そして何人かの手を、というより何匹かの手を経て、最後にはキツネが持ち去ってしまった。キツネは山の頂上でそれをたたきつけ、その破片をインディアンたちに投げ与えた。人間はこうして火を手に入れ、現在でも山にはどこにでも火があるという。さらに、チャタム諸島のモリオーリ族には、火の神、マウヒカは、火を火打ち石に入れた。だからその石から火がでるのであるという話がある。

文化がより発展し、文明ともより密接に関係するようになった民族の間の神話は、火打ち石と鋼鉄、つまり、石と鉄で火をおこしたというものになってくる。中央セレベスのトラジャ族には、ずるがしこい昆虫が、天にいる神が、こま切り包丁で火打ち石をたたいて火をおこしているのを見つけたという話がある。さらに、南シベリアのタタール人の伝説は、男が作られた後まもなく、三人の女が、神の言いつけに従って、石と鉄を打ち合わせて火をおこすことを考えたと言っている。マダガスカルのサカラバ族とツィミヘティ族によると、雷とのひどいたたかいにつかれて、炎は、木や鉄や硬い石などの中に身体を隠してしまった。それで、乾いた木を二本こすり合わせたり、火打ち石と鉄とを打ち合わせたりすると火が出てくる。アラスカのトリンギット・インディアンによると、大昔、海上の島以外にはこの地上に火がなかったころ、ワタリガラスがその島に飛んで行き、くちばしに火をくわえて帰ってきたが、くちばしが半分ほどやけてなくなってしまい、岸に着くと燃えさしを地面に落してしまった。そして、火花が飛び散って、石や木の中に入ってしまい、そのために、今でもそうなっている。だから、鉄で石をたたくと火花が飛び、二本の木をこすると火が出てくる。——

金属を発見するまでの長い間、旧石器時代や新石器時代には、この地球上に今も無数に散在しているこれら粗末な石の道具を作るのに、人間が石をたたいて作ったのであろうということを考える時、石を打って火をおこす方法は、それぞれの民族が、別々に世界じゅういたるところで、じつにしばしば発見したことであろうという結論は、やむをえないことのように思われる。錐もみ法のところでも言ったが、この場合はさらに、唯一の火の発見者は、孤独のプロメテウスだという仮説にたよる必要はなくなる。彼の偶然の発明のおかげで火はつぎつぎにつたえられ、とうとう世界の隅々にまでひろまったというのだが——。シベリアのヤクート族によると、最初の火は、一人の男が何もすることがなくて、なんとなく二つの石をたたいていると、偶然その石から火花がでて、枯れ草に火がついたことから発見されたという。この話を、史実に基づいたものと受けとる必要はないにしても、有史以前に、おそらく何回となく起きたであろうと思われる出来事を象徴しているということはできる。

このように、これら火の起原に関する神話はそれらの多くをゆがめている幻想的な特徴にもかかわらず、本質的には真実なものを持っており、有史以前の計り知れない長い人類の過去の暗闇の中を手さぐりしながら進んでいくわれわれに有力な手がかりを与えてくれるのである。

〈原注〉

1 H. Balfour, "Frictional Fire-making with a flexible sawing-thong," *Journal of the Royal Anthropological Institute*, xliv. (1914) p. 32.

2 ibid., p. 32-64. バルファー氏はまたピストンの中に空気を圧縮して火をつくる方法に関する貴重な研究報告を刊行された。その方法はビルマ、マレー半島、スマトラ、ボルネオ、ジャワやフィリッピン諸島で用いられているというが、それがどんな神話なのかをしるしていないので、ここには関係がない。同氏の "The Fire-piston," *Anthropological Essays presented to Edward Burnett Tylor* (Oxford 1907) p. 17-49 を見よ。

3 Charles Darwin, *Journal of Researches* (London 1870) p. 409.

〈訳注〉

＊ 本書に、日本の名が出てくるのはここがはじめてである。そこの脚注にはじつに多くの引用書がならべられているが、他の国々のそれは出所が明示されているにかかわらず日本だけはそれらのどの本

を参照したのかしるされていない。錐もみ式の改良されたものが古代の日本でも用いられたというが、それ以前はやはり自然発火――落雷、噴火などから火および火食を知ったようだ。〝聖〟（ひじり）が〝火知り〟で火の使用法を知っていた人間がその名で尊ばれたという説は、私にはこじつけとしか思えないが〝ひょっとこ〟は〝火男〟で、もっぱら火をあつかっていた特殊の人間あるいは部族が存在していたことは認めていいだろう。各地から発掘される古代の遺品に火打ち石が多いことはヤマト族のこの島への渡来の若さにつながっているとも見られる。他にも書いたが石上堅氏の『火の伝説』（宝文館）はこの方面ではまことに貴重な文献だ。

訳者あとがき

本書はJ・G・フレイザーの〝火の起原に関する神話〟(*Myths of the Origin of Fire*, London 1930)の完訳である。ただし巻末の索引は省いた。

もともと私は劇作を業とするもので、神話学、民俗学などへの参入は、戦後、中年を過ぎてからだから、ひっきょう、アマチュアの道楽にすぎない。それなのにどうして本書を訳す気になったか。答えは簡単、この訳書がいつまでたっても出そうもないからである。

大学に入った年、第九次新思潮に発表した私の処女戯曲が、思いがけなく小山内薫に認められ、それが、私の方向をはっきり決定づけた。あらしに難破した船から無人島に打ち上げられた〝文明人〟たちが、まず、火をもっとも原始的な方法でおこすことから新しい生活に入るといった構想で、〝火〟と題された。それはそのままフレイザーの本書に見られるいくつかのパターンだが、私はそのころはまったく、このひとも、この本も知らなかった。そのころ、大学では松村武雄博士が宗教学の講座で、ギリシアパンテオンに名をつられる異教の神々が、どのような歴史的条件のもとで摂取されたかを講義しておられ、インド哲学科に籍をおいていた私にはたいへんおもしろく、忠実にノートもとったが、そこにはフレイザーは出てこなかったようだ（年代的に見ると本書はまだ刊行されていない）。だが、それ以後間もなく私は、フレイザーの名を知ることになった。それはロシアの大作家ゴリキーの『トルストイの回想』の翻訳によってである。これはあらゆるトルストイ評伝の中でもっともすばらしく、ゴリキー諸作品の中でも傑出しているが、そこにはつぎのような文章があった。

トルストイは神の如くである。だが彼は、天帝や、オリュンポスの神々のようでなく、フレイザーの〝黄金の枝〟に出て来る、〝黄金のしなの木の下、楓《かえで》の玉座に坐す〟ロシアのようだ。……

これが私を電磁のようにしびれさせた。まさにトルストイはこれに尽きる。だがそれにしてもフレイザーの〝黄金の枝〟とは何だ。——

私は反射的にこのひとはロシアのどこかの地区の童話作家にちがいないと思いこみ、それからずいぶん新古の本屋で童話の棚をあさったものだ。

永橋卓介訳〝金枝篇〟の上巻が目に入ったのは昭和十八年の暮れ、中国北京の本屋であった。その年に生活社から刊行されたもので、その世界のおもしろさは童話なんてものじゃない。だがその下巻はとうとう出なかったようだ。原書の一巻本は、戦後大陸から引き揚げて来てから、丸善で手に入れた。それは大判で部厚く、二巻本を一冊にしたもので、原著者によってあとで短縮されたほうではない。それからしばらくして、古本屋で本書を見つけすぐ買った。私の戯曲〝火〟との親近感で気持がはずむ。読むと意外にやさしく、これなら自分でも訳せそうだと思ったが、生きるための仕事におわれてそれにさく時間がない。だがそのころはわが国でも民族学や民俗学がしだいに流行して来ていたから、おそらくこの本も誰かが訳してどこからか出るだろうとそれをあてにした。

それからほぼ二十年、これらの学問はますますさかんだが、火に関するまとまったものは私の知るかぎり石上堅氏のまことに丹念な〝火の伝説〟だけである。だがこれはわが国内のものだけで国外のそれは依然そのまま。そこで思い切って手をつけることにした。——というのが事の次第である。

ジェイムズ・ジョージ・フレイザーは、一八五四年、英国のグラスゴーに生まれ、そこの大学からケンブリッジ大学に進んで人類学を専攻し、人類学の父と言われるE・B・タイラー（一八三二—一九一七）から強い影響を受けた。一九〇七年リヴァプールの大学に社会人類学の講座が初めて開設された時、招かれてそれを担当し一九二一年母校ケンブリッジ大学の教授になった。原始宗教の起原を、未開民族社会に存在し、そして現在にもさまざまな形態で至るところに残っている呪術とその儀礼に探り、そこから人間進化の様相（諸文化の形態）を導き出そうとし、その丹念な研究がとうとう膨大な〝黄金の枝〟となって、全世界の神話学、人類学、民族学、民俗学に広くかつ深い影響を与えることになる。この種の学者には、地球上のいわゆる〝秘境〟を、自らおとずれ、資料を収集することを建前とするひとが多いのだが、フレイザーはほとんど生涯、そういうためには祖国を離れることはなかったのではないか。〝黄金の枝〟以外にも著述は多く、どれも例外なくものすごい資料の集積と精密さでふくれあがった大作ばかりである。晩年はほとんど失明状態になり、しかもその夫人はひどい難聴で、補聴器を使ってもそれほど役に立たなかった。一九四一年五月十四日夫がなくなると、その数時間後に彼女も追いかけるように世を去ってしまう。――それだけでこの夫婦の長い年月の、そして死に至るまでの深い愛情が察せられるようだ。

フレイザーの著書は学問的にまことに貴重なだけでなくたいへんおもしろい。本書でもまったく思いがけないところで、わが国の神話、伝説、昔噺や習俗とそのままつながるものが発見されて、いっそうわれわれの興味をそそるが、ただそれだけでなく、もともとこの人の感受性が女性的にするどくやわらかくてまさにゲーテ的であり、しかも文学的資質に恵まれているからだと思わずにはいられない。その点では誰の評価も一致するが、同時に、その異常な丹念さにいささかへきえきさせられることでも反対はないようだ。本書においても、世界諸地域ごとに章が分けられているのは当然だが、その章ごとに〝タスマニアにおける火の起原〟〝アジアにおける火の起原〟というふうに一つ一つ〝火の起原〟がついている。それだけでなく、各種族、部族の説話を紹介する部分にも必ず〝火の起原〟についてこう言っていると書かれている。多いところは一ページに三つも出てくる。その点ではまさに名探偵シャーロック・ホームズ的で相棒のワトソンはしばしばかんしゃくを起こした。まして今日のわれわれはもっとせっかちになっているのだ。

最後の章〝要約と結論〟の注をほぼ省略したのも同じ理由で、それらはみな本書の本文中に引用されているものばかりだからだ。

それから、その章によって三ページというのもあるが〝北アメリカ〟のように五〇ページに及ぶものがあり、しかも細かい活字でびっしり組まれているにかかわらず、章の中では区切りが一つもなく、全体の構成とか、リズムとかはほとんど無視されている。本書は省略した部分は一つもなく、注も忠実にそのままをのせた点で完訳と言っていいが、各章ごとの〝火の起原〟ということばと文章内の、あまり重複してわずらわしいと考えられることばをところどころ省略し、全体にわたって各章をほとんど同じ長さの節に区切ったことだけはおことわりしておきたい。それでもずいぶん表現に重複が多く、しかも時に密にすぎ、時に粗にすぎる。だがこれを平均してなだらかなものにするという作業はまったくしなかった。フレイザー自身は名文家としても知られているにかかわらず、本文ではそれほど感じられないのは、そうした原住民――われわれの祖先の〝ものいうすべ〟をできるだけそのとおりつたえることによって、彼らの思考と、そうした思考の底にひそむ何か――今日のことばで言えば意識下にうごめく陰暗の深層心理、さらには〝生〟そのものの動相をそのままわれわれに感受させようとしたからである――という理解のもとに、訳文はもっぱら古拙を心がけ、気の利いたなめらかさに陥ろうとするのを避けた。そのことを青木範夫氏のゼミナールのメンバーである斎藤勝久、木村賀久子、赤沢美子の協力者たちがよく理解してくれ、このしんどい作業にあたってくれたことに心から感謝したい。原注はほとんどそのままにして日本字訳にしなかったのは、そのほうが本当の研究者には国外への照会またはそこからの本の取得などにかえって便利であろうと思ったからだ。＊印の注は私によってさらに加えられたものである。
出版は杉森久英氏の斡旋で角川書店が快諾してくれ、同社の鈴木序夫氏が実際の仕事に当たってくれた。ほかに言語学者鎧惇氏から貴重な示唆を受けた。これらのご好意ご尽力にお礼を申し上げます。

昭和四十六年八月　訳者

解説　ジェイムズ・ジョージ・フレイザーについて

前田耕作

現在わが国で知られているフレイザーの生涯についてのもっとも詳細な評伝はロバート・アッカーマンによるものである。その日本語版（『評伝J・G・フレイザー　その生涯と業績』法藏館、二〇〇九年）の序文で、監修者の小松和彦はつぎのように書いている。「二〇世紀において、人類学界という枠を越えてもっとも名声を獲得した人類学者を挙げよ、と問われれば、私は躊躇することなく、ジェイムズ・フレイザーとクロード・レヴィ＝ストロースの名を挙げるだろう。二〇世紀後半の世界の知識人社会・読書界のヒーローがレヴィ＝ストロースならば、二〇世紀前半のヒーローはフレイザーであった」。おそらくフレイザーの巨冊『金枝篇』を中心に据えたこの包括的な見解に異論を唱える者はいないだろう。

そしてわが国でも『金枝篇』は、岩波文庫版（一九二二年の簡約本の翻訳、一九五一～五二年）によって多くの人びとに久しく読み継がれてきた。事情は諸外国においても同じであった。英語版もフランス語版も縮約版が普及をみたのである。ちくま学芸文庫版（一八九〇年の初版本の翻訳、二〇〇三年）は『金枝篇』の生成を知るうえで不可欠のものとして長年の待望に応えるものであり、いままた、ようやく一九三六年に完結をみた全一三巻本の翻訳をめざす国書刊行会版も進行中である。

『金枝篇』の影響力は、フレイザーの学統につながるマリノフスキーの「フレイザーは彼とともに消え去る人類学の象徴であった」という言葉にもかかわらず、とどまることなく長く持続し、民俗学・人類学の範囲をはるかに超え出て、大きく広がっていった。フレイザーは読み続けられる中で、「もう一つのフレイザー」を紡ぎ出し続けたのである。フロイトもT・S・エリオット（『荒地』）も未開と文明をつなぐ混沌として神韻漂うネミの森に魅せられた人であった。フレイザーより一三歳年下であったが、奇しくも没年（一九四一年）をともにする南方熊楠もまた「森の人」としてフレイザーに深い関心を寄せた一人であった。熊楠が最初に入手し活用したフレイザーの本は『金枝篇』初版の二巻本（ちくま学芸文庫所収）であったという。また熊楠は「一九〇八年にディキンズから贈られた『アドニス、アッティス、オシリス』をむさぼり読んだ」といわれている（『南方熊楠を知る事典』講談社現代新書、一九九三年）。

熊楠が『エンサイクロペディア・ブリタニカ』の愛読者であったことはよく知られていることだが、熊楠はその第九版を二度も購入している。この第九版のP以降の文字で始まる項に執筆寄稿するようフレイザーに求めたのは、当時『ブリタニカ』の編集者であった人類学者ロバートソン・スミスであった。提供された思いがけない機会が、フレイザーに初めて人類学的課題に取り組ませるきっかけをあたえることになった。フレイザーが執筆を求められたのは、「ペリクレス」、「プラエトール」、「プロセルピナ」、「サトゥルヌス」、「テーセウス」などこれまで深く親しんできた古典学にかかわる項目に加えて、「タブー」と「トーテミズム」の項目であった。「タブー」「トーテミズム」という未知の領域でのフレイザーの格闘が新しい果実をみのらせることになる。フレイザーにまったく備えがなかったわけではない。その十数年ほど前、友人ジェイムズ・ウォードに奨められてバーネット・タイラーの『未開文化』(一八七一年刊)を読み、強い感銘を受けたフレイザーは、人類学に関する資料をこつこつと集め、すでにその数は膨大なものになっていたというのだ。フレイザーは著述の最中であったパウサニアスの『ギリシア案内記』の注釈を中断して『ブリタニカ』の「タブー」を書き上げるのである。この百科事典三ページ分の記述こそ『金枝篇』への助走であったのである。「トーテミズム」もまた、アッカーマンの表現を借りれば、「質素な始まり」から「烈しい成長」を遂げて、一八八七年には小著『トーテミズム』となり、一九一〇年には膨大な著述『トーテミズムと外婚制』へと姿を変えてゆく。「フレイザーが、当時知られていた事実すべてを蒐集して発表し、トーテミスムを体系として樹立し、その起源を説明しようとした」「総計二二〇〇頁を数えるフレイザーの四巻」

とクロード・レヴィ＝ストロースがいささか揶揄をこめて語った（『今日のトーテミスム』みすず書房、一九七〇年）大著がこれである。

一八八七年、フレイザーの苦心の作「タブー」と「トーテミズム」は『エンサイクロペディア・ブリタニカ』第九版に掲載されて世に現れた。人類学者としてのフレイザーの第一歩が踏み出されたのである。フレイザーにこの項の執筆を依頼したロバートソン・スミスも大きな触発をうけ、一八八九年に『セム族の宗教』を書き上げた。岩波文庫の簡約版『金枝篇』を翻訳した永橋卓介が「柳田国男のすすめ」によりこれを訳出し、岩波文庫の中に収めている。わが国では、ロバートソン・スミスの『セム族の宗教』が一九四一〜四三年、フレイザー『金枝篇』が一九五一〜五二年に、それぞれ永橋卓介によって紹介されたのである。

日本の民俗学者たちがタイラーやフレイザーらの著作とその動向に早くから着目していたことは知られているが、やはりその先達はフレイザーと同時代を生き、「タブー」と「トーテミズム」をいち早く目にした南方熊楠であったことは明らかである。

一八九〇年、『金枝篇　比較宗教研究』（初版）が出版されると、フレイザーの著作に対するヨーロッパでの反響はきわめて大きく、広範なものとなっていった。モースやデュルケムといった社会民族学の研究者たちだけではなく、ベルクソン、フロイトといった哲学者や精神分析家たちにも多大な影響をあたえていったのである。とりわけフロイトの『トーテムとタブー』という題名はフレイザーの著作からパラダイムを変えて直接借用されたものであるといえよう。

「発見されたトーテミスム」に対して「人類学的懐疑」を投げかけることで新たな人類学の地平を模索し続けたレヴィ＝ストロースは、一九五八年にコレージュ・ド・フランスに創設された社会人類学の開講講演の中で、自分もまた大きな影響を受けたフレイザーについてつぎのように語っている。

「フランスの決定より五〇年前、フレイザー卿がリバプール大学において、世界で最初に社会人類学と名づけられた講座の開講講演をなさいました。それよりさらに五〇年前、一八五八年に、今日われわれが知っているような人類学をアメリカとフランスにおいて、創設ならずとも確立した巨匠と後世いわれると思われる二人の人、フランツ・ボアズとエミル・デュルケムが生まれました。

この三つの記念すべき年、これら三人の名がここで想起されるのは当を得たことであると思われます。フレイザーとボアズの名は、社会人類学が英米思想に負っているすべてのもの、そして私が個人的にこれに負っているもの」と深く結び付いていると。

レヴィ＝ストロースの記念碑的な著作『神話論理』の全体には、『金枝篇』の律動が「不連続の間奏曲」のように響きわたっている。

一九二九年、『金枝篇』によってすでに名声世界にゆきわたっていたフレイザーも老境にさしかかっていたが、フレイザーの「学究生活の頂点を示すもので、ほぼ間違いなく、彼のもっとも優れた著作」とアッカーマンが評するオウィディウスの『祭暦』の翻訳が出版された。インド＝ヨーロッパ比較神話学の巨匠ジョルジュ・デュメジルが心酔した著作である。

デュメジルは若いころからフレイザーの著作を熱心にひもとき、比較言語学から比較神話学への転回を古典世界においてなしとげた人であった。その思考の壮大な軌跡は『デュメジル・コレクション』全四巻（ちくま学芸文庫）にあますところなく記されている。柳田国男が『祭日考』（一九四六年・小山書店）を構想したとき、彼の念頭にフレイザーの『祭暦』の注が去来していたと思う。

オウィディウスの『祭暦』は、注釈なしでは読むことはできない。フレイザーは学識と気力のすべてを注いでこれを完成したのである。その後、いまひとたび『金枝篇』に立ち戻り、生涯をかけて積み上げてきた「大量のメモの山」に沈潜し、その山から抜き出した資料を駆使し、編纂し、いくつかの書物に仕立て直して出版しようと試みた。

一九三〇年、この仕事の過程で生まれたのが『火の起原の神話』である。アッカーマンが伝記の「余波」に位置づけているのもその意味ではうなずけよう。しかしアッカーマンが辛辣に評したように「不毛な書物」などと断ずることはできない。ミシェル・デュルシェによるフランス語版は早くも翌三一年にパイヨ社より出版された。一九三八年、ガストン・バシュラールが科学的認識論から詩学へと思考軸を転換させる契機となった著作『火の精神分析』が、フレイザーのこの書物の出版に推力をえていることは否定しえない。終章の「理念化された火」はフレイザーの解釈をめぐる論議が主調となっていることからも、その動機が推察される。一九四〇年にウプサラで出版されたカール＝マルティン・エズマンの名著『火の洗礼』もまた明らかにフレイザーのこの書に呼応するものであった。

もう一つは、柳田国男が一九四四年(昭和一九年)に出版した『火の昔』である。柳田はいつごろからフレイザーを読みだしたのであろうか。『柳田国男伝』別冊年譜(後藤総一郎監・三一書房)によると一九一二年(明治四五年)四月二一日のところに「フレーザーの『黄金の小枝』五冊を読みはじめる」とある。また一九一九年(大正八年)一〇月四日付の佐々木喜善宛の書簡の中では「フレエザーのみは手元に在」るから、これを持ってゆくと書いている。佐々木喜善にも『金枝篇』の購読をすすめるためであった。

一九四四年(昭和一九年)のところでは、「木曜会でフレーザーの『金枝篇』の訳本について話す」と記されている。ここでいう訳本とは、永橋卓介の初訳である生活社版(一九四三年)のことであろう。そして一九四三年(昭和一八年)、やはり木曜会で柳田は「私は今度、火の歴史を、子供に読ませる為に書くことを引き受けて、大変苦しんでいる」と語っている。柳田は『金枝篇』の「ヨーロッパの火祭り」と「火祭りの意味」を繰り返し読んだにちがいない。それに『火の起原の神話』を熟読したと思われる。一九四四年（昭和一九年）、敗戦の前年に柳田国男の『火の昔』は上梓をみたのである。「文化といふ言葉は、この頃よく耳にするけれども、それはどういふものかを説明し得る人は存外に少ない。私はそんな言葉を成るたけ使はずに、是が文化だなと思つても差支への無いものを、一つづゝ挙げて見ようとして居る。さういふ中でも火は最もはつきりとしてゐる」、序文の言である。

早くにフレイザーのこの晩年の書に着目した訳者・青江舜二郎の慧眼に改めて敬意を表したい。訳者が劇作家として世に問うた最初の戯曲が『火』（『新思潮』・一九二七年）であったればこそ、「火」のモティーフは訳者の中に熾火《おきび》のように残りつづけたのであろう。訳者は後年、日本の東洋学の先哲たち、内藤湖南と狩野亨吉の生涯を描き、高い評価をえている。

またちくま学芸文庫の初版『金枝篇』にさらに本書を加えることを英断した編集の町田さおりさんに感謝申し上げるとともに、南方熊楠が愛読し、マレットが「文学的見地からみても傑作」と評した『アドニス、アッティス、オシリス』（一九〇六年）の日本語版がさらにこの文庫に加わることが望まれる、と提言もしておきたい。

日本の神話　筑紫申真

八百万の神はもとは一つだった⁉ 天皇家統治のために創り上げられた記紀神話を、元の地方神話に解体すると、本当の神の姿が見えてくる。（金沢英之）

河童の日本史　中村禎里

ぬめり、水かき、悪戯にキュウリ。異色の生物学者が、時代ごと地域ごとの民間伝承や古典文献を精査。〈実証分析的〉妖怪学。（小松和彦）

ヴードゥーの神々　ゾラ・ニール・ハーストン　常田景子訳

20世紀前半、黒人女性学者がカリブ海宗教研究の旅に出る。秘儀、愛の女神、ゾンビ——学術調査と口承文学を往還する異色の民族誌。（今福龍太）

初版 金枝篇（上）　J・G・フレイザー　吉川信訳

人類の多様な宗教的想像力が生み出した多様な事例を収集し、その普遍的説明を試みた社会人類学最大の古典。膨大な註を含む初版の本邦初訳。

初版 金枝篇（下）　J・G・フレイザー　吉川信訳

なぜ祭司は前任者を殺さねばならないのか？ そして、殺す前になぜ〈黄金の枝〉を折り取るのか？ 事例の博捜の末、探索行は謎の核心に迫る。

火の起原の神話　J・G・フレイザー　青江舜二郎訳

人類はいかにして火を手に入れたのか。世界各地より夥しい神話や伝説を渉猟し、文明初期の人類の精神世界を探った名著。（前田耕作）

未開社会における性と抑圧　B・マリノフスキー　阿部年晴／真崎義博訳

人類における性は、内なる自然と文化的力との相互作用のドラマである。この人間存在の深淵に到るテーマを比較文化的視点から問い直した古典的名著。

ケガレの民俗誌　宮田登

被差別部落、性差別、非常民の世界など、日本民俗の深層に根づいている不浄なる観念と差別の問題を考察した先駆的名著。（赤坂憲雄）

はじめての民俗学　宮田登

現代社会に生きる人々が抱く不安や畏れ、怖さの源はどこにあるのか。民俗学の入門的知識をやさしく説きつつ、現代社会に潜むフォークロアに迫る。

南方熊楠随筆集　益田勝実編

博覧強記にして奔放不羈、稀代の天才にして孤高の自由人・南方熊楠。この猥雑なまでに豊饒な不世出の頭脳のエッセンス。（益田勝実）

奇談雑史　宮負定雄　佐藤正英／武田由紀子校訂・注

霊異、怨霊、幽明界など、さまざまな奇異な話の集大成。柳田国男は、本書より名論文「山の神とヲコゼ」を生み出す。日本民俗学、説話文学の幻の名著。

贈与論　マルセル・モース　吉田禎吾／江川純一訳

「贈与と交換こそが根源的人類社会を創出した」。人類学、宗教学、経済学ほか諸学に多大の影響を与えた不朽の名著、待望の新訳決定版。

山口昌男コレクション　山口昌男　今福龍太編

20世紀後半の思想界を疾走した著者の代表的論考をほぼ刊行編年順に収録。この独創的な人類学者＝思想家の知の世界を一冊で総覧する。（今福龍太）

身ぶりと言葉　アンドレ・ルロワ＝グーラン　荒木亨訳

先史学・社会文化人類学の泰斗の代表作。人の生物学的進化、人類学的発展、大脳の発達、言語の文化的機能を壮大なスケールで描いた大著。（松岡正剛）

世界の根源　アンドレ・ルロワ＝グーラン　蔵持不三也訳

人間の進化に迫った人類学者ルロワ＝グーラン。半生を回顧しつつ、人類学・歴史学・博物館の方向性、言語・記号論・身体技法等を縦横無尽に論じる。

民俗地名語彙事典　松永美吉　日本地名研究所編

柳田国男の薫陶を受けた著者が、博捜と精査により日本の地名に関する基礎情報を集成。土地の記憶を次世代へつなぐための必携の事典。（小田富英）

日本の歴史をよみなおす(全)　網野善彦

中世日本に新しい光をあて、その真実と多彩な横顔を平明に語り、日本社会のイメージを根本から問い直す。超ロングセラーを続編と併せ文庫化。

米・百姓・天皇　網野善彦　石井進

日本とはどんな国なのか、なぜ米が日本史を解く鍵なのか、通史を書く意味は何なのか。これまでの日本史理解に根本的転回を迫る衝撃の書。（伊藤正敏）

ちくま学芸文庫

火《ひ》の起原《きげん》の神話《しんわ》

二〇〇九年十二月十日　第一刷発行
二〇二二年 二 月五日　第二刷発行

著　者　J・G・フレイザー
訳　者　青江舜二郎（あおえ・しゅんじろう）

発行者　喜入冬子
発行所　株式会社　筑摩書房
東京都台東区蔵前二―五―三　〒一一一―八七五五
電話番号　〇三―五六八七―二六〇一（代表）
装幀者　安野光雅
印刷所　株式会社精興社
製本所　株式会社積信堂

ISBN978-4-480-09268-7 C0139